帮助母亲与任何年龄的儿子建立充满爱意与能量的母子关系！

好妈妈强儿子

培养杰出男人母亲必须上的10堂课

【美】梅格·米克（Meg Meeker, M.D.）著

孙璐 译

中央编译出版社
CCTP Central Compilation & Translation Press

这本书献给我生命中珍爱的六位强大的女性：
贝丝、格拉米尔、玛丽、夏洛特、劳拉，以及安斯利·格蕾丝对于母亲而言，养育男孩是一项十足的挑战。男孩与母亲的性别不同，他们的学习、思维乃至情感表达方式，都与女性存在巨大的差别。《好妈妈 强儿子》不但能帮助母亲更好地认识男孩，还能帮助她们理解和接纳真正的自己，更好地享受养育男孩的过程。

——中国教育报刊社全媒体中心副主任、资深记者 郜云雁

男孩需要的是内心强大、气质优雅、心态积极、语言平和的妈妈。《好妈妈 强儿子》帮助每一位妈妈成为儿子最坚强有力的后盾。

——中国家庭教育学会宣委会副秘书长、《中华家教》主编 陈光

我与丈夫育有一儿一女。

妈妈与儿子、爸爸与女儿，这种"大金星vs小火星"、"大火星vs小金星"的对角线组合里到底会发生什么，我们从各自的交叉关系里需要获得什么，应该给予什么，常常让我与丈夫感到困惑甚至束手无策。

真心感谢梅格·米克博士，她为我们提供了专业可信的答案。"女儿为何需要爸爸的实用主义""妈妈如何帮助儿子度过青春期""父母如何应对媒体对男孩心智造成的影响"……所有这些有意思的命题都来自她的三本书《强爸爸 好女儿》《好妈妈 强儿子》《男孩就该有男孩样》。我相信，它们当中至少有一本会成为爸爸或妈妈的枕边书。

——《父母世界》执行主编 朱正欧

目 录

前言　1

第1章　你是他的初恋　1
　　成为他眼中女性的榜样　5
　　不要害怕爱他　12

第2章　教会他管理情绪　23
　　为什么管理情绪对男孩如此重要？　27
　　无父流行症　28
　　引导儿子发掘自己的情绪　33
　　终身学习　37
　　儿子和女儿的差异　40
　　保持冷静与开放　46
　　教他正确释放自己的情绪　52
　　帮他区别感觉与行动　54

第3章　面对他发起的挑战　59
尽量理解他　61
母亲与儿子是不同的物种　65
母子战争的导火索　78

第4章　你是他扎根的土壤　87
为他提供良好的土壤　91
帮助他找寻人生意义　93
来自母亲的三堂课　105
家是他的归宿　112

第5章　从你身上找寻上帝　119
如何与他谈论上帝　122
上帝的面容　131
信仰带给他自我认同　133

第6章　给他一把斧头　141
武装你的儿子　145
斧头可以有各种形状和尺寸　149

第7章　你是他与父亲之间的纽带　167
女性希望配偶做些什么？　171
儿子需要父亲做些什么？　172
帮助与鼓励他的父亲　178
每一个父亲都有父亲　181
母亲需要做什么？　185
给单身母亲的建议　192

前夫行为不端的单亲妈妈　　194

第8章　培养他健康的性观念　197
　　男孩与性　199
　　避免他受到侵犯　202
　　帮助他顺利度过前青春期　204
　　坦然地与他讨论性　215
　　保持轻松的心态　226

第9章　赋予他智慧与责任　229
　　智慧与责任的强大组合　235
　　教导儿子明智和负责　245

第10章　只有放手才能让他回来　253
　　为什么要放手很重要？　256
　　什么是放手？　261
　　什么不是放手？　264
　　如何健康地放手？　270
　　离别是为了更好的重逢　276

致　谢　281
引　文　283

前 言

在外人看来，珍妮是一个完美的母亲。作为一个不完美的母亲，我很羡慕她的冷静、她临危不乱的性格，以及她对两个孩子的奉献。她是那种会亲自为儿子们做南瓜巧克力蛋糕的母亲。孩子们都很喜欢吃，因为她教育他们，要享受健康的食物。她每天都为儿子们准备午餐，还有绿色食品当小零食。她曾在一家书店兼职，但每天下午都会在孩子们放学前回家，这样她就能在家等候放学归来的儿子们——13岁的杰森和11岁的安德鲁。她主动到孩子们的学校做义工，担任爱心妈妈，甚至自己制作蔬菜罐头。她是一个令其他做母亲的人嫉妒的妈妈。

我永远不会忘记2005年1月那个早晨珍妮的表情。她冒着大雪——在密歇根州北部，这种天气驾车非常不便——独自来到我的办公室，向我讲述了她儿子杰森的问题。她已经不知所措了。

当我打开检查室的门，她铁青的脸色吓了我一跳。她看上去疲惫不堪，不是那种"昨晚没睡好"的疲惫，而是长达几个月的精疲力竭。她的家里显然发生了什么可怕的事情。

"这是怎么回事？"我立刻问道。

"是杰森，"她抱歉地说，"他失控了。吉姆管不了他，我也不行。我不知道该怎么办。"

当时杰森13岁。从他2岁起我就认识他了，他一直是个调皮鬼——活泼、好奇、善变。通过开放式领养项目，珍妮和吉姆从他年轻的生母手中领养了杰森，而且在孩子出生后前三个月殷勤地照顾了他的生母。即使还是个小婴儿的时候，杰森就表现得和其他男孩有些不同：他十分可爱，感情丰富，但稍微有些变化莫测，偶尔容易发脾气。8岁的时候，一位心理医生和教育专家诊断他患有多动症，我只好给他用小剂量兴奋剂治疗。我不十分相信多动症是引发他行为问题的原因，但我觉得小剂量的兴奋剂可能不会带来伤害。他服用了药物，似乎有帮助——至少好几年都没有再犯。

"我只是不明白他的行为，"珍妮告诉我，"前一分钟他还和我们有说有笑地吃晚饭，下一分钟，他就爆发了！他会从桌旁跳起来，无缘无故地朝着我或他爸爸大喊大叫。我们试图让他待在自己房间里，尽量远离他，但似乎没有任何效果。两天前，他半夜里偷跑出去，在沃尔玛的停车场和几个家伙喝啤酒，结果被警察抓到了。"

珍妮哭了起来。她的儿子——父母眼中的瞳仁——突然成了"问题少年"，就像戒毒和戒酒中心在高速路上设立的广告牌里愤怒的十几岁男孩那样。问题在于，从外表看，杰森和那个孩子的形象毫无相似之处。他穿着整洁得体（没有文身或穿孔），而且和父母的朋友交谈时很有礼貌。他是个优秀的曲棍球运动员，定期去教堂，甚至参加一些青年团契。有一次，他还和当地教会的成员一起到新奥尔良，帮助卡特琳娜飓风的受灾家庭。他的父母爱他，花了很多时间陪伴他，几乎满足了他所有的需要。

"我哪里做错了？"珍妮哭着说，"告诉我，我会解决它。请告诉我，我需要知道，因为我不能再这样下去了。我全心全意爱了13年的这个小男孩，怎么突然开始如此讨厌他的父亲和我？我已经用尽了办法。最糟糕的是，他让我害怕。当他的父亲不在旁边，他发火时甚至会动粗。有一次，他把我推到了厨房的墙上！我认为这是一个意外，但谁知道呢？我所知道的是，我真的很害怕。他的块头是我的两倍。"

我们一起坐了好几分钟，我不知道最令珍妮伤心的是什么：是杰森的叛逆，还是自己失去了那个可爱的13岁男孩？她一直觉得他是自己理想中的儿子，可事与愿违。

那一天，我试着帮她理清了杰森和她之间的复杂情感。虽然她无法完全理解，但我们至少可以据此制订一个计划，以便她能继续前进。她需要的是在痛苦中找到希望，而这种痛苦已经让她的生活接近崩溃了。而且我也相信，我帮珍妮看到了希望。毕竟，帮助她是我帮助我的病人——她的儿子——最好方式。

珍妮说，1月份的那天，是她生活的转折点。她意识到，杰森没有成为她希望的样子。但更重要的是，她也没有成为自己希望成为的那种母亲。这一天，她获得了新的自由。她也承认，她面临的不止一个问题，她需要解决自己内心的恶魔——它困扰了她13年，甚至从她大学毕业时就开始了。但是，她要从哪里开始呢？是先解决儿子的问题还是她自己的？新的自由让她感觉神清气爽，而且势不可挡。我建议，如果想要理解她的儿子，她将不得不先了解自己。事实证明，她有很多的情感包袱，这影响了她作为母亲的角色。

那次访问后不久，她开始去看一位心理咨询师。在对方的引导下，珍妮把她多年来背负的对男性的愤怒排遣了出来。

当她十几岁的时候，曾被一名男性邻居殴打。她没有告诉任何人，连她的父母、丈夫，甚至最好的朋友都不知道。她恨那个男人对她所做的事，并且出于一些复杂的原因，她也责备自己。当杰森进入青春期，不知什么原因触发了她压抑已久的愤怒，她下意识地把怒气发泄到杰森身上。现在回想起来，她才意识到自己的行为已经改变了，她变得喜欢冷嘲热讽，贬低别人，甚至厌恶自己的儿子。震惊之下，她试图忽略这种感觉，但它却如影随形。

杰森也不能幸免于母亲发动的这场秘密战争。虽然他不知道原因，但他觉得可能是因为自己做错了什么，母亲才会朝他发火。他有时觉得母亲以他为耻。于是，他进行了口头上的回击。他决心向母亲证明，他并不需要她，他可以使她的生活苦不堪言，因为她破坏了他的生活。这种恶性循

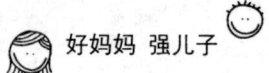
好妈妈 强儿子

环不断继续，直到珍妮发现是自己把儿子吓坏了。

杰森和珍妮都接受了他们所需的帮助，以便恢复理智和母子之间的关系。咨询师告诉他们，他们的反常是因为把感情和行为混合在了一起。只有明白这一点才能做出改变，但改变的过程需要不少时间。珍妮特别希望重塑自己与杰森的关系，因为她从未动摇过对他的爱和欣赏。

她学会了以不同的方式与他互动。她改变了她的语言、声音和语气，注意谨慎使用身体语言。然后，通过不断地付诸实践，她对儿子的感情也开始升华。她消除了自己对那个邻居的愤怒，摆脱了她与杰森的关系中那些纠结的感觉。母亲和儿子都感到了一种新的温暖和亲切感。而且，杰森与他弟弟的关系也更好了。

杰森目前正在一所非常好的大学读大四。他学习出色，也不再抨击他的母亲和父亲。在我帮珍妮理顺了与杰森的情感矛盾后不久，珍妮夫妇给杰森在当地的问题儿童寄宿学校报了名。杰森在那个紧迫而严格的环境中学习生活了18个月。杰森和他的父母花了数百个小时接受学校的心理学家的辅导。杰森学会了理解自己，了解自己的情感及其力量。但最重要的是，他学会了如何为自己的感觉和行为负责。珍妮也理解了她是如何把自己压抑的愤怒投射到年幼的儿子身上的。更重要的是，她学会了如何把她长期以来隐藏在心中的对施虐者的怒火，与她和儿子的关系完全分离。

珍妮和杰森是幸运的，因为还有无数母子在无尽的压力和紧张中苦苦挣扎，没有得到足够的帮助。这就是我为什么觉得有必要写这本书：为了那些爱自己的儿子，但不知道如何成为好母亲的所有母亲；为了那些希望满足母亲的期望而面对过多压力的儿子，因为他们很有可能被卷入内心斗争的矛盾漩涡。

由于母亲和儿子性别不同，所以母子关系具有一定的复杂性。在一定程度上，母亲和儿子是无法完全理解对方的角色的。男孩习惯面对挑战，因为作为男性，他们感到自己有责任在很多方面为母亲争取利益。这可能会导致母子关系的紧张和愤怒。此外，母亲可能因为过于下意识地依赖儿子的支持，而把他完全当做成年人对待。而现实情况是，只是因为他们是男性，男孩会面对很多文化给他们带来的挑战。它们可以轻松压倒他。而母亲也可能屈服于期望自己成为好母亲的压力，因为这种压力同样可以变得势不可挡。两者结合起来，灾害可能随之发生。

然而，好消息是，灾难并不是注定的结果。是的，现在的年轻人正在经历一些像我这样的专业人士所谓的"男孩危机"。心理学家兼作家詹姆斯·多布森博士，在《养育男孩》(Bringing Up Boys)中写道："男孩有学习障碍的几率是女孩的6倍，成为吸毒者的几率是女孩的3倍，被诊断为情绪不安的几率是女孩的4倍。他们更容易患上精神分裂症、自闭症、性瘾，产生酗酒、尿床等问题，参加一切形式的反社会和犯罪行为的风险更大。他们成为谋杀犯的几率是女性的12倍，在车祸中死亡的几率比女性多出50%。违法犯罪案件的参与者中，77%是男性。"在讨论迈克尔·格里安博士的《男孩的奇迹》(The Wonder of Boys)一书时，多布森指出，许多男孩面临学业烦恼。比如，从小学到高中，男孩的成绩倾向于比女孩低；八年级的男孩退缩不前的几率比女生多50%；高中的特殊教育班里，有三分之二的学生是男性。最后他说，男孩患多动症的几率是女孩的10倍。在被勒令停学的学生里，71%是男生。

我们还可以找出更令人不安的统计数字。但关键在于，我们需要采取何种手段解决这场危机。我想，最有可能帮助扭转这些趋势的人是母亲，我们能够为儿子做到。而且我相信，我们不仅可以在此过程中享受育儿的乐趣，还能帮助儿子超越压力，蓬勃发展。我之所以知道这一点，是因为在超过30年的儿科实践中，我一遍又一遍地看到伟大的母亲带领儿子走出困境；单身母亲消除了母子关系的隔阂，与儿子前所未有地亲近；已婚母亲坚定地帮助儿子与毒品和酒精的诱惑作斗争，让他们在成年后回归正轨。有了母亲的帮助和鼓励，儿子一定能找到生存和发展的方法。

好妈妈 强儿子

如果我们仔细观察世界上最美妙的关系——母子关系——中的各种动态，就会看到，母亲要应付自己的一套压力，它与儿子面对的那些压力无关。我们需要理解这两套压力的集合：母亲面对的独特压力，以及儿子面对的独特压力。有时两者相互交织，有时各自分离。我会详细探讨这些集合。首先，我会探讨母亲面临的问题，因为研究表明，帮助男孩最可靠的方法是要帮助对他影响最大的人。对于数以百万计的男孩来说，这个人就是妈妈。

母亲需要面对哪些具体压力？首先，几乎每一位母亲都会感觉到三大情绪：内疚、恐惧和愤怒。在后女权主义时代，母亲还会感受到内心压力，因为她想满足所有人的所有需要。事实上，我还没有遇到一个认为自己做得很完美的妈妈。职业女性需要兼顾工作和家庭，照顾丈夫和孩子。母亲觉得自己必须安慰孩子，为他做饭、支付大学学费，为他创造与他的朋友一样的条件和机会。最关键的是，她们还必须时刻保持冷静和乐观。她们认为自己必须随时做好培育孩子的准备，甚至在丈夫不在时充当父亲的角色。因为有些妈妈的丈夫太忙了，无暇陪伴他们的儿子；有的妈妈离婚之后，前夫不能或不愿介入儿子的生活。事实是，在美国的 1400 万单身母亲中，有很多人觉得自己同时担当儿子的父亲与母亲，因为儿子的亲生父亲不在家里。

显然，她们需要鼓励和一定的帮助，因为没有母亲能完全实现她或其亲人对自己的极高预期。每一位母亲都希望能成为自己儿子（或女儿）心目中的完美妈妈。每一天，我们都拼命尝试，想要实现这个目标。然而，我们却永远无法达到。这本书可以帮助每一位母亲理解和接纳真正的自己。我相信，如果每一位母亲都能做到这一点，自由就会随之而来。自由会让我们意识到自己足够好，足够适合我们的儿子。

男孩有他自己的压力，它们既强大又具有潜在的破坏性。在这个瞬息万变的世界里，他们要努力成为充满阳刚之气的男人，很容易遇到角色混乱等问题。因此,健康的男性发展是男孩教育的主要课题。男孩往往落后于女孩,从高中和大学毕业的男生比女生少。哈佛医学院的威廉·波拉克博士说道:"学习成绩方面,存在性别差距,而男孩位于金字塔的底部。"他认为原因主要在于男孩缺乏自信,以及一定程度上的能力缺乏。我们可以看到男生之间出现的恶性循环:许多人没能从高中或大学毕业,导致他们的自尊和生产力下降;他们觉得自己是弱者,变得动力不足。

这是一个令人深感不安的趋势。显然,我们需要开发新的方法来养育我们的孩子。研究表明,在各种家庭中,母亲仍然承担着大部分日常养育子女和料理家务的责任。数据也表明,平均每天有20%的男性从事家务劳动,如清洁或洗衣服,而女性的比例为48%;39%的男性会参与准备食物或清理工作,女性的比例为65%。

当然,对于单身母亲,所有的家庭责任都落在她们的肩上。许多这样的单身母亲也是家庭的主要收入来源。最近的一项皮尤报告指出,在"挣钱养家的母亲"里面,63%是单身母亲。目前,美国24%的儿童生活在单亲妈妈家庭中。因此,我们可以看到,美国妇女的工作量是巨大的。

母亲的负担十分艰巨,而且许多人认为,只是抚养儿子就已经够辛苦的了。在大多数情况下,养育女儿似乎更容易,母亲比较容易搞懂女儿,因为她们都是女性。毕竟,每个母亲都曾经是年轻的姑娘。但是,尽管艰难,母亲也不能放弃儿子。

这本书为读者提供了一个路线图,帮助妈妈变得"足够好",从而培养出非凡的儿子。它提供鼓励和实用的建议,比如,母亲需要锻炼勇气,勇敢地面对儿子;母亲向儿子表达爱的健康方式有很多种,通过它们可以让儿子学会成熟后如何爱女性;努力工作、服务于人、健康丰富的精神生活的重要性。简言之,我选择的主题都是我见过的最值得母亲重视的核心问题。

我也提到了所有男孩都有的独特需求。一旦妈妈学会更好地了解儿子,就能满足他们的需求,提高育儿效率,享受更宁静的家居生活。这些

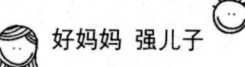

课题可能看似简单,但实际情况是,解决好这些问题,是加强母子关系的关键。

这是一本生存手册,专为爱儿子的母亲准备。比如珍妮这样的好母亲,她感觉自己的努力永远达不到自己的期望。这也是一个工具,妈妈可以利用它来弄清楚儿子需要成为什么样的人,不需要成为什么样的人。我希望这本书为你开启一扇大门,让你成为自己心目中想要成为的母亲:更明智、更健康、更少压力,从而养育出令你自豪的儿子。

Chapter 1
You Are His First Love

第1章
你是他的初恋

在男孩生命的最初几年里,母亲就是他的全部世界。

第1章
你是他的初恋

当那个粉红色的、蠕动的小肉球倏地一下飞进我们怀中的那一刻，爱便开始拨动我们的心弦。我们不仅能在心中感觉到他，也能触碰到他的身体。他是我们的儿子，他将以最纯粹的形式，教我们体验男性的爱。他将比任何男人都要专注地爱我们，关心我们。

在行医生涯中，我曾经见过年轻的母亲第一次抱起她们的儿子时，眼中闪现的那种特别的眼神，简直可以用虔诚来形容。似乎在内心深处，我们知道，不能永远把孩子抱在怀里；因为他们迟早要长大，要谈恋爱，另一个人将取代我们的位置。那时，儿子必须离开母亲，我们也不能妨碍儿子与他的另一半的关系。而我们对女儿却无需如此。因为在某种程度上，即使女儿已经长大或者谈恋爱，我们依然可以与她们保持亲密关系。虽然我们同样深爱着自己的儿子和女儿，然而母子关系从表面看是有些不同的。有一天，当他爱上了一个人，他与母亲的联系的本质会出现改变，我们不再是他的初恋。而自他出生的时刻开始，我们已经敏感地意识到这一点了。

对于你在襁褓中的儿子来说，你代表着抚育和安全。你给予他欢乐、食物、信任、爱和一切美好的事物。他听到你的声音，嗅到你的皮肤的那一刻，他就知道自己将得到照顾。他凭直觉认为，你不会消失，你将永远守护着他。

当他长大，开始蹒跚学步，他会看着你的脸，了解你的感受。他看你不是因为对你感兴趣，而是想知道你对他的看法是怎样的。如果他从你的脸上看出，你和他在一起是快乐的，那么他也会喜欢生活。他需要得到你的注意，需要知道你在哪里，你在做什么。当他不高兴或者害怕的时候，他甚至可能对你生气，因为你有责任防止这些负面的情绪侵袭他。如果你失职了，他会期望你解决问题。在他的心目中，你是他的整个世界。

父亲是男孩身心健康和智力发展的关键，但他们起到的作用是不同的，特别是在男孩小的时候。实际上，与父亲相比，母亲更容易察觉到孩子的感受，因为是母亲把自己的情绪和心理语言教给孩子，是母亲给予他们身心方面的抚养和熏陶。

从出生开始，你的儿子就知道你和他是不一样的——不仅因为你是成年人，而且因为你是女性。即使他还是个小婴儿，也会在一定程度上意识到，通过你，他将认识到女性之爱。当你温和地回应他的时候，他会把温柔、和蔼等词汇与女性联系在一起。当他害怕的时候，如果你安慰他，他会觉得女性是可信的。从非常现实的意义上来讲，你为他一生中对于女性的看法打下了基础，你在他的心中设定了一个模板，它会指引他成年初期的行动。

在他生命的最初几年里，你就是他的全部世界。但同样重要的是，你也是一面棱镜，他会透过你来看所有的女人。如果你是值得信赖的，他就能信任他的姐妹、祖母、老师，当然也包括他的妻子。如果你爱他，他会意识到，被女人爱的感觉很好，等他长大后就会以健康的方式与其他女性相爱。

另一方面，如果他觉得你对他的爱是不可预知的，他很早就能学会如何自我保护。他会远离女性，拒绝朝她们敞开心扉，因为害怕再次受到伤害。如果他感受到你的拒绝，便相信其他女人也会拒绝他。根据一个男孩所受伤害的程度，终其一生，他可能会拒绝与所有女性亲近。很多人都遇到过不相信女人的男人，这要么是因为他们一直受到自己所爱的女人的伤害；要么是那个作为他们初恋的女人，在情感上抛弃了他们，后者是最常见的。因此，帮助儿子认识女性之爱的这项责任，对于母亲而言非常重要。

成为他眼中女性的榜样

约翰10岁的时候，他的父亲死于胰腺癌。作为三个孩子中的老大，他立刻承担起"男主人"的责任。他后来回忆说，这并非因为他的母亲告诉他要这样做，而是因为他相信他的父亲希望他如此。约翰说，他和他的弟妹们仿佛被扔进了一个黑洞，因为父亲欠有赌债并且没有人寿保险，致使整个家庭经济崩溃。当他父亲在世时，他母亲就在外面给好几个家庭做家政服务，不过都是兼职，因为孩子们放学回家时，她需要在家中照顾他们。他父亲去世后，他母亲不仅要做全职家政，晚上还要在当地的一家餐馆做招待来支付账单，以及偿还丈夫的一些债务。

约翰将那些年描述为"人间地狱"。作为一个10岁小孩，他同时体验到了青春期的悸动和强烈的悲伤。他无法学习，成绩一落千丈，为此他感到内疚，因为他拼命不想让母亲失望。为了提高成绩，他加劲努力学习，还放弃了体育运动。晚上，他是没法学习的，因为母亲在餐馆工作时，他要看护弟妹，帮他们做作业，照顾他们吃饭。

除了负责日常家务，他更重要的职责是保护弟弟妹妹，比如要确保晚上家门是锁好的。但他也是个孩子，所以也会感到害怕——照看弟妹让他感到害怕，因为作为一个保护者，他自己就没有安全感。"我不知道这是怎么回事，"他告诉我，"但我非常担心他们，怕他们会出什么事，若是那样，我责无旁贷。不知道有多少个夜晚，我一个人坐在那里，不知所措。"

一年前，约翰第一次告诉我他的故事时，他已经是个成年人，有了自己的家庭。然而，他还是会想起那些照顾弟妹的夜晚，我看到当年的恐惧仿佛回到了他的身上，他的内心深处仍然藏着那个吓坏了的小男孩——他在诉说，我希望伸出手来拥抱他。那些艰难岁月带来的苦痛仍然存在，坐

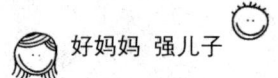 好妈妈 强儿子

在他的旁边,我也能感觉到这一点。

"我的青少年时代似乎持续到20岁,我是如此孤独,因为我的母亲,也因为我的父亲。但我大多数时候是生他的气,因为他死了,而且我还为自己的怒火感到内疚。我恨他的原因是,他把我们害得很惨,他欠下的赌债迫使我母亲离开我们去工作;而且,他在活着的时候经常酩酊大醉。在某种程度上,他在死去之前就已经远离了我们,他总是醉醺醺的。我很早就为我的母亲担心了。"

约翰说话的时候,我想知道他如何能够把自己的愤怒和悲伤处理得那么好,他现在已经38岁,能够如此坦诚地谈论自己的痛苦。我问他小的时候看过心理医生吗?"噢,没有,"他说,"我猜那样应该是很不错的,但我怎么可能去看心理医生?我不会开车,而且弟妹放学后都在家里等着我,我只有他们了。"

"那么,"我说,"你是怎么撑下去的?我是说,如果你不能经常见到母亲,而且没有人可以和你谈心,你怎么能忘记痛苦,把生活继续下去?"

"要做到真的很难。我得说,是我母亲救了我。我的确没有太多时间和她相处,但是我可以看着她,记住她说的每一句话。当她在身边时,我观察她的每一个举动。"

我不得不打断他,因为我忍不住想,他一定会有被忽视的感觉。于是我问他:"难道你不觉得母亲忽视了你?她必须花很多时间在外面工作。"

他诧异地看着我说:"从来没有。我知道,她已经尽力了。另外,她也意识到我父亲的死给我们带来了可怕的压力。她会关心我们的情况,有时候带我们到公园过周末,或者做有趣的事情。她会告诉我们,我们只需要做小孩就好。我认为,她的话让我们觉得自己是父母都在的'正常'孩子。最主要的是,我从未觉得自己被忽视,因为我母亲向我们展示了如何团结成一个整体。我们都有额外的家务要做,因为父亲不在,我们必须合作。她非常了不起,能够以身作则。她工作起来比我见过的任何人都要努

力,她永远不放弃生活的精神激励我们前行。我知道她为我们做了很多,她也总是快活的,至少在我看来是这样。当我看到她是多么爱我,她是如何为了我和弟弟妹妹努力工作的时候,我就更爱她了。即使她没有时间陪伴我们,我也总能感受到母亲对我的爱。她真的向我展示了如何成为一个坚强的好人。"

作为母亲,我们唯一的希望是自己的孩子能够幸福。他们小时候哭泣时,我们会上前安慰,因为我们不想让他们感到不适或伤心。当他们第一次参加体育活动或者第一天上学时,我们会密切关注,以防他被同龄人排挤或者欺负。有时候,我们会纵容和溺爱他们;有时候,我们会十分轻易地答应他们的奇怪要求,只是因为我们不想拒绝他们。我们想让儿子开心,担心他们失望,所以不愿告诉他们,他们不能做某件事,或者我们不能给他们那些他们非常想要得到的东西。母亲本能地想要取悦孩子,我们情愿牺牲自己的愿望,以满足孩子的需求。这是好事。但有些时候,当我们越过界限,过于纵容,就会给儿子带来麻烦。慈爱的母亲很容易掉进这样的陷阱。然而,也有一些行之有效的办法,可以帮我们避免此类陷阱,走在让我们的儿子获得真实而长久的幸福的道路上。

无论何时都不要忘记爱他

作为母亲,我们知道,爱的感觉会让儿子满足,为他带来一种甚至能够延续到成年的安全感。他们出生后,我们会自然地向他们示好。我们自己也会奇怪,为什么会有如此强烈的爱一个人的感觉。然而,当我们的儿子长大一些,拜日常生活的现实所赐,那种完美的爱也会变得复杂。有时候,儿子会惹我们生气,令我们失望。有时候,他们似乎并不理解我们。昔日那个信任我们、视我们为他的唯一世界的小男孩已经远去。在蹒跚学步时,他们就让我们知道,我们不知道他们在说什么,因为毕竟我们只是"妈妈"而已。反之,我们和女儿就比较容易把话说开,充分运用感情的力量。但大部分男孩并非这样。虽然不同研究的统计结果略有出入,但女性大约每天要比男性多说 13000 个词汇。男孩和我们看世界的方式不同，因此往往很难彼此理解。事实上，当我们试图对儿子打出感情牌来解决问题时，他们可能会拒绝我们，因为男孩不总是愿意保持坦率。所以，我们常常受到伤害，从而与儿子拉开不必要的距离，问题也得不到解决。

但要记住，除非在灵魂深处知道母亲是爱自己的，否则没有儿子会真正感到幸福。还记得我说过，妈妈代表安全吗？对我们的儿子来说，母亲的爱必须是无条件的、恒定的。因此，有时候他们似乎觉得我们的爱是天经地义的，我们不会改变，不会离开、逃跑或者保留自己的爱。至少，这是他们在内心深处想要感觉到的。所以，我们要采取最自然的沟通方式——谈话，分析、探讨我们的感情——难道这样做还不会打动我们的儿子吗？

亚里士多德说过，别无所求的男人是最幸福和最完满的。他在这里说的不是物质财富，而是指生活中有一种深切的满足感，觉得一无所缺——不是说不缺少电子游戏、玩具或者纸杯蛋糕。这是一种让灵魂本身感到满意的感觉。圣·奥古斯丁从神学角度描绘了这种幸福："完美的幸福属于不朽的灵魂，它是一种安宁的状态。因为在上帝眼中，灵魂是与通过知识和爱所达到的无限的善相统一的。在上帝的存在和荣耀面前，人类精神的全部自然欲望同时得到满足——理智寻求真理，意志向往至善。"

作为母亲，我们的工作是——如果我们相信亚里士多德和奥古斯丁所言——帮助儿子寻求知识和真理，因为这些是能让灵魂真正满意的东西。如果我们真的想要帮助儿子找到幸福，就必须教会他们如何明辨是非，鼓励他们在道德和伦理问题方面做出决定。如果亚里士多德是对的（我相信他是），那么若是没有学会追求美德，我们的儿子也不会得到真正的幸福。亚里士多德说，美德调整和纠正人们的选择。美德包括哪些？具体来说，它们分别是勇气、节制、正义、审慎、智慧和贞洁。哪个妈妈不希望她的儿子拥有这些呢？我们都愿意。亚里士多德宣称，拥有美德是人类获得幸福的主要手段，所以我们会更加愿意让儿子获取这些美德。

然而，有的母亲在这方面比较犹豫。因为她们觉得，在复杂的现代社会，传授美德有些过时，而且没有必要。但请想一下，勇气是无论别人怎么想，都要做正确的事的能力；节制是享受谦卑和自我控制身体欲望带来的愉悦的能力；正义是判断是非，待人公平；审慎要求一个人拥有"实践的睿智"，崇尚谨慎；智慧是在必要情况下做出明智的选择；贞洁涉及对性欲的控制。所以，如果我们的目标是帮助儿子获得真正的幸福，那么第一件事就是从小教给他们这几种美德。

我们必须做的第二件事情是教会他们给予爱和接受爱。因为我们是儿子的第一个爱人，我们有责任向他们展示爱，并且继续教给他们关于爱的知识。即使当他们长大，母子的关系变得复杂时，我们仍然要这样做。我们常常更专注于为孩子而工作，在他们身边穿梭忙碌，为他们支付账单，而忽略了告诉他们，他们是被爱着的。当然，在我们的脑海中，鼓励他们踢足球，给他们买需要的装备，自愿到学校帮忙等，都是我们表达感情的方式。但在儿子的心中，这些并不完全等同于爱。这点非常重要。为了帮助儿子幸福，我们需要知道什么会让他们觉得被爱，什么不会。约翰的母亲通过努力工作支付食物和取暖的费用来向儿子展示爱，但她也知道，她需要告诉儿子她爱他们，如此才能使他们感到被爱。

不少男孩子告诉过我，得到他们母亲关注的唯一方法是参加体育运动。因为在观看比赛的时候，他们的母亲会鼓掌、喊叫，甚至跳上跳下。然而，当他们看到母亲以这种方式关注他们的时候，就会觉得自己必须这样做才能得到关注。母亲应该防止孩子形成如此想法，因为这样可能是危险的。那些觉得自己必须通过跑动、得分或取悦教练来获得母亲关注的男孩，他们会感到自己是傀儡，是展览品，而不是被母亲全身心爱着的正常男孩。

我们如何向儿子表示爱？花时间陪伴他们，不要只在他们运动时出现。比如开车带他们去参加各种活动，在运动场上向他们欢呼，或者带他们去购物。除了娱乐，我们还需要和儿子一起度过有意义的时光——玩牌、打球、看电影或骑自行车。所谓关注他们,并不只是关心他们自己在做什么。

母亲也时常觉得自己需要"表现",才能获得儿子的关注。我们想给孩子买合适的东西,让他们上合适的学校,为他们烹饪合适的食物,让他们参加最好的运动,等等。然而,我们忘记了一个根本道理——我们的儿子只是想和我们在一起。儿子不想让我们做得更多,他们想让我们更多地与他们待在一起,向他们更多地展示我们喜欢他们的陪伴。我们"表现"得越少,他们也会照做。反之亦然。如果表现得过多,母子双方都不会觉得特别被爱和特别满意。

在儿子还是小可爱的时候,我们可以自如地爱他们。我们拥抱他们,和他们一起玩耍,经常亲吻他们,向他们倾倒我们的爱。在他们人生的第二阶段,比如上中学的时候,我们会后撤一些,因为我们害怕自己不能充分提供他们想要的东西,或者我们提供的东西会遭到断然拒绝。但这样一来,我们就开始在他们面前表明,我们对他们的爱是失败的。我们不能这样做。我们对18岁和8天大的儿子必须一视同仁,付出同样的爱。我们要把爱说出来,有感情地展示出来,通过有意义的方式向他们发起挑战。

以利亚12岁时,劳拉明白了这个道理。劳拉有三个孩子,以利亚是老二。她告诉我,他们母子两人一直很亲近,以利亚是她最敏感的孩子。小的时候,比起他的姐妹,以利亚更容易受到情感伤害。如果他在曲棍球比赛中发挥不佳,就会告诉她,因为让教练失望,他的感觉不好。

以利亚六年级时,从小学部进入了初中部。劳拉告诉我,这对他来说特别艰难,因为初中部比小学部的规模大很多。小学五年级时班里有32名学生,而六年级时班里有215名。以利亚告诉母亲,他觉得自己好像进入了一个全新的宇宙。最初三个月,他过得似乎还不错。劳拉说,他回家时一般心情很好,成绩也稳定。但后来,她注意到儿子在改变,不再那么活泼,而且开始和她顶嘴。开始时,她认为他的情绪化是青春期激素变化导致的,就不以为意。然而几个月后,以利亚开始与她疏远。他频繁地换朋友，但很少带朋友回家。

劳拉正是在这时候来找我的。"我们一直在争吵。"她说，"我不明白，他曾经那么充满爱心和有趣，而现在，说实话，我甚至不能忍受和他待在一个房间里。"

我问她，以利亚怒气爆发时，她是如何处理的。"我也会朝他喊，让他回自己房间，"她不好意思地说，"我不知道自己还能做些什么。这使情况变得更糟，他会大叫着跑回自己房间，乱扔东西，我不知道该拿他怎么办。"

我问劳拉，以利亚是否遇到了什么事。她说自己不确定学校里发生了什么，因为以利亚告诉她，他的年纪足以应对学业，以及和老师打交道。因为他看上去似乎并未遇到什么麻烦，她也就尊重他的意见，没有试图干涉。我问，他在交友方面有没有遇到问题。她说她不这么认为，虽然他似乎没有任何亲密的朋友。我又问他们的家庭生活中是否有什么变化，比如有人去世，甚至是宠物的死亡之类。她也说没有。

聊了一阵后，我鼓励劳拉和以利亚在周末时一起做些他喜欢做的事。我也告诉她，要多听他谈；当他生气时，尽量不要觉得那是针对她的。这样的话，她就不会那么容易卷入争吵。她告诉我她会尝试。

几个月后，我在杂货店遇到了劳拉。

"以利亚最近怎么样？"我问。

"非常好。"她的话令我松了一口气，"我们相处得很好。"

"发生了什么吗？"我问她。

"见过你以后，我开始更多地注意以利亚。过去因为生他的气，我总躲着他。所以，当我问他去不去看电影时，他一开始拒绝了；但过了一会儿，他就同意了。我们在一起时，我会时不时地问他问题，然后不加打扰地听他说。几周后，他变得坦诚起来。我发现，他偷听到班上的几个男孩笑话他的体型。因为对于比大部分朋友个子矮这件事，他一直很敏感。我觉得他上了高中之后，和那些比自己高得多的孩子在一起，他的

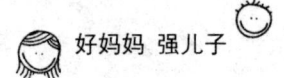

自信会受到很大的挑战。"

"那么你是怎么对他说的？"我问。

"嗯，我找他的父亲来帮忙。我想他会理解他，因为他也比较矮。我问他是否愿意多陪陪以利亚，只是和他说说话就行，他说他会的。然后，他俩就经常一起做事。我认为这真的有效，以利亚现在对艰难的初中生活有了更深的认识。"

第一次和劳拉聊天时，她说她担心以利亚可能吸毒、喝酒或者受到欺负。因为她看到原本温柔的儿子竟然变成这样，觉得一定发生了可怕的事。但当她冷静下来，决定走近他而不是走远时，就得出了不同的结论。她采取避重就轻的方式，了解到他的麻烦和心结，也让他更加感到被爱。他认为她的躲避是对他的拒绝，从而更加不自信。一旦她主动接近，真正开始倾听他，劳拉就意识到儿子的问题并没有那么严重（至少与她担心的相比）。她和他父亲能够帮助以利亚走出困境。

通常情况下，爱我们的儿子意味着放下自己的抗拒情绪，走近他们。以有意义的方式爱他们，意味着采取某些会让我们觉得不太自在的方式。比如自我控制，不加打断地倾听他们，应对不愉快的谈话，或者花更多时间和儿子在一起做放松的事，比如看电影或骑自行车。我们必须记住，作为成年人，我们理应首先做出爱的表示。当我们为了儿子做到这些，回报是不可估量的。

不要害怕爱他

儿子出生后，我们会变得非常有保护欲和占有欲。这很自然，因为我们不想任何不好的事发生在他们身上。我们甚至想要造一只"安全茧"来保护他们，确保没有人把他们抢走。然而，这会阻碍他们的成长，让他们没有能力对将来的伴侣负责。

我们必须不断调整对儿子的爱，以便他们适应将来的变化，这是巩固

第 1 章
你是他的初恋

母子关系的关键。当他们小的时候，我们可以毫不脸红地拥抱他们，这种可以坦然去爱的感觉多么美妙。当他们上幼儿园以后，温馨的感觉就随之减少。他们不再那么依赖母亲，可能不愿意公开与你亲昵，然而在上床睡觉的时候，他们会很喜欢你的亲近。儿子进入初中时，我们必须学会富有创造力地展示爱。他们的身体已经变得成熟，如果还像过去一样对他，会令他在朋友面前感到尴尬。很多男孩想知道自己是否还有吸引力，因为他们变了声，有了自我意识。那些没有进入青春期的男孩在已经进入的孩子面前会觉得尴尬，他们会敏感地意识到别人的身体发育了。如果他的朋友刮胡子，他却没长胡子，他可能会非常介意，觉得自己不成熟。无论他们处于青春期的哪个阶段，大多数男孩都不会对自己的成长感到满意。所以，我们必须关注他们的不适。

我们可以给儿子最好的礼物之一，是对我们的身体越来越感到满意。这是个挑战，因为很多男孩进入青春期后会对母亲的示爱感到不自在。我们必须帮助他们度过这个阶段，因为我们是教给他们认识爱的老师。如果我们关闭了爱的通道，他们内心的某处会觉得自己可能不再可爱。我们不想让他们有这种感觉。尽管他们的身体语言表示不自在，但我们必须找到有创造力和尊重的方式表达我们对他们的深爱。据我所知，男孩在上床睡觉之前，是喜欢母亲对自己示爱的。有些孩子告诉我，睡前一个快速的拥抱或面颊上一个轻轻的吻，都会让他们觉得舒适自在。大多数男孩不愿在朋友面前表现这些感情，我们必须记住这点。而在私下里示爱则不会让他们觉得尴尬。

艾米丽就是这样对待儿子提米的。她告诉我，从提米5岁开始，他们每天晚上都会做个游戏。睡觉时间一到，提米就要到楼上去做好准备。母子中的一人要向另一人发出"信号"，然后他们要向楼上跑，进入提米的卧室，第一个进去的就算赢了。这个游戏持续了很多年。如果她忘记了，提米会不高兴。就算他已经12岁，身高接近六英尺时，母子俩还会做这个游戏。

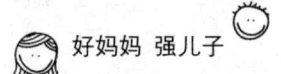

提米上大学后,我问起他们的这个"传统"。我一提到,他就微笑起来,我能看出他很怀念。"我想我妈妈,"他告诉我,"我怀念我们当时的每一个表情,我真的想念她的声音,特别是学业繁重的时候。我每周给她打一次电话,谈论近况。她喜欢听我讲我做的每一件事。"

我很好奇,这个游戏对他来说意味着什么。当我问他时,他停顿了几秒,然后告诉我:"我知道这听起来很老土,但它让我觉得生活很美好。玩这个游戏时,我觉得我的生活很安全,那感觉很难形容。另外,我会觉得被母亲爱着,这是我们的游戏,没有别人玩过。我母亲非常热衷,我十多岁的时候,她也和我玩,让我觉得真的被爱着。她知道我有时候被她拥抱会觉得不自在,但这个游戏让我知道,她像过去一样爱着我,喜欢和我相处。这对我意味着很多。"

表达感情的方式有很多种。随着孩子的成长,即使我们可能会感到尴尬,也绝不能忘记表达对他们的爱。从儿子的角度来看,亲情让他们安心,让他们知道,虽然他们可能会改变,但我们对他们的爱不会变。但是,我们需要找到不同的方式来表达自己的爱——当然,爱的核心不会改变——以适应儿子的需要,并确保我们的爱给了他力量,没有让他觉得压抑。

我们要明白,男孩在青春期会面对许多混乱的变化,他们的情绪反常是为了应对挑战。因此,我们没有必要觉得他们不再喜欢或者需要我们。因为这不是真的,在这个重要的过渡期,他们比任何时候都需要我们,需要确定自己是强大、有能力和值得被爱的,尤其需要与母亲交流以获得这种肯定。

当孩子被人际关系、学业、体育比赛压得喘不过气来的时候,他们可能会疏远你,对你发脾气或冷嘲热讽。对此,我们很难不感到伤心,然而我们需要变成"厚脸皮",以便留住心中的智慧,想出富有创造力的感情表达方式。语言交流促进女性与他人的关系,而一起做事会促进男性与他人的关系。如果我们意识到这一点,就会发现,我们可以通过玩游戏、骑车、到公园散步或者观看足球赛来和儿子搞好关系。与儿子玩(我们并不需要在玩的时候说多少话），也给了我们一个机会通过身体语言展示感情——我们可以拍拍他们的背，抚弄他们的头发，给他们一个拥抱，而不必担心被拒绝。

适度地放手

如果我们害怕在儿子青春期时失去他们，就可能采取不当的方式真的让他们与我们疏远。有时候，当感觉他们后退时，我们可能变得非常有占有欲，在错误的时间强行挤入他们的生活。我知道有些母亲会嫉妒儿子的初恋女友，并下意识地破坏他们的关系。比如当儿子和女友看电影时，她们会给他打电话，甚至说出"这么多年来，我辛辛苦苦地让你过上好生活，你就是这样报答我的？你竟然忽略我？"这样的话。

孩子进了幼儿园，交到新朋友，大多数母亲会很高兴。我们希望儿子的世界变大，因为增加健康的人际关系对他有益处。当他进入小学、中学，我们与他们相处的时间会逐渐变少。当他进入青春期，由于对母亲的突然疏远，我们会疑窦丛生。对很多母亲而言，这是个痛苦的转折点。但是，适当的分离对儿子的健康发展极为重要。

随着孩子的成熟，与家长分离的过程就是他们和朋友、老师、教练、女友等人形成健康关系的过程。对依赖儿子的母亲来说，这可能很难。单身母亲、只有一个孩子的母亲、没有其他家人或者朋友不多的母亲容易对儿子不满，不愿意他们与别人来往。我见过平时温和亲切的母亲在觉得自己被儿子的朋友或女友取代时，开始控制儿子。其他时候，母亲变得嫉妒只是因为觉得对母子关系没有安全感。

无论我们是单身、已婚，无论我们有几个孩子，事实是，当看着孩子长大，"离开"自己的时候，大家心里都不好受。但我们必须学会温柔地放手，让儿子在成熟过程中投入健康的人际关系。如果我们能够关注这个过程，就能更小心地对待它，让它更加顺利。为了做到这一点，请记住几件事情。

首先，我们不必害怕。我们与儿子之间的爱不同于任何其他的爱，我们必须确信这一点。没有人能在儿子的生活中代替我们。如果没有这样的意识，我们就会更害怕失去他们。

第二，嫉妒从不会引起好结果。如果我们嫉妒儿子的朋友、父亲、女友或妻子，这对谁都没好处。事实上，嫉妒会操纵我们，让我们失去更多。如果不承认自己嫉妒，我们不会意识到错误，明白这一点非常重要。

第三，我们需要认识到，让儿子长大是我们的工作。随着逐渐成熟，他们不应该继续在情感和身体上依赖我们。母亲都希望儿子长大、独立。我们要学会放手，强大到足以欢迎儿子生活中的变化，明白我们不再像过去那样对他如此有价值。实际上，很多时候，当儿子成熟后，我们反而和他们更亲近。那些儿子在海外服役的母亲，通常觉得儿子与自己更靠近。她们会告诉你，她们与儿子通过很多方式密切联结，这种感觉比他们3岁的时候要强烈得多。艰难困苦和物理距离固然带来挑战，但若我们能以健康的方式对待它们，拥抱每一个阶段、每一个变化，没有恐惧地欢迎儿子人生中的每一段关系和浪漫，我们就能与他们建立更好、更持久、更有意义的关系。

教他如何去爱

正如我在本章前面说过的，是妈妈教会儿子如何去爱。我们向儿子展示如何通过爱他人获得更丰富、更有价值的生活，教他们如何感到安全和爱。我们做得越成功，他们的人生体验就越精彩。如果我们嫉妒别人，不让其他女性或男性接近儿子，就等于告诉他们，其他人不能信任。这是一种常见但残酷的错误。如果我们教给儿子，只有和我们在一起的时候才是安全和被爱的，这就是越界，可能导致不健康的母子关系，进入过度保护的范畴。

允许其他男女进入儿子的生活，对于他的成长和情感发展有很多益处。慈爱的母亲愿意让儿子对祖父母、阿姨、叔叔、教师以及其他可信赖的成年人敞开心扉。艾德的母亲就是这样做的。他告诉我,这彻底改变了他。

即使已经45岁,艾德还是自称"妈妈的孩子"。"我承认,"他告诉我,"虽然有个那么好的妻子和四个孩子,我仍然爱慕我的母亲。没人会取代她在我人生中的位置,她知道这点。我每周都会给她打好几次电话。"

我想知道艾德是怎么和母亲如此亲近的。他给我讲了很多他的成长故事。

"好吧,"他开口道,"如果必须指出一点的话,我想应该是因为我母亲爱其他人的方式。"

这让我很吃惊。"这没让你感觉……嫉妒吗?"我好奇地问。

"不,"他说,"这真的扩大了我的生活。我的母亲爱很多人,她觉得这样做很舒服,而且这似乎敞开了她和我的人生。她从未表现出害怕遭到拒绝或被伤害的样子。我的母亲是一名教师,我们住在低矮简朴的房子里。很多年轻教师住在我们附近,她经常邀请他们过来吃饭。每个星期几乎有四天,我们家里都有客人。"

我问了艾德一个似乎很明显的问题:"你有没有觉得你被母亲冷落了?"

"正好相反。"他回答,"当其他成年人来我们家时,我的母亲从未让我离开房间过。她会给我讲他们的故事。如果他们有困难,她会要我善待他们。我学会了爱周围的人,因为我看到他们愿意和我母亲在一起。她为他们做饭,帮他们带学生,我也总是帮她做这些事。实际上,比起同龄人,我更享受和成年人相处。他们有很多东西可以教我,多年来,我一直看着他们,他们经常给我各种建议。某种程度上,我有一屋子的导师,他们都关心我。这让我觉得自己很重要。"

艾德讲话时,我在想自己在孩子的成长中是怎么做的。我没有经常把孩子介绍给我认识的人。当然,阿姨、叔叔和祖父母除外。为什么呢?我意识到,要做到这点,我就得放弃一些和孩子共处的时间,和其他成年人在一起,欢迎他们支持和关爱我的孩子。而这是我不太情愿的。现在,我

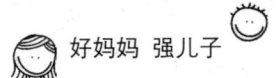
好妈妈 强儿子

才认识到这样做非常有益，我真希望当时能够做到。

比起语言，我们的行为更容易教会孩子如何去爱，如何被爱。艾德的母亲不仅向他展示了如何好好去爱，而且允许他得到其他人的喜爱。他们的话语和关心改变了他的生活，如同艾德所言："我学会了享受和成年人在一起，我觉得自己很重要，获得了很多自信。"

谈话结束前，艾德告诉我一个关于他母亲的故事。他无法停止谈论她。

"有一天，"他说，"我得到了生命中的惊喜。我从学校回家，母亲叫我坐下，她要告诉我一件事。她说她认识了一个来自泰国的访问生，他的英文讲得不好，并且需要住处。她说，他要搬来和我们住，实际上是和我一起住，我是家中唯一的男孩。我的卧室不大，但我们要挤在一起。她觉得，让他来我家是正确的。我经常觉得自己生活在一个马戏团里，身边非常热闹。"

和另一个男孩分享房间是否打扰了他的生活，特别是母亲之前从未征求过他的意见？这是我的问题。我从来不敢不问上高中的儿子就做出此类决定！毕竟，儿子的房间是他自己的个人空间。

"没有，"艾德回答，"并没有打扰我，因为我喜欢周围有人。我的母亲付出了如此之多的爱，这改变了我。30年来，他时常到我家住，他现在仍然是我家的重要一员。他和我像兄弟一样，我爱他。"

我不好意思承认，即使在他说这话时，我仍然觉得不可思议。难道这不意味着他的母亲破坏了他的日常生活吗？她怎么能事先不征求他的意见呢？

"我很感激我的母亲告诉我如何去爱别人。她向我展示了向别人敞开心扉是一件好事。在这件事上我生她的气吗？我猜当时我可能有些生气。不过，那个男孩很快就融入了我们家。我相信，我母亲在这件事上成功的关键，就是没有事先告诉我，我必须喜欢他。她没有强迫我，她给了我足够的重视，所以我从来不觉得被轻视。我认为这段经历很宝贵。"

有时候，我们可以用违背母亲本能的方式教会孩子如何去爱。当我们非常想把儿子拉近自己身边时，我们能为他们做的最好事情是——特别是要教给他们哪些是人生中最重要的事情时——允许别人进入儿子的生活,像我们一样去爱他们。这样一来,母亲就相当于给儿子绘制了一幅如何搞好与他人关系的路线图:我们是给出线索的那个人,我们的行为决定着他们是否愿意和别人建立亲密关系。对于大多数男孩而言,是母亲让他们意识到加强与他人的建立在爱和尊重上的关系是多么令人满足。

永远不会太晚

很多母亲由于担心无法修复母子关系,所以一直和儿子疏远。其实,修补母子关系这件事,永远不会晚。每个男人都希望得到更多的母爱,他要么想留下更多美好回忆,要么想治愈过去的伤害,因为只有一个人能够占据他心中那个特定的空间。如果男孩的生母在他童年时代不在他身边,继母、阿姨或者祖母可能占据这个空间。母子之爱的动力是强劲的,因为这种爱源自需求。虽然时间会改变母子间的亲密,但母爱的意义和影响永远不会改变。就算和母亲的关系在他与女性的关系中不是第一位的,一个男孩也总是需要知道,他被母亲爱与接纳,就像他需要父亲的认可与支持一样。如果一个男孩怀疑母亲的爱已经改变或者减少了,那么等他长成大人都会一直有一种不安全的感觉。

很多单身母亲想要"既当爹又当妈",但是她们缺乏自信,她们常常被生活折磨得灰心丧气。事实是,没有人可以既当爸爸又当妈妈。一个女人只能是妈妈,相信我,做妈妈已经足够了。很多单身母亲时常忧虑,试图变成她们无法变成的人,结果往往做不到。是的,一个男孩需要来自男性的影响力,不要让你自己成为父亲的替代品,请孩子的叔叔、祖父、牧师或教练花点时间和他待在一起。其他人可能对你的儿子产生深远的影响,而凭你一个人是无法做到这一切的,学会寻求帮助很重要。

我的朋友克莱尔的丈夫患胰腺癌去世时,他们的三个孩子分别是5岁、10岁和12岁。最初几年,她试图同时扮演母亲和父亲的角色。她在外面找了份工作,还要给二儿子做班级爱心妈妈,开车带孩子们参加体育活动，每晚烹饪美味的晚餐。与此同时，大儿子肖恩进入了青春期，于是她以一种她觉得自己的丈夫会采用的方式和肖恩讨论生活的变化。

经过两年，克莱尔精疲力竭了。她很沮丧，抚养三个年幼的孩子令她不堪重负。肖恩变得调皮捣蛋，学习成绩下降，并且开始喝酒。当她质问他是怎么回事时，他拒绝跟她说话。她相信他行为的改变是由于失去父亲而感到悲伤，但她不知道该怎么办。

后来，克莱尔有了一个主意。她去她的教会，找到一位青年牧师，告诉他事情的原委。她问牧师家里是否有什么事需要帮忙，于是牧师答应让肖恩有空时帮他收拾院子。接下来的几个月，牧师和肖恩建立了友谊，克莱尔也和牧师的妻子成了好友。一次，牧师决定带全家人远足一星期，他邀请克莱尔一家和他的妻子、孩子一起去玩。克莱尔很激动，她的孩子们也很兴奋。旅行结束后，肖恩心情极为愉快地回到家，因为他发现了新的乐趣——克莱尔从他的表情和言谈中看得出来。他不再喝酒了（牧师之前曾经批评过他），最终成绩也提高了。

克莱尔向我承认，她很希望自己在丈夫去世后马上寻求帮助，而不是等到两年以后。我提醒她，她已经尽力做到了最好。而且，丈夫去世时，她还没有做好求助的准备。试图同时成为母亲和父亲，也许是她作为单身母亲应对生活的方式。我问她对其他单身母亲有什么建议。"这很简单，"她回答，"单身母亲需要认识到两件事：首先，你身边有很多愿意帮助你的人；第二，男孩需要男人的教导。虽然难以承认，但单身母亲不是万能的。所以我们需要请一个好心人帮助我们的儿子，哪怕只是每周和他相处一小时。这样做改变了肖恩的人生，我相信也会帮到其他男孩。"

如果你和你的儿子遇到了艰难的时刻，特别是在他们处于青春期的时候，请记得我们讨论过的要点。首先，你的儿子——他现在可能讨厌你——需要知道你爱他，哪怕你们正在与困难搏斗。第二，坚持下去。如果你和儿子走正确的路，不放弃做好事和正确的事，他会留在你身边。我认识那些儿子离家出走的母亲，见过那些养了"败家子"的母亲，她们的

第1章
你是他的初恋

儿子整天跟在母亲身后要这要那。改变此类母子关系的方法是，母亲伸出手来，告诉儿子（即使他无家可归）她爱他。无论有多么艰难，坚持表达爱是很重要的。请记住，在儿子的眼里，母亲永远都会爱他，即使世界上的每个人都放弃了他。我相信，回到母爱之中，是修复母子关系的关键。因为在男孩的成长期，他们与母亲的联系是基于一种永远不会消失的需要；它虽然会变化，但不会消失。我相信，这种联系是不同凡响的力量，正是它在艰难时刻把我们的孩子拉回我们身边。

亚历克斯离家出走了。苔丝无法接受，她和儿子经历了多年的动荡生活。亚历克斯小时候已习惯了和父亲度过大部分时间。当他进入青春期时，他的父亲找了一份开卡车的工作，经常连续几个星期不回家。亚历克斯发展出了叛逆的性格，根源是他深深的忧虑——父亲不像以前那样爱他了。他认为，父亲选择离家工作是因为他做错了什么；如果自己有所改变，父亲就会放弃工作回家来。

在此期间，他把自己的愤怒和恐惧发泄在母亲身上。他下意识地觉得，她是不会变的，她不会离开，所以他可以和她吵架，甚至视她为仇敌。不明所以的苔丝还以为儿子讨厌她，甚至恨她。她觉得自己似乎做错或者说错了什么，她不知所措，只能忍耐。直到亚历克斯高中毕业，找了一份工作，离开了家。如今，26岁的亚历克斯和苔丝的关系很好。研究表明，男孩到了20岁，心理才会充分成熟。亚历克斯显然从时间的流逝中受益，和母亲的分离帮助他对人生有了新的看法。

关于亚历克斯，我最近和苔丝有过交流，她给我讲了一个故事。我难以置信，她和儿子如今居然能有如此亲密的关系。

在我们谈话两周前，她和亚历克斯到外地去参加女儿的婚礼。她感到特别伤心，因为她的女儿由于工作关系，要搬到很远的地方去。而苔丝的丈夫经常出差，距离和时间让他们产生了分歧，经济的紧张加剧了他们的矛盾。她从未对亚历克斯讲过自己的麻烦，因为觉得那样不合适，似乎跨越了母子关系的界限。我认为她这样做是对的。

好妈妈 强儿子

苔丝说，参加完婚礼，她打算一个人开车五个小时回家。亚历克斯是一名职业飞行员，他和一个朋友是开飞机来参加婚礼的。他知道母亲很伤心，所以他问朋友能否自己开车回家，他要驾驶飞机送母亲回家。朋友同意了，苔丝和亚历克斯一起去了机场。

"那是一个美丽的夜晚，"她告诉我，"天空黑暗而晴朗，星光闪烁。亚历克斯的飞机是敞开式的座舱，所以我们不能飞得特别高。天气很温暖，我们都戴着耳机。我很高兴能戴耳机，因为一路上我都在哭，但又不想让亚历克斯知道。我有很长时间不能看到女儿了，所以我一哭起来就停不住，我还为了和丈夫吵架以及缺钱的事情哭。我觉得自己把多年积累的泪水都哭出来了。当我们降落后，亚历克斯停好飞机，找到了他的车。我没再哭，他也没和我说话，只是开车把我送回家，和我一起进了门。我问他喝点什么，他说不喝，接着他对我说：'妈妈，你先坐下，你和爸爸之间是不是发生了可怕的事情？'我大吃一惊。他是怎么知道的？我不知道应该回答'是'或'否'。不过，我又忍不住哭了起来。'是的，我们的关系不好。'我说。他告诉我，他也是这么认为的，然后他说了一句让我深受启发的话。他没问问题，也没有刺激我，只是说：'妈妈，爸爸是个受过磨难的人，你需要知道这一点。不管你正在经历什么，他也在经历一些事，这些事是你作为女人无法理解的。'"

是的，亚历克斯少年时期很叛逆。但现在作为一个男人，他给予了母亲只有男人能给予女人、儿子能给予母亲的建议。他爱他的父亲，也爱他的母亲，因此能够给母亲开启一个她自己发现不了的视角。"他是个了不起的年轻人，我很佩服他。他让我知道，我需要更加有同情心、耐心，需要理解我的丈夫。而最令人惊奇的是，他帮助我认识到，我现在只需要坚持下去。"

我们的儿子总要离开家，他们会成为男人，会以别人做不到的方式帮助我们，他们可以教我们如何生活得更好。如果我们坚持足够长的时间，永远爱他们，他们一定会回来。

Chapter 2
Give Him an Emotional Vocabulary

第 2 章
教会他管理情绪

每个男孩都需要母亲给他一个"情绪词汇库",帮助他识别和表达自己的感情。

第 2 章
教会他管理情绪

我现在逐渐开始相信一个事实：男孩比女孩敏感得多。

我见过 7 岁的男孩因为宠物死掉而崩溃，听说十几岁的男孩因为跟女友分手而精神失常，也知道成年男人因为失去父母而与世隔绝。我相信，我们今天看到的年轻人失业甚至坐牢的原因，根本不是行为问题，而是因为不知道如何处理情绪上的痛苦。每年都有很多男孩辍学、贩毒或者加入帮派。资料显示，被监禁的男孩数量是女孩的 14 倍，其中大部分是 20 多岁的年轻人。还有很多年轻男人做了父亲后抛弃孩子，也有不少人英年早逝。是的，他们犯了罪，不是好父亲，成为自己暴力的受害者。但是，在我看来，这些年轻人饱受痛苦和恐惧的折磨，以致被迫行使人类的基本生存手段：不惜一切代价保护自己。如果有人接近你，你不知道他是否会伤害你，那就首先出击；不要爱别人，也不要被人爱，因为你最终会遭到失望的打击。他们经历了太多的拒绝和失去，纯粹的压抑和悲伤占据他们生活的主导地位，他们已经失去了发挥正面作用或者积极生活的能力。

对很多小男孩和青少年来说，生活是令人无奈的。当一个小男孩失去了祖母，他也许会伤心几个月；当一个小学四年级学生听到别人说自己肥胖和懒惰时，他心中的伤痕可能永远无法愈合；当一个十几岁的男孩被迫在与母亲或父亲生活之间做出选择，他可能永远无法从这种抉择带来的负

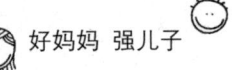

罪感和压力中恢复。在对待情感方面,太多的男孩得不到帮助。所以,敏感成为一种奇妙的保护,让他们觉得充实。然而,对很多男孩而言,他们也会觉得这是一种诅咒。除非,他有一个伟大妈妈。

每个男孩都需要母亲给他一个"情绪词汇库",帮助他识别和表达自己的感情。威廉·波拉克博士在他的著作《真正的男孩》(Real Boys)里面提到所谓的"男孩守则",很多男孩都依据这套守则生活。"守则"暗示,为了显示自己的男性化,男孩会压抑自己的感情,这当然是非常不健康的。母亲如果能够在童年早期教会儿子辨别和讨论自己的感情,他就能够打破"男孩守则",在心理上更健康、更快乐。

母亲是最先能识别孩子情绪的人。她们见证了儿子的悲伤、愤怒、沮丧或受伤害的感觉,所以自然更加了解儿子的情感世界。当儿子还是婴儿时,是母亲最早被他的哭声唤醒:他需要什么?他高兴还是不高兴?妈妈见过儿子在球场上忍住失望的眼泪,父亲可能也会注意到这些情绪,但他们一般很少帮孩子排解。因为"男孩守则"告诉父亲,儿子应该在悲伤时"像个男子汉"。妈妈则会从儿子脸上搜寻他的情绪线索:他见到新老师是什么感觉?和初恋女友约会之前会怎么想?作为天生的沟通者,母亲能比父亲更快地捕捉到儿子的情绪。

拥有情绪词汇库并非掌握能够表达感情的语言那么简单,它有三个关键的组成部分:首先,孩子要能够识别自己的情绪;其次,他要能够表达这种情绪(对内或对外);最后,他要学习如何处理这种情绪。如果孩子能够学到这些重要技能,就会拥有情绪健康的生活。

父亲能够帮孩子实现这三个要素吗?也许能。然而,母亲更适合教导他们这些技巧,因为女性的本能使然。女性是通过沟通(通常是口头的)与爱的人建立联系的,而教孩子掌握情绪词汇库在很大程度上依赖语言的沟通。另一方面,男人通过行动与爱的人建立联系。加上男孩更愿意与母亲讨论情感问题,而不是父亲,所以我们责无旁贷。男孩从本能上似乎也知道找母亲来解决此类问题。幼儿时期,他们就会从母亲那里寻求安慰,不仅因为知道母亲有同情心，会理解他，而且也知道母亲会接受他的感觉。儿子可能不好意思在父亲面前哭，怕遭到指责和嘲笑。所以，妈妈需要让儿子知道，压抑自己的感情是有害的。当他长大一些，男孩会从同龄人、老师或教练那里得到暗示，似乎忧伤和悲痛是不能被接受的情绪。由于缺乏感情的词汇，他只能吞咽自己的感情，为愤怒和绝望的最终爆发埋下隐患。如果没有情绪词汇库，男孩可能永远学不会理解和讨论自己的感受，这可能对他与朋友、配偶和子女等人之间的关系产生负面影响。

为什么管理情绪对男孩如此重要？

随着男孩的成熟，他们会像女孩一样敏感地对周边的人与事做出回应。但当他们在小学早期的时候，他们会知道，男孩似乎不能像女孩那样表现情绪。人们会根据"男孩守则"教育他们，不能在人前哭，甚至也不能表现出忧伤，就算在特殊情况下也不能，否则他们将被指责为"像个女孩"。男孩从中学到的不仅是应该隐藏情绪，甚至是不应该感觉到情绪。

成年人可能会告诉一个二年级的男生振作起来，不要当着同学的面哭鼻子。但这种教育会让孩子产生误解，他可能会理解为自己不能难过（或者哭），不仅在同学面前不能，任何时候都不能。于是，他得知哭是一件坏事，连体验难过的情绪都不是男人应该做的。根据我的经验，男孩到了四年级，很可能已经相信自己不应该感到生气、难过、孤独或者悲伤欲绝，这令他们困惑和痛苦。当这些感情袭来，他们会觉得自己犯了错，进而开启一个恶性循环——男孩越是感受到某种情绪，拒绝向任何人表达，他们就会越愤怒于自己产生了这种情绪。如果这个循环继续下去，他们甚至会觉得抑郁和焦虑。

如果母亲能够早些告诉儿子哪些感觉是健康的、正常的，以及应该如何应对，他就会明白，有感情实际上是好事，也就不太可能落入痛恨自己软弱的陷阱。

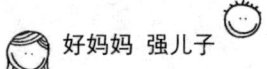

数以万计的成年男性（甚至几十万）会抑制痛苦和受伤害的感觉，使自己生活在愤怒和抑郁之中。酒瘾、毒瘾、性瘾、恐慌和自杀倾向往往并非来自抑郁，而是适当的情感被扼杀和忽略的结果。这并不是说所有的精神疾病、抑郁、焦虑等都源于缺乏情感词汇，但缺乏情感词汇确实是一个极为常见的病因。

所以，每一位母亲都应该在儿子小的时候为他建造一个情绪词汇库，尽最大努力帮助他以最健康的方式承认和表达适当的情感。教给儿子如何处理这些情感，可以帮他更深刻地体验生活。我相信，除了给他生命以外，这是我们能够给予儿子的最伟大的礼物之一。在稍后的章节中，我们将看看妈妈可以怎样具体帮助儿子确定自己的感觉，然后以健康的方式表达出来。

无父流行症

在我们的国家，正流行着一种叫做"无父"的病症。很多男人做了父亲，却选择了消失，不愿意承担父亲的责任。他们自身的生活缺少意义，所以无法给别人的生活赋予意义。生活没有目的的人，也无法给予别人什么东西，包括他们的儿子。一个男人为什么会走到这一步？这与母亲是否给予他们情绪词汇库有什么关系？

维克多·弗兰克尔在他的书《人对意义的寻求》（*Search of Meaning*）中写道：第一，为了体验到生活的意义，人必须相信，为他人的生活做出贡献是有价值的；第二，他们必须觉得接受他人的赠予（主要是爱）也是有价值的；第三，他们必须相信，做出前述选择是有未来的。换言之，他们要有能力做一些能够改善自己生活的事，然后才能有希望坚持生活下去。

人在对待自己的情绪方面，从外界收到的暗示是非常不同的。比如哪些情绪是应该有的，应该如何处理这些情绪等。男孩非常不善于管理自己的情绪,当情绪管理不善,混乱的感觉就会控制他们的生活,那是非常危险的。

比如,一个男人的父亲在他10岁时抛弃了他和他的母亲,他会感到极大的悲伤、内疚和愤怒。如果他得不到正确的情绪支持,就会被动地把自己的很多感觉深埋心底,继续他的生活。也许他不希望朋友或母亲知道他心灵上的伤害有多严重,所以也不会以健康的方式把情绪表达出来,而是会选择掩埋它们,假装对父亲的离去没有那么关心。但是,因为他从来没有处理过这些情绪,它们会变得更加复杂。

我经常告诉孩子们,把感觉推开,而不是面对它们,只会让感觉越来越强烈。只要把这些感觉表达出来,它们的气焰就会消失。这个年轻人可能觉得自己的怒气膨胀了很多年,这导致情况更加复杂,因为他会做出10岁或者10岁以上的男孩做的事:认为父亲的离开是自己的错。因为父亲不在身边,他的怒气无法发泄,只能发泄到自己身上。他觉得如果自己是个"好儿子",也许父亲就会留下。他还会找出一些理由来责怪自己,比如自己在错误的时间对父亲说了错误的话,比如自己的成绩不够好,比如自己不是父亲期望的儿子,等等。无论他如何推理,都会觉得错在自己,这是因为他没有能力对父亲生气。可悲的是,当他把这些负面情绪内化之后,随着时间的推移,负面的感觉会越来越严重。最终,他可能会觉得自己愧对父亲的爱,自己不够重要,无法让父亲留下来。

等他步入成年,10岁时的情绪体验仍然驻留在他的心中。但因为他已经有意识地避免把它表现出来,他会下意识地让它们影响到自己的个人生活和职业生涯。举个例子,他可能过度保护自己的母亲,拒绝去上大学或离家太远。与母亲一起生活的男孩,在父亲离开后,常常会觉得自己有责任照顾家庭。当开始新工作时,他可能会感到恐慌,特别是当老板的年龄和他父亲相仿时。他很可能在自己执念中的痛苦和愤怒的驱动下做出决定。他扭曲的情绪可能会让他无法做出健康的决定,而这些对他的幸福至关重要。用维克多·弗兰克尔对"什么给人生带来意义"的定义来分析,这个年轻人感受不到给予别人有何价值（他认为自己不值得父亲的爱，所以也没有东西给予别人）；他当然也就无法知道从痛苦中奋起是什么感觉，因为他从未承认过这种痛苦。

如果我们能意识到以健康的方式处理自己的感觉和有意义、有目的的生活之间的关系，就能看出孩子拥有情绪词汇库有多么重要。显然，能够健康地尊重自己的感觉，可以为孩子未来的人生铺设一条平坦的道路，让他学会满足，知道自己的价值，享受与爱的人之间的牢固关系，相信自己有未来。谁有责任帮助他走上这趟旅程呢？他的妈妈。如果一个母亲能够让儿子自如地应对他的感觉，就能帮他把这些感觉讲出来。请记住，当它们堵塞在孩子的心里时，影响力反而越来越大。只有通过谈话才能消弭这些力量，让孩子相信自己有能力帮助他人，改变自己的人生，知道自己值得接受朋友和家人的爱，有能力做到该做的事情，克服未来的困难。

可悲的是，在美国，无父流行症造就了大量认识不到自我价值的、悲伤忧郁的男孩。所以，母亲应该帮助没有父亲的孩子处理他们深层次的感情。如果不这样做，他们就可能因为情绪变成心灵上的残疾人，甚至残废多年。

南希很早就给她"无父"的儿子布兰登建立了一个情绪词汇库。我相信，通过这样做，她改变了他的人生历程。布兰登6岁时，他的父亲开始酗酒，南希试图保护儿子不受此事的伤害。后来，父亲失去了工作，布兰登和他的妹妹经常看到他白天喝得酩酊大醉。南希极力帮助丈夫戒酒，但都无济于事。酒精吸干了他的活力，甚至现在他都无家可归，在美国西部一个大城市的收容所中流连。

经过努力，南希意识到，她的力量是有限的。对于她和孩子们，布兰登的父亲成了危险人物，所以南希选择离开他。布兰登10岁时，他们三人搬了出去，找到新家居住。布兰登崩溃了，他担心父亲的生命安全，开始做噩梦，梦到父亲快死了。在学校里，老师发现他无法专心学业，而且时常发火、逃学。老师给南希打电话，讨论他们应该怎么做。

第 2 章
教会他管理情绪

多年以后，南希告诉我，那个调整的时期对他们每个人来说都是毁灭性的。"我相信布兰登非常接受不了父母离婚。他崇拜他父亲（虽然我不理解这是为什么），我知道他非常想他。更糟的是，我们搬走之后，他父亲从来没打过一个电话或写过一封信，也不关心布兰登的生活。你怎么和一个 10 岁的孩子解释这些事？"即使讲述的是多年以前的事，南希还是忍不住哭了起来。

她接着告诉我，她请不起心理医生帮助儿子，只能尽自己所能帮助他。她曾经是个老师，离婚后她结束了全职母亲的生活，回到学校工作。她总是煞费苦心地与孩子保持联结，我不知道她是怎么克服各种繁忙与悲伤做到这一点的。

"好吧，"她说，"我认为，孩子体验的痛苦至少和我一样多。对我来说，让痛苦过去的最好办法就是面对它，克服它。所以我想，我会尽力帮助孩子们这样做。我决定，大家可以随意讨论我们的新生活，比如搬家、他们的父亲等，怎么谈都可以。我们花了很多时间谈论这些事，有时候，我们会坐在一起聊到晚上。布兰登知道，他可以自由谈论对生活的期望、他的父亲或者我。唯一的规矩是，他不能苛刻地要求他的妹妹和我。有时候，他只是哭，我就让他描述自己的感觉，以便我也能理解。最开始，他觉得难以做到。他只是说，他觉得很可怕。当我鼓励他再深入谈谈时，他会生气，跺着脚跑出去。但过了一阵子，他就能简单描述自己的感受了。我简直不敢相信他经历了那么多痛苦的折磨。"

南希的态度和冷静令我惊叹。当时，她非常痛苦，却能够放下自己的情绪，指导她的儿子处理一些很棘手的问题。母亲见不得孩子受伤，当儿子大声喊痛时，你什么都不能做，只能倾听，鼓励他们表达自己的感受。这相当难，因为作为母亲，你会觉得自己很没用。南希不仅能够忍受儿子受到的伤害，还能帮他把伤害赶出去，这对他的健康情绪的发展是至关重要的。

"在接下来的几年里，我们定了一个协议，当他（或他的妹妹）想谈论不愉快的话题时,我都会随时倾听。如果我很忙,我们就另选一个特殊的时间来讨论。我之前从未意识到倾听是如此困难。首先,你很难集中精力;其次,你很难接受你爱的人是如此痛苦。不过,也许最难的是无法帮他们解决问题。我非常想让他的父亲给他打个电话,这对布兰登有很大的治愈作用。他父亲只需要告诉布兰登他爱他,但他病得很厉害,这样就好。我曾经多次对布兰登解释过,但终究不如他父亲亲自说得好。

布兰登现在上八年级,表现得非常好。他不再在课堂上沉着脸,成绩也有了显著的改善。最重要的是,他不再陷入麻烦不可自拔。未来几年中,他的悲伤不会完全消散,还要处理内心深处被遗弃的感觉。但从目前来看,他正过着健康的生活。因为南希在关键的时刻进行了干预。她为儿子创造了时间和空间,让他感受自己;她为他设置了基本规则,并且严格遵守;她让他相信,他永远不会因为自己的感觉而遭到批评;她帮助他识别了很多特殊的情绪,掌握了情绪的语言,然后帮他运用这种语言面对深层次的伤害,做出如何处理这些感受的决定:他是否允许这些感受主宰自己未来的行为?在她的帮助下,他选择了否定答案。

我们能够看出,这个过程对布兰登是多么重要。但他只是在母亲的帮助下避免了伤害的幸运儿之一。那些没有得到母亲帮助来面对父亲离开带来的感受的孩子,可能陷入抑郁,也可能压抑着一直没有得到释放的怒火过日子,甚至产生自杀倾向。他们也可能会转向酒精或毒品来麻痹那种认为自己毫无价值的感觉。这样做永远于事无补。

好消息是,身为母亲的我们可以提供帮助。虽然我们不能让儿子的父亲回家,但可以帮助他们通过面对自己的感觉来处理情绪创伤。当他们敞开心扉时,我们必须在一旁帮助他们理清自己的情绪。如果做不到,就必须找到能做的人(比如专业人士)。儿子应该得到母亲能够给予的所有帮助。

引导儿子发掘自己的情绪

事实上，大多数男孩都认为自己的母亲比别人更有安全感。也许是因为我们的敏感或者我们愿意表现出自己的敏感，也许是因为儿子相信我们能够安顿好他们展示给我们的情感。男孩往往崇拜自己的父亲，拼命想得到父亲的认可，常常会不惜一切代价。如果儿子感觉到自己的父亲不愿意表达感情，那么他也不会让父亲看到自己的感情；他会不喜欢流露感情，因为他的父亲觉得流露感情是不够男性化的行为。儿子想要得到父母双方的认可。但是，他们觉得，自己不用怎么努力就能得到母亲的认可，妈妈似乎很容易接受他们。帮助儿子培养他们的情感技能，是一件伟大的事。为了让孩子适应他内心的自我，需要引导他自觉地挖掘和研究自己的情绪，母亲就是那个引导者。

尽管这个任务很艰巨，但它也是一种特权，因为母亲是得益最多的人。我们能够分享儿子的深层想法、不安全感和梦想，能够幸运地探寻他们的头脑和心理，能够感受他们在成熟过程中言行举止的变化，因为我们比世界上的任何人都了解他们。在我们教育他们处理情感的过程中，他们也在了解我们，知道我们赞许什么，从而不仅学会如何处理自己的感情，也学会如何处理别人的感受。作为母亲，我们在这方面的技巧能够帮助儿子未来成为好父亲。

我们必须小心，把他们视为发展中的个体来尊重，因为他们允许我们窥见他们柔软易碎的心灵。我们必须学会如何温柔而坚定地对待他们。不妨回忆一下你第一次抱着新生儿时的情景：看着他柔嫩的小腿和小胳膊，我们会非常小心。但是，随着时间的推移和反复接触，我们会用坚定和慈爱的双手拥抱他们。在感情方面也应如此，假以时日，我们也会更自如地和儿子讨论他们的情感。

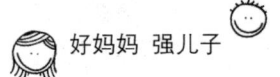
好妈妈 强儿子

相信自己身为母亲的能力

首先，你必须明白：你已经天然具备了做一个伟大母亲的所有条件。如果我给身为母亲的你拍一张 X 光片，你可以从上面看到由骨骼、组织、肌肉和神经组成的一套复杂系统：在不同时期，其中一些神经和肌肉会处于休眠状态；有的会被激活，进入兴奋状态。比如，你拥有一整套"忧虑神经元"，当你的儿子上了别人的车时，这套神经元会被激活；当你看到他踢球或拿回成绩单时，相应的神经元也会被激活。这套系统是你特有的，只为你和你的儿子保留。在一些神经元被激活的同时，其他的则会保持安静，等待你的大脑给它们发出信号。如果有人伤害了你的儿子，你的"保护神经元"就会被激活；如果有人称赞你的儿子，"鼓励神经元"就会被激活；如果你的儿子考得不好，"同情神经元"就会被激活。在你的儿子需要帮助的时候，你必须拥有所有必要的装备。问题在于，你并不总是清楚这一点。但是你可以训练自己，变得更加令他鼓舞。

告诉他你的忠诚

在这个过程中，运用你的母性本能非常重要。有些时候，不用提示，你的儿子也会很坦诚；但很多时候，他会翻几个白眼，告诉你少管闲事。男孩需要谈论自己的感受，但他们并不总是愿意这样做。既然你了解你的儿子，就多观察他的身体语言。如果你引出一个他没做好准备谈论的话题，不妨先暂停，等待一两天，然后重新打开话题。一定要坚持，也要保持温柔和耐心。记住，很多时候，除非你多提几次，否则孩子不会响应，因为他想知道你是否真的想听，你需要认真对待他的感受。如果儿子比较敏感，你应该主动和他谈，让他知道你并不觉得尴尬。当他知道母亲愿意跟自己谈，他就会坦诚得多。因此，母亲必须传达给儿子一个信息：你愿意和他讨论任何事，无论什么时间都可以。即使你不愿意和儿子讨论特定话题，比如性，也不要让你的不自在表现出来，因为你的儿子需要你表现出自信和倾听的意愿。有时候，儿子会通过开启某些特定话题试探自己的母亲，看你有何反应，从而确定深入讨论该话题是否"安全"。如果你平静应对，他会继续讨论；但如果你表现得反感或不安，他们会退避三舍，再也不提。

从他小时候就开始

研究表明，形成牢固的母子关系和帮助儿子建立良好行为模式的母亲，通常都是从孩子十几岁的时候就开始努力了。我建议母亲从孩子学会说话后就开始使用简单的语言教导他们，这样他们就不会知难而退。

当儿子2岁时，学会发脾气，不要问他感觉怎样，而是告诉他他的感觉如何。在这个阶段，让一个小男孩辨别自己的感情是难为他，所以你需要帮他辨别。当他尖叫，而你对他说"不"时，告诉他，你知道他生气了，但是他需要按照你说的去做。不要讨论他的感觉，只要给他的感觉命名，让他知道它是什么，这样他才会开始自我了解。不要等到他生气或者悲伤的时候才讨论他的感受，当他很高兴的时候，告诉他，看到他高兴，你也很开心。在他的情绪特别强烈的时候，抓住机会告诉他，你现在意识到他有什么感觉；更重要的是，他的感觉不会让你不自在。

这并不意味着你要和儿子分享你的感受。一些热门的育儿书籍会建议在你的儿子做了伤害你的事情时这样做，但我认为这样只会让他觉得内疚。大多数年幼的孩子不具有和别人产生共鸣的认知能力，无法感同身受。此外，在心理上，从幼儿到青春期，男孩（以及女孩）是非常以自我为中心的。直到他们顺利进入20多岁，才不会像过去那样认为整个世界都围着他们旋转。因为他们更关心自己，所以不会怎么关注你的情感。这意味着，当家长与孩子分享感受时，孩子虽能接受信息，但会分析这是否与自己有关。换言之，他会把母亲说的大部分话个人化。成年人就不会这样做，我们倾听爱的人说话，然后选择是否将其个人化。这一点是母亲和儿子的重要区别之一。

好妈妈 强儿子

很多母亲会犯这个错误，虽然她们的用意非常好。比如，我听说一位母亲告诉她4岁的儿子，当他沮丧地拍打她的胳膊时，她感到难过。她让他别再打她了，因为她不想难过。遗憾的是，几分钟后，小男孩又打了她。我相信，原因是他不知道母亲的感受和自己有什么关系，他当时只是想着自己的愿望。有些孩子长大一点后比较能够感同身受。尽管如此，即使因为伤害了自己所爱的人而觉得内疚，他们也不会因此改变自己的行为。妈妈在告诉孩子自己的感觉时，可能会引起他们的困惑。我见过为此引起麻烦的十几岁男孩的母亲。

比如，一位单身母亲把十几岁的儿子视为伴侣，而不是孩子。她没有其他孩子，她会在儿子面前谈论她和朋友之间的问题、她约会的男人以及自己怎么觉得气馁等。她告诉儿子，因为生活有困难，她需要他帮忙做家务。换句话说，她用她的感情，激励儿子为她做事。她没有故意操纵她的儿子，她只是没有足够的女性朋友听她倾诉，只好对儿子吐露心事。问题是，她的儿子不喜欢听到母亲的事情，他不明白她的人际关系的复杂性，觉得自己无法帮她解决问题。随着时间的推移，他会怨恨母亲说话太随便。就像那个打母亲的4岁男孩一样，这个青春期男孩也是以自我为中心。当他的母亲谈到她的问题，他觉得自己的问题被忽略了，因此生她的气。

通常情况下，最好的策略是让事情变得简单。孩子并不是缩小版的成年人，他们不会像我们那样处理问题，他们的认知、情感与我们很不同。我们最好围绕孩子的感觉解决问题，而不是我们自己的感觉，从而避免不必要的混乱。好母亲的工作是帮助儿子辨认他自己的情绪。比起复杂的指令，所有年龄段的男孩更善于按照简单的指导行事，所以请尽量简洁明了地帮儿子说出自己的感受。一旦你这样做了，就可以选择自己的方式；但要记住，把少数几个重大难题留下来，等他长大时再解决。

终身学习

有些男孩会快速学习如何了解自己的感受，以及在悲伤或生气时如何告诉自己的妈妈，特别是在为此遭到责骂的时候。因为父亲们经常会责备流露感情的男孩，其实他们的真实意图是批评儿子处理感情的方式。比如，如果一个男孩生气地追赶他的妹妹，用她的芭比娃娃打她的头，他父亲可能朝他叫喊，让他回房间，因为他做得过分了。但是，除非他父亲让他冷静下来，然后告诉他生气是可以的，但不能打妹妹，否则男孩会觉得，有生气的感觉是不对的，他如果要得到别人的认可，就不能生气。

对大多数男孩来说，他们的感受和行为是密切相关的。当他们小时候（甚至不那么小的时候！），一旦情绪激动，就会下意识地做出一些行为。比如，幼儿园的老师告诉小朋友不能打人，甚至在生气时也不行；做母亲的则应该告诉儿子，他们可以产生愤怒等强烈的感觉，但接下来必须选择如何处理这些感觉。换言之，我们要教他们必须为自己的行为负责。即使是成年人也难以做到这点，遑论小孩子。但是，关键在于我们应该尽早教会他们。很多成年人的自控能力也比较差，因为他们被感情冲动支配。所以，帮助儿子避免这种行为模式的第一步，是帮助他们理解情感和行为之间的区别。

对于一二年级的男孩，开始询问他们的感受是非常适当的做法。当然，绝大多数母亲并不想成为心理警察，只是想做个好母亲，让儿子知道她总是在关注他，总会为他提供帮助。教儿子如何表达自己的感情，最好的办法就是与他进行自然和自发的对话。比如，当儿子告诉你，测验的时候，他看见萨莉偷看另一个女孩的卷子。这时，你不妨先问他当时是怎么想的，如果他喜欢谈论此事，就继续下去；然后可以问他当别人对他这么做的时候，他会有什么感觉。比如，假设他看到一只宠物仓鼠被踩死了（我儿子就遇到过，且非常难过）。这时候，问他在看到事故发生时是什么感觉是很自然的。如果他不愿意描述自己的感觉，你可以问，如果别的孩子

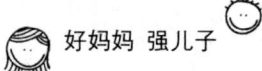

看到这种事时会有什么感受。通常，讨论别人的感受非常有助于帮助你的儿子理解自己的感觉。当小男孩不愿意面对自己的情绪时，很多人会把自己的感情投射到别的孩子身上。

成为儿子的倾听者

你的倾听方式决定了你的儿子是继续说下去还是停止谈话。如果你在他小时候就开始谈论他的感觉，这种类型的交流将随着他的成熟而成为他的第二本能。男孩可能担心，公开表达自己的感觉，会在社交方面不受欢迎。

进入青春期，男孩的激素水平上升，这种情况会影响到他感情的强度，他们会感受到强烈的愤怒、几乎令人瘫痪的悲伤，甚至出现急性焦虑。当感情变得越来越强烈，他们可能会被自己吓到；加上身体力量的增长，他们会担心一旦把感情表达出来，自己可能会做出可怕的事情。比如，如果他允许自己表达愤怒，潜意识里就会害怕给别人带来身体伤害。此外，很多小时候经历过创伤却从未将感受表达出来的青少年，会在刚进入成年阶段时，感到那些深埋起来的感觉似乎正在破土而出。因此，他们反而会更努力地压抑自己的感情，因为害怕它们会引起太多的痛苦。有一些年轻男子曾对我说，他们害怕面对过去的创伤，因为与创伤有关的旧感觉会杀死他们。

倾听儿子的话语会让他觉得自己有价值、很重要以及被人爱着。想想看，当有人停下正在忙碌的事情，请你坐下来聊天，倾听你的话语，你会是什么感觉。世界上能够让你觉得自己重要的事情并不多，而这就是其中一件。因此，当你停下来倾听儿子的话时，他会感觉非常好。在忙碌的现代社会，人们往往需要同时做许多事情，我们的头脑所受的训练是与安心倾听相抵触的。我们平时都把心思放在工作、提高效率、准备饭菜、带孩子参加各种活动、健身或者开会上，怎么会有时间倾听别人说话呢？倾听需要你清除所有杂念，关闭手机，保持眼神接触（起码一秒以上），表现出你的兴趣，而且能够复述对方刚才讲过的话。只有这样，才算是有效的倾听。

母亲在倾听儿子谈话时，要观察他的身体语言和眼神。通过这些，你可以了解到大量关于他过得如何的信息。比如，当他谈论一些不愉快的事情时，是否忘记了咬指甲的习惯；当他提到重要的事情时，是否会和你的眼神接触。做一个真正的好母亲，你不一定非要亲自为儿子选购篮球鞋，让他进入梦想中的大学，或者不顾自己的收入，为他购买昂贵的玩具或电子游戏。做到这些固然很好，但在你儿子的性格塑造方面，它们并不是主要因素。让他成为伟大的人的关键在于，你和他面对面交流的时间。做母亲的往往相信，只要把儿子需要的东西都买给他就可以了。这种想法是不正确的。儿子真正需要的只是我们更多的陪伴。我经常告诉母亲们，儿子不在乎我们给他的巧克力蛋糕是自己做的还是从商店买的，他真正想要的是，我们可以和他坐在桌边一起享用这个蛋糕。

他等待着，看你是否愿意倾听他的话。因为首先他需要知道，你是否相信他有重要的话要说。如果他发现你真的想听，就会觉得自己很聪明——他的话值得一听；然后，他需要知道，你是愿意听他说话，还是不得不这么做——因为你是他妈妈。为了向他证明这一点，停下你手头正在做的事，把它放在一边。如果你正在做饭，请把炉火关小；如果你正准备打个电话，不要打，请关机。请看着他的眼睛，这些小小的姿态都在告诉他，你真的想听听他的意见。而当他看到你的兴趣，就会觉得他在你眼中是有价值的。只有这样，他才会做好准备，向你倾诉他的感受。

随着男孩的成熟，他会悉心保护自己的感情，因为它们在很大程度上代表了他是一个怎样的人。如果他允许自己爱的某个人看到自己的真实情感，而那个人却没有善意和尊重地接受它们，他就会觉得自己的感情不值得尊重，进而推理出他自己也不值得尊重。因此，对你而言，从儿子小时候就努力提高自己的倾听技巧非常重要。当他讲话时，不只是说出一些词句而已，而是在向你介绍他自己；他对自己的看法、他的希望和恐

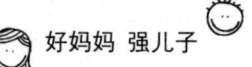

惧,都蕴含在他的话语、叹息和耸肩之中。如果你没有认真在听,一定会追悔莫及。

儿子和女儿的差异

我们知道,男孩一般比女孩话少;不过,毋宁说他们把想说的话都留在心里。男孩倾向于保留自己的想法,或者只和自己信任的朋友分享心事。如果你的儿子对某件事有强烈的感受,他可能会围绕这些感觉分析和思考一段时间,然后把它告诉一个不会取笑他、能够理解他的朋友。

而女孩愿意自我表达。如果她产生了一个想法,就会以比男孩快得多的速度告诉别人。女孩更善于沟通,如前文所述,这在某种程度上是因为,谈话是女孩与他人保持联系的方式。而男孩通过和别人一起参与活动来保持联系。无论他们是否在活动过程中说话,只需和朋友玩玩篮球、骑自行车、划独木舟或者玩沙盒,就能让一个男孩觉得和这个朋友更亲近。

母亲必须了解这个非常重要的区别。如果一个母亲先有了一个女儿,又生了一个儿子,她就会惊讶于他们在同样情况下做出的反应有多么不同。她的儿子可能比女儿话少,而且语言能力比女儿发展得慢。当他长大一点,与姐姐相比,可能较少谈论自己的感觉。所以,只是因为儿子的话不多,母亲也许会觉得,儿子不像女儿那样愿意和自己在一起。这不是真的。男孩感受到的情感的广度与深度和女孩是一样的,他们只是不表达出来而已。所以,母亲需要更仔细地观察儿子,发现那些可能暗示着他们遇到麻烦的线索。我们需要关注儿子的成绩、情绪、身体语言,以及友谊的变化。这些变化往往是我们弄清他们问题的第一条线索,因为儿子不像女儿那样更愿意谈论自己的烦恼。

布罗迪的母亲伊莱恩是一个了不起的倾听者。她告诉很多朋友,她的倾听能力是天生的,因为她性格文静内向,从小就更喜欢倾听而不是说话。伊莱恩很喜欢她的大女儿萨凡纳。当萨凡纳3岁时,伊莱恩惊讶地发

第 2 章
教会他管理情绪

现，这个小女孩十分能说。有时候，她在高速路上开车时，会被女儿的唠叨和各种问题搅得头昏脑涨，萨凡纳就像个机关枪一样从后座上朝她开火。伊莱恩说，直到萨凡纳降生，她才知道小孩子居然如此能说。

而布罗迪出生后，情况却非常不同。虽然伊莱恩没有明确表示，但我觉得她很庆幸能有一个话不多的孩子。开始的时候，她很享受抚育布罗迪的感觉。随着儿子的成熟，伊莱恩坦言，比起萨凡纳，她觉得和布罗迪更亲近，因为她认为自己和儿子有相似的个性。布罗迪总是快快乐乐的，在学校表现也很好，至少在六年级之前是这样。可六年级时，一切都变了。伊莱恩非常担心，觉得布罗迪可能遇到了麻烦。布罗迪上六年级那年秋天，虽然他看上去和往常一样文静，对生活也满意，练大提琴时从不用成人督促，喜欢上学，也从没惹过事。然而，他的老师给伊莱恩打电话，问她是否可以和她谈谈。因为老师抓到布罗迪在数学考试中作弊，质问他时，他却不承认。"当她第一次跟我说发现布罗迪作弊时，我感到猝不及防。他从来没有做过这样的事情。我很尴尬，但更多的还是担心。我问他，但起初他否认。几个月后，他终于承认自己作过弊。他的态度很固执。"伊莱恩告诉我。

我不太了解她的儿子，所以，我打听了一下他的性格，还有平时的生活是怎样的。显然，他的成绩一直很好。但作弊事件之后，一切似乎都变了。从几年前开始，他的父亲会先在海外工作两个月，再回国工作两个月，并一直持续这种模式。我询问布罗迪交朋友的情况，伊莱恩告诉我，他有几个亲密的朋友，而且这些关系并没有改变。他没有受过任何外伤，也没转过学、生过大病，或者遇到她能够看出来的任何困难。伊莱恩觉得十分无助和迷茫。冬天来了，然后是春天。布罗迪的成绩一直在暴跌。过去，布罗迪经常一放学回家就到书房练大提琴或者玩电子游戏。现在，他会去踢足球或者玩高尔夫，然后玩一些更加暴力的战争游戏。伊莱恩讨厌这些游戏，而布罗迪总会偷偷把游戏带进家里。

在和布罗迪谈过后，我发现伊莱恩说的都是真的。他很安静随和，但

好妈妈 强儿子

在我看来，他似乎很忧伤。我也试探地问过，他是否受过什么创伤，是否吸毒或交了女友等，却一无所获。他的抑郁似乎没有明显的原因。不过，我总是非常严肃地对待患有抑郁症的孩子。我告诉布罗迪，有人能够帮助他，他应该去找我推荐的一位男性心理咨询师。接下来的几个月，伊莱恩和布罗迪都没有再联系我。

直到有一天早上，我接到一个电话。"我们需要立刻谈谈。"伊莱恩说。她听起来非常焦急，当我看到她时，她泪流满面。沉默了几个月之后，布罗迪告诉了她一些改变自己生活的事情。一天放学后，他走在回家的路上，一个年轻男人拦住了他。开始，那个人友好地和他说话。布罗迪曾经在镇上见过他，所以并没觉得受到威胁。突然，那个人把布罗迪推到一家的车库后面，扯下了他的裤子，让布罗迪摸他，给他口交。幸运的是，他没有任何武器，在被迫就范之前，布罗迪设法脱了身。

"他怎么会告诉你的？"我问伊莱恩。她看着我，似乎觉得我的问题令人惊讶，她的回答简单而深刻，我一直没有忘记。"我等他开口，"她说，"我知道他遇到了可怕的事，我了解我的儿子。我的朋友们、我妈妈，甚至我丈夫都说，布罗迪只是进入了青春期，出现了一些反常而已。他们都告诉我不要担心，说一切都会过去。但是，我内心中从未相信过他们。我决心不能放弃，一定要让布罗迪对我说实话。"

这位忧心忡忡的母亲是如何让她12岁的儿子向她吐露如此痛苦的经历的呢？"每天晚上，他准备好上床睡觉的时候，我就到他房间去，假装收拾脏衣服、整理作业本……总之就是找理由待在那里。我会坐在他的床边，问他当天过得怎么样。有时候，他会回答，有时不会。最初，他告诉我他不愿意说实话，他心里一定不高兴。但是每天晚上我都会这样做，把衣服收拾好，到他床边坐下，等待着。我坚持了几个月。最后，他终于告诉我，他不喜欢上学，但不知道为什么。然后，他抱怨他的朋友，抱怨他的爸爸总要出差，总之就是不停地抱怨。就这样坚持几个月后，一天晚上，我去他房间，他似乎是睡着了，但我知道他在装睡，因为他不希望我在那里。当我俯身吻他道晚安时,他就开始哭。"说到这里,伊莱恩在我办公室里哭了起来。"很长一段时间,我什么都没有说。我只是抱着他,让他哭。在那个晚上,他卸下了一切防备。他很害怕,觉得羞辱,我感觉自己怀里抱着的是个无助的3岁小男孩。"

我很开心地告诉大家,布罗迪现在过得非常好。我相信,在很大程度上,这是他母亲的功劳。伊莱恩完美地处理了问题,我们来看看她为什么做得那么好。首先,当她感觉儿子不对劲时,并没有相信朋友和家人的话,认为布罗迪的表现是青春期所致,虽然他们的意图是好的。她依照自己的直觉行事。第二,她决心搞清楚问题所在,而且制订了一个伟大的计划。她没有缠着布罗迪,让他回答问题(许多人常会这样做)。她知道,只有给他时间,让他相信妈妈愿意倾听他说的一切,才能让孩子主动开口。虽然用了好几个月,但她说服了他。每天晚上,她去他的房间,坐在他的床上,她传达了一条非常清楚的信息:"我在这里,不管它是什么,你必须说,我想听。"有时候是她在说话,但大多数时候,她只是坐在那里,听着。布罗迪有一个能够和他认真沟通的母亲,这是多么美妙的事。直觉告诉伊莱恩,儿子出现了问题,但他不愿意说。凭借耐心和决心,她决定努力帮助他敞开心扉,她成功了。她没有把晚上的时间用在检查电子邮件、打电话或完成其他工作上。否则,布罗迪可能已经走入歧途,是她的等待和倾听拯救了他。

作为一个母亲,我回想起自己和儿子共处的每一刻,不知道他是否有需要和我说的话,却因为不相信我会倾听而没有说出来。他也可能觉得我没有时间或没有兴趣。我想起自己经常把时间花在电脑、电视或与朋友交谈上,我是那么专注于那些我觉得重要的东西,却让儿子觉得受到了忽视。请记住:除非我们已经准备好像一个母亲那样倾听,否则你的儿子不会开口的。我经常假设自己是伊莱恩,我很希望自己也能做到她所做的事,但是我缺乏自信。我想你和我一样,在试图和儿子讨论他们的感受时,也许会落入以下几个常见的陷阱之一。

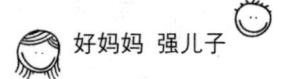 好妈妈 强儿子

1. 强迫儿子开口

很多母亲出于善意，试图和儿子好好谈谈。于是，她们提出各种问题，甚至跟在儿子身后等他回答。如果这样不行，她们就用更坚持的语气提出更多的问题。然而，母亲说得越多，语气越严肃，儿子就越不会开口。这常常导致我们得花上几个月的时间才能了解儿子的想法。不要命令儿子注意自己，让他敞开心扉的方法唯有耐心。

2. 随便打断儿子

根据我的经验，在处理被打断的情况时，女儿比儿子要做得好。女儿和我们一样，是天生的沟通者，会大量使用言辞。如果你打断她们的话，很多女孩也会反过来打断你。但儿子却不一样。要是他们被打断了，感情就会受到伤害，因为他们觉得你认为他要说的话没有价值，所以会停止说下去。通常情况下，我们打断儿子是因为我们要对他所说的话发表意见，而所谓的"意见"通常是一番说教。有多少次，你问了儿子一个问题，可当他刚开始回答，你就打算教育他？很多人都会这样做。作为母亲，我们可能觉得需要抓住和儿子谈话的机会，频繁纠正或者教育他们。但是，孩子往往没有做好准备听我们"教育"，所以他们会闭上嘴。很多时候，当我们试图告诉他们一些我们觉得非常重要的东西时，他们不会去听，因为他们发现我们只是想告诉他们一些东西，而不是想要倾听他们说些什么。

3. 无法放下手机

也许分散你的注意力的不是手机，而是电脑、工作、你的其他孩子、锻炼，甚至织毛衣等。我们都有很多自己的事情要做，它们占据着我们的头脑，让我们无法放下。

你要确定自己执着于什么事情。也许你不希望称其为"执着"，而会称之为"非常重要的、紧迫的工作"。如果你不太确定自己的执着是什么，不妨问问你的儿子，他完全清楚是什么把你的注意力从他身上转移到别

处。问题在于,他会觉得,无论是什么转移了你的注意力,它对你来说都比他更重要。

如果你认识到这一点,就请摆脱它对你的控制。如果它是你的手机,请在晚上六点到八点期间关机;如果是电脑,也请关掉;取消会议,尽量为你的儿子腾出时间。我们往往认为自己擅长同时做好几件事,也许如此,但是你在倾听的时候,绝对不能一心二用。

若想改变你和儿子的关系,请充分利用一天中的零碎时间。哪怕是一次对话,都可以改变你儿子的心情。你 15 分钟的倾听,也许会让他对某个问题有新的认识。和儿子一起度假或者共同度过特殊时刻固然非常重要,但这些并不是决定他成为怎样的人的关键因素。相反,我们只需要在平时说几句鼓励的话,当他需要的时候,付出我们的耐心;当他觉得挫败时,给予肯定的微笑,就能改变他对自己的看法和他的生活。

做个有心的母亲

我们要大胆地审视自己的行为和优先事项,这是传授儿子情感语言的第一步。我鼓励你采取前文所述的步骤,从儿子小的时候就为他提供一个健康的情绪词汇库。当他长大离家之后,会因此受益良多。你不需要拥有心理学的学位、好脾气或者特定的性格类型就能做到这一点。

和儿子对话时,如果你觉得紧张,请不用担心,大多数母亲都会紧张。当需要帮儿子处理他的感觉时,我们几乎都会觉得自己欠缺技巧,甚至有点害怕。面对和讨论自己的感情已经很难了,遑论帮助其他人做同样的事。所以,你要坚信自己是个优秀的沟通者,不要让你的恐惧阻止你。请记住,你的儿子需要你做到这一点。他希望并需要获得一个健康的情绪词汇库,提供者只能是你。

为了完成任务,如能遵循几个基本原则,你的工作将更轻松。比如,记得要保持积极的态度,让事情变得简单。如果你灰心丧气,觉得毫无进展,不要担心,不妨搁置一段时间,然后再试。做有心人并非意味着你总

好妈妈 强儿子

要重复做某件事，有时候它意味着停留在进程之中，休息一下。不妨想想我的朋友伊莱恩的耐心。如果她能够让儿子亲口告诉她如此令他觉得羞辱、令听者震惊的事件，你当然也能让你的儿子谈谈他对令他失望的食堂大婶、前女友甚至他父亲的看法。

保持冷静与开放

在与别人沟通时，男孩会有三个期望：对方听到他的话不感到惊讶，对方不会忽视他，对方不会为他感到难过。这是非常重要的。不管你的儿子说了什么（只要他使用了尊敬的语气），请不要吃惊，让他说完，并保持冷静和理解。

假设他在学校遇到麻烦，如果觉得你会骂他"坏孩子"，他就不会告诉你。诚然，如果麻烦出现的原因是他做错了事，你当然不想让他觉得自己的行为不会引起任何严重后果。尽管如此，你也没有必要揪住他的错误不放。

年龄较大的男孩可能害怕和母亲交谈，因为担心失去她的尊重。羞耻是保持沉默的一种强大的动力。你的儿子需要知道，你永远不会羞辱他，或者因为他而感到羞耻——无论他做了什么。他需要知道，你可能会很生气，但你不会大喊大叫。他还需要知道，你不会把重点转移到自己身上，质问他会带给你什么感觉。做到这些很难，但是你需要尽力表现得开明、坦然和中立。同样，这并不意味着你不会生气，不会反对他，或不会觉得失望。这只关乎你的反应方式，你应该为儿子铺平道路，让他对你坦白。

很多母亲会在无意中羞辱自己的儿子。有时候，她们会针对他本人，而不是他的行为。当儿子令母亲失望时，她当然会觉得受到伤害，她的自然反应就是愤怒地责备他，指出他的缺点或者攻击他的性格。如果母亲告诉儿子，他让她觉得羞愧，也会使儿子觉得羞辱。比如，在喝酒时被警察抓住的16岁男孩，从警局打电话给母亲，结果听到她说"你怎么能这样对我"，那么儿子就会觉得，母亲只在乎她自己。做母亲的人在某些时候都会做出类似的事，因为我们会把儿子的行为个人化。在一定程度上，我们觉得难辞其咎。

羞耻会妨碍对话

经历性接触的男孩往往觉得羞愧，特别是在网上看到色情内容之后。因为很多妈妈不愿意和儿子讨论性，所以对此她们会表现出厌恶，只知道批评孩子。研究表明，平均而言，男孩在大约11岁的时候就会开始观看色情内容。即便是20年前，男孩接触色情的最早年龄也是14岁。但随着电子信息技术的发展，现在的男孩比过去更容易地接触这些内容。

记得我儿子小的时候，在我书房里的电脑上浏览音乐家的网站，屏幕上突然出现了一张色情图片，把他吓了一跳。听到他大叫一声，我冲进书房，发现他迅速关闭了图片。从他的表情可以看出，不仅是那张图片让他觉得不好意思，我知道了这件事也让他感到尴尬。我看得出他心情不好，我的心情也不好，不是生他的气，而是因为他被色情内容骚扰得措手不及。过去我碰到过此种情况。他是我第四个孩子，我曾经花了很多时间和女儿们谈论健康和不健康的性信息。于是，我在儿子身边坐下。

"很抱歉，你不小心看到了这种东西，"我说，"你一定会感到震惊。"

"妈妈！"他说，"真是恶心！"我能看出他想继续说下去，但却感到局促不安。

我决定继续长话短说，突出重点。"网上有很多不好的东西，"我告诉他，"你很可能还会看到刚才那样的图片。或许你一方面觉得恶心，另一方面还想盯着看，这是完全正常的。它们会让你感到尴尬。我强烈建议你，在它们弹出来的时候迅速关掉。因为反复去看的话，你会走上一条非常黑暗的道路。很遗憾，我们生活在这样一个时代，这种图片会自动出来找你，你却无需主动找它们。"

我们对儿子讲话的语调能够折射出我们对他们的看法。我认为，当孩子看了色情内容后，我们不应该表现出责备的语气，因为他们所处的世界是残酷的，不在他们的掌控范围之内，所以不能怪他们。而我们必须严格分清哪些是他们的错，哪些不是，做到这点是有难度的。

有时候，我们会在不经意间羞辱儿子，比如不小心骂了他，也可能为了责备他而说了取笑的话。因为很多男孩都非常敏感，这些做法都不可取。当你生气时，不要被怒气控制，以致对儿子说出侮辱的话，说他们恶心、没用或者愚蠢。每当妈妈攻击儿子的性格，他都会觉得羞愧，因为在内心深处，他希望母亲喜欢自己。他想知道，无论他做什么，她会永远爱他。当她批评他的性格，他会觉得自己在她眼中是不可爱的，这更加深了他的羞愧。所以，无论儿子做了什么令你失望的事，请把他的行为和性格分开，就事论事；批评他的行为，而不要批评他的人品、性格，无论你有多么生气。

经历情感风暴的时候，孩子也可能觉得惭愧。在焦虑、抑郁和愤怒中挣扎的他可能在精神上自我隔绝。很多十几岁的男孩告诉我，他们不会找心理咨询师帮忙，因为那会让他们觉得自己是个"疯子"或"精神病患者"。如果你的儿子遇到任何心理问题，他需要的是来自你的充满爱的支持，尽管你可能会感到尴尬、内疚或羞愧。你的反应会很容易地传达给儿子，因此必须非常小心，并确保他知道，无论他做了什么，都不会动摇你对他的爱。我鼓励父母告诉自己的儿子，即使他说要离家出走，到大街上住，他们也同样爱他。说这样的话有助于消除儿子的羞耻感，这是关键。因为一旦他不再觉得羞愧，就更有可能坦白他的感受和经历。

那些儿子有抑郁症状的母亲会感到额外有压力。看到孩子痛苦无助的样子，母亲也会难以忍受。一位母亲形容，那种感觉仿佛是儿子被困在一辆毁坏了的汽车里，她却无法把他救出来；她能做的只是在一边看着，祈祷他能够找到一条路，远离抑郁。

陷入困境的孩子需要母亲帮他处理自己的感受。这是具有挑战性的：我们常常屈从于对他们的愧疚，觉得对不起他们，告诉他们我们担心他们，或者害怕他们做出伤害自己的事情。换言之，我们经常会把自己的恐惧投射到他们身上，让事情变得更糟。担心孩子无可厚非，然而，你只应和成年人（专业人士或配偶）讨论自己的担心，而不应告诉孩子。他所需要的是母亲来处理他的痛苦，对他说"一定会有希望的，你不会总是有这种感觉。我爱你，无论发生什么"。很多时候，当孩子觉得郁闷时，母亲必须重复这样的话，直到他的抑郁症状减轻为止。

维尔玛在处理儿子的感情方面做得相当不错。她结婚20年了，丈夫的脾气很不好，总是怒气冲冲地处理问题。他虽然不会在身体上伤害她，但经常对她恶语相向。她告诉我："他会把我推进卧室，关上门——似乎这样就会阻隔他的叫骂，接着他就会嘟囔脏话，横加指责。很多次，他都指控我有外遇，事实并非如此，只是他偏执地这样认为而已。事后，他会和孩子们说话，似乎什么都没有发生过一样。我想，孩子们一定会觉得不可思议。"

她的儿子罗德离家上大学之后，维尔玛认为自己受够了，于是，她搬了出去，找到一所公寓自己住。上大一的罗德回家时，发现妈妈搬了出去，就很生她的气：她怎么能这样对待爸爸？他朝她大喊大叫，就像他爸爸曾经做的那样。但是，接下来的两年里，他逐渐与她和好了，暑假回来也和她一起过。有时，到了晚上，她会被他的哭声惊醒。但当她询问原因时，他只是说自己做了噩梦。她怀疑自己知道所谓的噩梦是什么。毕竟，他一直看着他的父亲在感情上虐待母亲。但她不敢和他谈论他爸爸的行为，她不想挑拨儿子和他父亲的关系。她也知道自己需要做点什么，才能不让罗德重蹈父亲的覆辙，虐待他将来的妻子。她已经看到丈夫的不良行为开始出现在儿子身上。她知道，首先要做的是帮助儿子治愈父亲曾经带给他的伤害。但是，与罗德对话似乎很难。

维尔玛决定来见我，征求我的建议。但事实是，她不需要我的建议，因为她已经拥有了极大的洞察力和勇气；她所需要的只是一些鼓励，以便去做她相信自己不得不做的事。"我一直非常担心罗德，"她说，"他一直

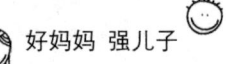

处于激动和急躁之中。他每次回家都不愿去见他爸爸，之前从未这样过。你知道我是怎么看待他爸爸的，但我想尽力帮助他们两个和好，我不希望我对他爸爸的看法影响到他们的父子关系。"

我惊叹于她的成熟——尽管她不喜欢前夫，却不想让儿子为此受到影响。虽然她没怎么意识到，她做到的最有效的事情就是帮助罗德认清他对父亲的感觉。当母亲对儿子倾诉她对他父亲的怨气时，儿子会下意识地为自己的父亲辩护，也会自然地隐藏自己的真实情感——在父母之间觉得左右为难。为了儿子的情绪健康，母亲在离婚的时候应该确保不要当着孩子的面羞辱他的父亲。"我尽量不批评他的父亲，我不希望罗德看到他父亲和我的生活有多么丑陋不堪。我拼命想要将他从他的感觉中释放出来，让他们的父子关系不受影响。但现在却出现了新情况。他的父亲找了一个女友，也会朝她大喊大叫。这吓坏了他，对一个20岁的年轻人来说，被父亲吓到一定是非常可怕的经历。"她的话让我惊叹于她的聪明。她竟然能够意识到，儿子害怕他的父亲是很可怕的事，这非常有见地。"我知道他不想去他父亲家，因为那会让他想起他父亲对我叫嚷的所有情景。"她是完全正确的。亲眼看到父亲虐待母亲，然后却又表现得若无其事，孩子一定会觉得困惑和矛盾。

如果这种虐待发生在孩子青春期，他们会特别不解。因为在十几岁的时候，孩子（无论男女）都处于以自我为中心的状态，他们会认为这种情况可能是自己造成的。对于罗德，他可能会觉得，他能够制止父亲的叫骂；在内心深处，他也许由于无法改变父亲的行为而内疚。这是看到母亲受虐的青少年的正常反应。他们希望加以制止，却做不到，所以觉得很内疚，尤其是他们一般不敢公然违抗自己的父亲。很多儿子认为，他们不应该纠正父亲或与父亲争论，因为那样父亲就会生他们的气。加上罗德的父母都在孩子面前假装虐待没有发生过，所以可以想见罗德有多么困惑。因为父母从未承认发生了什么，罗德甚至觉得自己疯了，好像虐待也没什么大不了的。他会想，如果这是件大事，父母应该加以解决。当然，他在内心深处知道自己并没有疯。他知道事实，并希望解决父亲的行为导致的问题。维尔玛很明智地认识到这一点。她能看到悲伤和愤怒的强烈感情爆发在她的儿子身上。

"我需要和罗德谈谈发生的一切，"她告诉我，"我觉得需要让他把所有疯狂的感受都发泄出来。我问他在他父亲那里看到了什么。起初，他不想告诉我，我就根据我的经验猜测了一下。罗德有些抗拒，所以我尽量保持安静，也不去评判什么。不久，我就告诉他，我知道他听到了他父亲这些年来对我说的话。我很遗憾，那时候没有做任何事情来解决问题，我应该做出改变的，结果却没有，所以我需要面对此事的后果。我猜当时我过于关心自己，因此试图隐瞒，却完全忽略了他的感受。我告诉他事情的细节，问他是否记得当年他的父亲叫我妓女。我告诉他，我知道他一直躲在门外。我没有告诉他我觉得多么受伤害，而是问他受到了多少伤害。突然，他从沙发上跳起来，朝我尖叫，说我是个可怕的母亲，他希望自己从未出生。他告诉我，在过去的几年中，他希望自己死了。"维尔玛强忍着眼泪继续道："我让他大喊，他需要喊出来。他生我和他爸爸的气。他说，他不知道自己生谁的气。我不怪他。"

这次谈话之后，罗德的怒气消退了。维尔玛用了几个月的时间鼓励他说出来，他多么生父母的气。她告诉他，她不想给自己和他父亲的行为找借口。最重要的是，她从未谈论过她的感觉或者说他父亲的坏话。让罗德讲出自己的感受是谈话的重点，这对他具有巨大的治愈作用。随着时间的推移，他摆脱了愤怒，逐渐明白他的父亲是个深陷困扰之中的人。能够做出这种客观推理，对一个如此年龄的男孩来说是不寻常的（大部分儿子在多年之后才会理解父母也有人格不健全之处）。但我相信，这是因为维尔玛的力量。她允许罗德表达他的感受，她从不惊慌失措，从不觉得内疚（至少在他看来是这样），也从来不会把他的感觉和自己的混为一谈。她敢于只是坐在那里倾听，然后帮助儿子确认他的感觉。

让我们重新审视一下维尔玛的故事，看看如果她做出不同反应的话，会出现怎样的结果。当她发现放假回家的儿子在生她的气,她反过来朝他发火,指责他不尊敬、不知感恩或者被惯坏了。换言之,她可以把自己受到的伤害推到儿子身上,攻击他的人格。很多母亲可能这样做。当我们的儿子生气时,我们会自我防守并加以反击,而不是冷静下来,搞清楚他的愤怒从何而来。请记住,当我们反击时,往往会加剧他的耻辱感。如果维尔玛一开始就气得不和罗德说话,那就关闭了母子之间进一步交流的可能。相反地,她站在罗德的角度,对他表示同情,指出他不是个坏人,也不是糟糕的儿子,他只是觉得伤心和愤怒罢了。

如果对孩子做了错事,每一个母亲都会感到内疚,甚至因此觉得孩子的一切不良举止(比如抑郁、发脾气、吸毒等)都是我们的责任。事实是,有时候我们是罪魁祸首(虽然如此,我们也要勇敢面对,努力解决)。然而,很多时候我们没有过错,却要产生不必要的内疚,为孩子的错误自责。我们需要辨别不必要的内疚,继续生活下去,因为继续这种内疚对我们的儿子也没有好处。维尔玛在离婚前的处理方式已经尽到了她最大的努力,但后来她意识到,真正伤害了罗德的是他父亲的行为。于是,她设法脱离了困境,并且相信当罗德做好准备时,也会想通的。因此,当时机到来,她就做好了帮助他的准备。

教他正确释放自己的情绪

正如我在本章前面说过的,帮助儿子辨认和确定自己的情绪是非常重要的,而且最好从他们小时候就开始。因为当他们成熟之后,感情会变得复杂得多。不过,也不要被更复杂的情况吓倒,因为在帮助他的过程中,你需要遵循的原则是相当简单的。一旦帮助他认清了自己的情绪,你就需要教他如何处理。很多男孩(和男人)虽然明白自己有何感受,却不知道如何以建设性或者至少无害的方式将其表达出来。你能做的最重要的事就是告诉儿子,他不需要把情绪隐藏起来。

如果他觉得沮丧，就说出来；如果他感到烦躁，就需要找一个发泄的方法，而不是把别人当成出气筒。愤怒也是同样的处理方式。如果你的儿子频繁地在愤怒中挣扎，不妨给他买些出气用的玩具，或者让他到大自然中放松。比起女孩，男孩更需要体力的释放，因为青春期时他们的睾丸激素水平上升，请确保他们知道如何通过身体释放自己的愤怒和失望。当他生气时，和他谈谈，多想想他能做哪些健康的事情（而不是打妹妹、朝你尖叫或者在班里打同学）来发泄愤怒。

除此之外，确保你的儿子经常运动，无论他的心情如何。让他经常在户外保持忙碌。对男孩的情绪影响最坏的事就是玩几个小时的电子游戏（特别是暴力游戏），蛰伏在他们身体里的所有挫折感、激动、愤怒和悲伤都会像定时炸弹一样滴答作响。即使你的儿子一开始并没有发脾气，如果坐的时间久了，也会闷闷不乐。因为他的身体爱动不爱静，运动帮助他释放身体累积的能量，满足情绪上的需求。

如果你的儿子正在经历困难，请告诉他如何面对和释放自己的情绪，但不要不停追问他是什么感觉，谨慎地观察就可以。如果他开始生气，要大声向他指出，然后告诉他你可以帮助他发泄怒气。比如，你可以问他："你今天看起来有些反常，一切都还好吗？"或者"我发现你有些生气，我能做点什么来帮你？"有时候，简单地问儿子是否想去骑自行车或散步，就能向他表明，即使他生气了，你也愿意和他在一起。此外，这样做可以帮助你们好好交流。让他知道，如果他想谈谈自己的想法，你随时都愿意倾听——即使惹怒他的是你。他可能没有做好开口的准备，这不要紧，给他一些时间。不妨把出气用的玩具放在他的床头，再写张便条。在他玩电子游戏或者看电视的时候，微笑着告诉他，你觉得他需要更多的户外运动。请保持敏锐，不要追在他身后唠叨。他不需要别人反复提醒。我可以保证，如果你告诉他一两次"我爱你"，他会听进去的；虽然他不会表现出他听到了，但他的确会记住。

虽然通过身体行动释放热烈的情感非常重要，但很多情绪也可以简单地通过对话来处理。假设你的儿子和他姐姐吵起来，一句简单的"对不起"足以化解双方的矛盾。如果女友和他分手或者祖母骂他懒，他会生气，觉得受伤害，但这些感觉都可以通过对话来外化。你只要坐下来，和他谈谈发生了什么，让他自言自语一下，就能治愈他的创伤。

感受情绪是人类的本能，隐藏、忽视和遗忘它们是不对的。有些感觉是肤浅的，很容易就能消散。但也有更深层次的感觉，比如罗德的父亲对他的伤害，此类情绪需要处理，主要手段是辨识、外化和审视。只有这样才能解决问题。否则，被压抑的受伤害、愤怒、悲伤或绝望的感觉，在孩子成年之后都有可能左右他，他甚至都察觉不到。

帮他区别感觉与行动

孩子不愿意与伙伴分享的现象，往往令幼儿园教师头疼。一个男孩从另一个手里抢走一件玩具，受害者冲过去打他的头。老师会告诉他，虽然他的玩具被抢了，但也不能打人，无论他有多么生气。老师还应该做的是，教那个孩子如何以健康的方式发泄愤怒，让它消散。并不是说应该压抑愤怒或者忽略抢东西的孩子，而是应该在不伤害其他人的前提下，为受害者找到表达情绪的方式。

很多保护过度的母亲会告诉儿子，如果被人错待，他有权生气和得到正义。有时候，我们教他与伤害自己的人理论，或者不和对方做朋友。我们告诉他要报复，即使报复会令他们疯狂。我们没有帮他找到解决方案，反而煽风点火，让他被愤怒控制。于是，愤怒取代他成为生活的主人。

有些成为公司CEO、著名医生或优秀警察的男士，之所以获得成功，是因为愤怒主宰了他们的人生（当然，很多没有情绪问题的人也会成为此类职业的佼佼者）。因为愤怒提供能量，可以作为一个男人生活的动力。比如，如果儿子觉得父亲从来没有尊重他，就会觉得自己没有价值，因自己是个"失败者"而生气。当他进入成年，同样的愤怒和伤害可能迫使他取得职业成功,这样他就能向父亲和他自己"证明":他不是失败者。相反地,如果一个男孩频繁被母亲骂,被他压抑的愤怒会驱使他跌入痛苦的深渊。他可能变得抑郁、焦虑或者非常有攻击性。比如,有些男人对女人不满,是因为他们小的时候受到过母亲或祖母的伤害。简言之,如果孩子的童年伤口没有愈合,他们成年后在事业和人际关系方面就会受到它们的影响。

我们绝不会希望自己的儿子成为情绪的奴隶。所以,当他还在成长阶段,我们应该帮他面对自己的感觉,然后做出明智而健康的选择。是的,即使我们可能还没有准备好处理儿子的感情(尤其是愤怒和受伤等负面情感),也需要承认怎样做对他们最好,然后去做正确的事。

桑迪就是这样对待她的两个儿子的。她的小儿子伊桑17岁,有一个非常喜欢的女朋友。同时,伊桑和他19岁的哥哥泰德从小就很亲近。一年之后,泰德喜欢上了伊桑的女友。泰德知道弟弟非常爱她,但对女孩的感情战胜了他对弟弟的忠诚,于是他开始约那个女孩出去。然后,女孩爱上了泰德,抛弃了伊桑。伊桑崩溃了,他失去了深爱的女友,同时遭到了哥哥的背叛。接下来的几年中,两兄弟读完了大学,泰德和伊桑前女友的关系也告吹了。桑迪想,也许泰德只是喜欢追求女孩的过程而已。五年来,兄弟俩没有说过话。泰德想要和好,被伊桑拒绝了。泰德也被伊桑的侮辱伤害。不久,两人的矛盾升级,以至于他们都不知道自己为何会如此生气。

于是,桑迪开始寻求心理辅导,因为儿子们的裂痕令她心碎。她试图私下与两个儿子分别谈话,却无济于事。心理咨询师建议,如果兄弟俩不喜欢对方,那就这样吧,毕竟他们有生气的权利。她参加了很多关于处理兄弟矛盾的讲座和一些母子关系讲座。

后来,伊桑结婚了,泰德拒绝参加婚礼。泰德结婚,伊桑也不露面。伊桑的第一个孩子出生后,医生告诉他,这个女孩只能活几年,因为她患有无法治愈的心脏病。尽管如此,泰德却不肯安慰弟弟。伊桑的女儿死了,才18个月大。他彻底绝望了,他的婚姻也开始瓦解,他还染上了酗酒的习惯。伊桑非常想念哥哥，他甚至忘记了两人最初为什么会绝交。他们对彼此说过什么。不管是什么，他不在乎了，他需要他的哥哥。他一蹶不振，他担心在失去女儿之后也会失去婚姻，甚至失业，他觉得自己的生活变得一发不可收拾。

桑迪把这一切告诉了泰德，但他不愿意对弟弟让步。最后，在绝望之际，桑迪拜访了伊桑。后来，她对我讲述了他们的谈话。

"伊桑，你这是在慢性自杀。我要坦白地告诉你，除非你停止忧伤，否则你会死的。也许不是真的死，但和死了没什么两样。"

伊桑大发雷霆，朝她喊道："妈妈，你根本不明白。我讨厌你插手，你离开我家！"

"好吧，我会的，"她说，"但我要告诉你，你选择了悲惨的生活，这不是任何人的错。你从来没有停止对你的哥哥生气，你决定让愤怒杀死你自己。"

"闭嘴，走吧！"他要求道。

"你还需要作一个决定：要么请你的哥哥原谅你对他说过的所有伤人的话，要么继续让你的愤怒摆布你，毁掉你。你是成年人，选择权在你。"

有好几周时间，桑迪没有听到伊桑或泰德的消息。她很担心，但她做了一个决定：承认自己受到的伤害，尽力加以处理，然后放下。她不想让儿子之间的矛盾所带来的痛苦继续左右她的生活，她终于说出了自己需要说的话。大约一个月后，桑迪听说伊桑采纳了她的建议。他去了哥哥家，告诉他，他很痛苦，因为他们的关系给他带来了伤害。即使他相信，是哥哥首先挑起他们之间的战争的，他也愿意道歉，请泰德原谅他，然后他就走了。

自那时起，桑迪就听说伊桑不再酗酒，他的婚姻也在改善。自从她找过他，他就能够更加清楚地正视自己的情绪和行为。他的母亲帮助他来到那些旧伤痕的核心，当她鼓励儿子们互相原谅时，两人都感到如释重负。现在，兄弟俩关系很好，实际上比小时候还好。

第 2 章
教会他管理情绪

在教导孩子处理他们的感情时，我们不能半途而废。我们必须完成任务，与他们明确地沟通。他们不是关系，而是人，所以我们总有机会决定如何做出回应。史蒂芬·柯维在他的畅销书《高效能人士的七个习惯》(*The 7 Habits of Highly Effective People*）中以不同的方式描述了同样的原则。柯维指出，积极主动地对待我们的思想、观点和行为非常重要。很多时候，我们的感情使我们不堪重负，或望而却步，或绝望而不愿面对现实。他说，我们需要采取"积极的语言"，而不是"被动的语言"。比如，被动语言是指"我什么都不能做"、"我就是这样的人"、"他让我很生气"……这些都是不健康的想法，只会让我们受困。改变我们视角的积极语言是这样的："让我们看看还有哪些选项"、"我可以选择一种不同的方法"、"我可以控制自己的感觉"。

这正是妈妈可以为自己的儿子做的。我们可以教导他们，感情可能是激烈的，但没有必要让感情主宰他们的行为。我们要帮助孩子从愤怒、悲伤、急躁、沮丧和内疚中走出去，接受它们的挑战："儿子，你会怎样处理这样的感情？你打算让它们主宰你的决定，还是决心成为它们的主宰？"

我们所受的教育是，感情比行为更重要。事实上并不是。只有行为才能决定我们长久的幸福和成功。不幸的是，很多媒体，比如电视、电影和电子游戏都会鼓励孩子们允许自己受到感情的支配，比如，模拟"超真实"的感觉，让游戏的声音盖过现实的声响，让影视作品中出现的暴力情节比现实世界还要频繁。这些东西鼓励孩子感受愤怒，并采取暴力的方式回应愤怒。研究表明，那些重复接触屏幕暴力的孩子更容易在 20 多岁时产生暴力行为。男孩们听的很多音乐也都是专注于负面情绪的，而且企图把他们带入这些情绪之中。换言之，很多艺术都会以某种方式鼓励孩子们表达更多的愤怒。

这从表面上看似乎有益于健康——特别是对于那些压抑着深层次愤怒的孩子而言——实际效果却正好相反：它只能解决浅薄的感受，但无法帮助孩子应对导致情绪产生的根本原因。显然，我们必须帮助孩子消除暴力倾向，以健康的方式解决现实的愤怒。有些人会随意发泄情绪，以致损害了他们所爱的人的生活；有些人则保留感觉，导致自我毁灭。我们面对的问题不在于感觉或人，而是处理感情的方式，以及应该把感情放在心中的哪个位置。我们必须确保孩子在一个能够适当处理感情的环境中长大。如果做得好，我们就相当于送给孩子一件能够保证他们心理健康的最重要的礼物，每一个孩子都值得拥有这件礼物。

Chapter 3
He's Got a Bow and Arrow

第3章
面对他发起的挑战

　　每个男孩都需要在情感上与母亲分离,这是男孩成为男人的必经阶段。

第 3 章
面对他发起的挑战

在男孩的成长过程中,你会发现,他们总会向母亲发起"战争"。有的孩子在 4 岁时宣战,有些在 14 岁。有的只开战一次,有的会宣战十次。无论他们当时有多大,或者"战争"发生得多么频繁,都会让母亲迷惑不解。她们觉得儿子和自己疏远了,而且会为此自责。如果这些发生在你身上,如果儿子最近宣布你是他的敌人,或者觉得迟早会遇到这样的事,请坚持住,因为总有希望。

要想在"母子战争"中幸存,要遵循几个关键的规则。首先,你需要透彻地了解发生了什么事情。其次,你要认识到,儿子挑起的"战争"和你并没有什么关系,一切都和男性的成长有关。最后,因为你是成人,而他还是孩子(即使他已经 18 岁),所以你会很快占据上风——只要你能够保持智慧。做妈妈的是擅长这一点的。让我们梳理一下"战争"的各个阶段,以便做一个准备得更充分的幸存者。

尽量理解他

几个月前,嘉丽与贾登来到我的办公室。贾登只有 5 岁,大部分门牙都没了,非常顽皮。他刚刚进入幼儿园,这次来是为了检查身体。儿子体

好妈妈 强儿子

检时，嘉丽似乎快要哭了，她甚至对我宣布，愿意把他卖给我，如果我感兴趣的话。当她这样说时，我扫了贾登一眼，看到他顽皮的笑容，他似乎很享受让母亲不胜其扰的感觉。

我问嘉丽为什么，她脱口而出："因为所有的事！我说东，他就朝西。而六个月前，他还是那么可爱，我们会一起去公园，和他的伙伴玩耍。他会准时睡觉，甚至在我要求的时候帮助我做家务。然后，仿佛一夜之间，他变成……"她捂住他的耳朵，低声说："一个怪物！"

嘉丽说话时，贾登一直在假装看杂志，他静静地坐在她旁边，听着她说的所有话。一旦她打开话匣子，就停不下来，似乎觉得说出来会让自己放松，因为她已经熬了好几个月了。

"我告诉我的丈夫，我很担心。我的意思是，或许有什么事情不对劲，他可能得了脑瘤什么的。"为了不让贾登知道她说的是什么，嘉丽是拼着说"脑瘤"这个单词的，"我从来没见过一个孩子的性格会发生这样突然的变化。而且，他过去很容易和邻居家的孩子玩在一块，可现在甚至开始欺负他们，我亲眼见到的。他不会打他们，但对他们颐指气使。当我把他拉到一边，告诉他，他的行为是不可接受的，他只是微笑。当然，在他父亲面前，他从来没有这样表现。我不知道我做错了什么，但出于某种原因，我的儿子已经开始恨我了。"

嘉丽的情绪比较激动，因为她是如此心烦意乱。当然，她不会真的认为儿子得了脑瘤。我相信，贾登也能明白她的意思。她的话虽然会让小男孩觉得不中听，但她接近于歇斯底里的语气，让贾登和我觉得她不是说真的，只是在发牢骚而已。尽管如此，我还是觉得嘉丽应该私下里和我说这些话。在她继续说下去之前，我把注意力转向了贾登。看到这个长着雀斑、安静、彬彬有礼的男孩坐在我面前，我觉得他似乎和嘉丽说得不一样。我决定请他参与谈话。

"刚才你妈妈对我说的你的行为，你有什么想法吗？"我问。

他没有看我，只是耸了耸肩。

第 3 章
面对他发起的挑战

"贾登,"我又说了一遍,他还是没有抬头,所以我蹲下来,与他平视,"她说你跟过去不一样了,你觉得对吗?"

"我不知道。"他礼貌地回答。

"你妈妈说,你朝她大喊大叫,是真的吗?"

"我想是的。"他还是不肯看我。

我等了一会儿,然后问他:"你喊她的时候,心里是什么感觉?"我认为这会让他有所触动,但他却沉默了。

我等待的时间更长了,很明显,他只是不想回答我的问题。"上幼儿园可能很不容易,"我说,"这非常累人,老师总希望你长时间集中注意力,别的孩子还可能欺负你,你觉得呢?"

突然,我看到贾登的下嘴唇抖了一下。他转过头,扫了他妈妈一眼,然后请她走开。对我而言,这是可以继续问下去的信号。

"贾登,这很重要,"我说,"因为你的妈妈担心你不像以前表现得那么好。是学校里发生了什么事吗?"我知道,大概没有什么事。我见过很多他这样年龄的男孩,也经历过类似的情绪变化,但我希望给他一个台阶。

"不,学校很好,我喜欢上学。只是我妈妈不想让我做我想做的事,她不明白。"

询问了贾登和他母亲关于学校和家里的事情之后,我意识到没有发生重大问题。贾登正在经历上幼儿园几个月后经常出现的过渡期,或者叫心理上的"井喷式成长"。他觉得自己很有力量、独立,而且非常有本事。当母亲告诉他上学穿什么的时候,他会提出异议;当她告诉他吃什么早餐的时候,即使喜欢吃,他也会要求吃别的东西;当她提醒他如何与其他孩子在课堂上相处时,他会咆哮着说自己知道应该怎么做;当她要求他停止欺负朋友时,他变得沮丧,认为"妈妈就是不明白这一点"。而事实证明,贾登说得对。

我向嘉丽解释道,贾登现在主要面对着两大困难:做好孩子的疲惫和压力。我试图帮她从贾登的角度看待生活。首先,贾登每天一早起床,还没彻底休息好,就得去学校,集中所有精力控制自己的行为。每天回家时,他都很疲惫,这时他会把在学校里压抑着的情绪全部发泄到母亲身上。第二,他正从对母亲的情感依赖过渡到更加独立的状态,这也是一种挣扎。对5岁的孩子来说,每天同时体验这两大挑战,会让他感到崩溃。我只是告诉嘉丽要有耐心,建议她帮助儿子在周末时放松,给他足够的时间去玩。他不能再上更多的钢琴课或足球课了,因为必须集中精力。经过几个月的适应,他也许能够做到更多;但是现在,贾登需要一定的时间待在家里,只是玩、打盹,或者选择做他想做的事。我告诉她,我期待他的许多不良行为会随着他的疲劳消失。但在此期间,她不能忽视它们。所以,我教她如何设置明确的规定,并且在他平静时宣布。嘉丽告诉我,他做的很多事她都不喜欢,她想知道从哪里开始制订规则。我告诉她,选择两种她最不喜欢的行为,然后先专注于改变这两种。

"这就简单了,"她说,"他朝我喊叫,我觉得很受伤。"我说,那就从这里开始。我鼓励她,在他心情好的时候,坐下来告诉他,不要再朝她喊叫了;如果他再这么做,就要回房间去,直到和妈妈道歉之后才能出来。我提醒她,训练他停止某些行为可能需要时间。最重要的是,当她说话时,必须是认真的。如果她告诉他不能做某事,他却明知故犯,她一定要让他承担后果。最初,他会试验她,看她是否是认真的,他可能会大叫,然后跑开躲起来。我告诉她,意志强的男孩经常会故意做点父母不允许做的事,只是为了看看会发生什么。从某种意义上说,他们这是"宣战"。我告诉她,如果贾登这样做了,她就必须坚持到打赢战争为止。非常顽固的男孩甚至会坚持很长时间都不认输。所以,像嘉丽这样的母亲,需要做好打持久战的准备,即使它会占用她们的整个下午、整天,甚至一个星期。意志强的男孩需要意志更强的母亲。

母亲与儿子是不同的物种

男孩会很快意识到他们和妈妈不同。我们是女性，而他们是男性。即使在 2 岁时，儿子也会意识到他和我们是不一样的——不仅因为我们年纪大，而且因为我们与他们性别不同。实际上，很多妈妈也有这种感觉。我们更理解女儿的表现，比如她们为什么突然哭了？她们为什么那么会给图画上颜色？她们为什么害怕蛇？但是，当儿子在客厅里和朋友打架时，我们的不适感就会传达给他们：我们是两个不同的物种。不过，这是一件好事。

男孩的成熟需要经过不同的阶段。而母子之间的不同会引发更多的冲突和误解。当他们第一次感到冲动，想自己做一些事的时候，就会察觉到这种差异。我们是成年人，但我们也是女性，我们体验渴望的方式与他们不同，他们凭直觉能够知道这一点。当 3 岁的男孩决定打扮自己，或者 16 岁的男孩想用自己的钱买车时，他们本能地相信这些愿望不会引起我们的共鸣，因为我们是女性。他们希望独立和控制，他们认为这些都是男性的感情。好的一面是，他们并不需要知道我们理解他们，我们也没有必要说服他们相信，其实我们也有同样的欲望，我们只需要在"战争"中与他们做好谈判。

儿子向母亲宣战，很大原因是他们需要获得一定的独立性。我们希望儿子独立，那么在他们作决定的时候，我们应该给予信任。但是，必要的指导也是不可或缺的，所以我们要把握好干预的度，这可能比较难。

和嘉丽谈过两件事之后，她的生活变得轻松了。首先，我们讨论了疲劳的问题。我说，所有上幼儿园的孩子都会觉得累，一旦觉得疲惫，他们就什么也不想干，所以一定要做好每天的安排，做到有条理。贾登的叛逆行为大部分是疲劳导致的。除了疲劳，我们也讨论了他向母亲发动的"战争"。因为贾登需要有独立的感觉，需要自己作一些决定；与此同时，他仍然应该承认，妈妈才是老大。因此，我鼓励嘉丽继续战斗，但不要为了

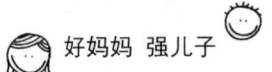

穿什么衣服或者玩什么游戏而争吵,这些"男孩的东西"由他们自己说了算。你只要确保他在学校里表现良好,不要计较小事。如果她根据这两个原则照做一段时间,家里的紧张程度就会大大降低。她确实这么做了,结果证明是有效的。

与母亲分离

或早或晚,每个男孩都会感觉母亲对自己有威胁。我们无法避免这种情况,他们和我们都必须忍耐。当男孩觉得母亲让他变得局促的时候,他会出击,告诉她,他希望能够自己做出更多的决定。

但是,男孩在成长过程中,还有其他因素会影响他们的心理和情绪。比如,成熟到一定阶段后,每个男孩都需要在情感上与母亲分离,这是一个痛苦的过程,也是男孩成为男人的必经阶段之一。布鲁诺·贝特尔海姆常说,青春期的男孩会"杀死"自己的母亲,而这是为了生存。随着逐渐成熟,爱着母亲的男孩会感到与母亲之间出现了冲突。一方面,他们希望母亲爱和关心他们;另一方面,他们恨自己仍然想要母亲的爱,因为他们想成为独立的人,与此同时却还在向往母亲能够提供的所有舒适。女孩则不会经历这样的过程,即使她们在情感上仍然依赖母亲,也不会感到自己的独立性受到威胁。

我们需要了解和尊重这一点。我们需要多走一步,帮助孩子完成这个使其矛盾万分的情感分离过程。尽管母子双方都不好受,但这是必要的;若要男孩变成男人,而不是被困在青春期,他们就必须经历这个过程。我们也应该见过一些没有完全从母亲的控制中走出来的男人,结果是灾难性的。无法在适当的时间、以适当的方式摆脱对母亲的依赖的男孩,不太可能会有幸福的婚姻。他的妻子或许想要和他建立深切的联系,但因为他与母亲之间仍然存在情感冲突,所以就无法做到这一点。好母亲不会让这种情况出现。因此,儿子向母亲发起的战争其实是一件好事。当然,母亲难免要经历一些痛苦。

第 3 章
面对他发起的挑战

尝试纠正错误

通常情况下，一个男孩和母亲之间的战争开始于青春期，但也可能更早一点，比如贾登的例子。索尼娅的儿子泰勒是17岁时向母亲宣战的，"战争"的根源是索尼娅年轻的时候遇到过的一些问题。

索尼娅在一个中低收入者居住的大型街区里长大。她的父亲是个卡车司机，常年出差。她的母亲是一名护士，在医生的办公室里工作。索尼娅和父母关系亲近，但她遇到烦恼时不愿意告诉父母，因为她知道父母工作很辛苦，不想再给他们增加负担。初中时，她学习很用功，但因为身材有点胖而常被同学欺负。高中时，她的男友提出分手，她独自一人在自己房间里哭，因为她不想打扰父母。当她的父亲回家时，她更是不想做任何让大家不愉快的事，因为她不想让他在回去的路上心烦意乱。

她是个善良的女孩，在邻居中有很多朋友。一天晚上，她去朋友家过夜，她朋友的父亲在大家睡着之后偷偷走进她睡觉的卧室。他捂住索尼娅的嘴巴，以便睡在同一个房间里的他的女儿听不到索尼娅的声音，然后开始爱抚和亲吻她。他警告她，如果她把这事告诉任何人，包括他的女儿，他就会伤害索尼娅的家人。为了不让父母担心，索尼娅保持了沉默。她并不知道这个男人对他女儿的很多朋友都做过同样的事情。此后，索尼娅开始睡不着觉，就算睡着了，也会做噩梦。她晚上不敢关掉头顶的灯，如果母亲帮她关掉，她就会趁母亲睡着再把灯打开。索尼娅上课时也无法集中精力，她和那个朋友的关系也出现了问题。她觉得自己可能无意间勾引了朋友的父亲，否则他不会做出这种事。当他走进房间时，难道她不应该大叫吗？她一直在胡思乱想，不停地自责。但她没有对那个朋友或任何人吐露过一个字。

索尼娅最终嫁给了一个善良、勤劳的男人。直到他们结婚十年的时候，索尼娅终于对他说出了她的秘密。而她的丈夫只是看着她说："好吧，亲爱的，那是很久以前的事了。"索尼娅告诉我，当听到他这样说的时候，她很想跳过去掐他的脖子。丈夫的这句话关闭了他们进一步讨论这件事的所有可能性。她开始觉得，连自己的丈夫都无法提供她应该得到的同情和关怀。

泰勒是索尼娅三个孩子中的老大，他性格开朗，天真活泼。索尼娅认为，泰勒唯一的问题就是他是个男孩子。他虽然并没有做错什么，但她总是忍不住把他和她的丈夫、父亲（他很少回家），还有当年骚扰她的人相提并论。在她内心深处，在某种程度上，她对这四个男性的看法是一致的。显然，这对泰勒和她来说不是什么好事。

泰勒的童年阶段，索尼娅经常莫名其妙地朝他发火，特别是在他十多岁的时候。她为此很困扰。有时候，她告诉我，她不想和儿子待在一个房间，即使他并没有做错什么。他笑起来像他的父亲，这也让她困扰。他走路也像他的父亲，她讨厌这点。"他走起路来像一只受伤的鸭子。"有一次，她这样对我说。到了泰勒16岁的时候，他经常和索尼娅顶嘴，甚至发展到恶语相向。但只有他父亲不在旁边的时候，他才会这样做。

索尼娅决定求助于心理医生，因为儿子的行为非常叛逆。在心理辅导过程中，索尼娅意识到，自从被朋友的父亲骚扰后，她就对男人怀有深深的敌意。因为她从未向骚扰她的人发泄自己的愤怒，所以就把愤怒带到她和周围所有男性的关系之中——她的丈夫、儿子，甚至父亲。但是，她不仅觉得愤怒，而且对男人有一种十分复杂的情绪——她无法真正信任他们，不允许自己接近他们或者全身心地爱他们。一旦她认识到自己的心理，就能够看到它是如何影响她和自己所关心的男性之间的关系的，尤其是泰勒。

于是，她决定（很可能是下意识地）区别对待泰勒，从而弥补她对男性的敌意所导致的偏差。结果，泰勒犯了错误，她也不纠正，还会给他找借口。她对待他更像是一个同龄人，而不是孩子。很多时候，她对他说话时使用的是和闺蜜交流的语调。这让泰勒感到不舒服和恼火，他希望索尼娅能够像一个母亲，而不是他的朋友。所以，当他对她说话时，会表现出无礼和挑衅,以致索尼娅深受伤害。他们之间的矛盾似乎失去了控制。

索尼娅带着泰勒来找我,想知道如何才能改善他们的母子关系。于是,我们开始了探讨。

"你们通常因为什么吵架?"我问。

"好像什么事都能让我们吵起来。"她说。

"你们一开始是因为什么争吵?"我问。

"嗯,一开始他对我说,我把他当成孩子来对待,不信任他。然后,事情变得更糟。他告诉我,我给他洗衣服的方法不对,我就让他自己洗。后来他和女朋友出去,凌晨两点才回家,违反了宵禁,还喝了酒。当我质问他时,他把我按在墙上,叫我别管闲事,说他不想听我的意见,因为我的控制欲太强了,而且,他说我不理解他。"她深吸了一口气,继续说,"我很害怕,我不打算说谎。他比我重50磅,高6英尺。自从我被骚扰之后,我就惧怕男人的体格。我躲开他,跑进我的房间,哭了两天。我没和他说话,他也没有和我说话。"

这件事发生在我们谈话的几个月前。但我可以看出,她仍然心有余悸。我表示想和泰勒谈谈,她同意了。一个星期后,母子俩来到我的办公室。泰勒似乎不情愿来,事实上,他看起来很恼火。

"你母亲告诉我,你们两个关系不好。"我说。

"是的。"他生硬地说。

他显然认为我站在他母亲那边,所以寸步不让,把我视为二号敌人。

于是,我开始大胆地提问:"你觉得你的妈妈有什么错吗?"我知道他会喜欢我的提问方式。

"她心理有问题!她对待我就像对待小孩——好像我只有10岁,不是16岁。她告诉我吃什么,穿什么……如果她不喜欢我的朋友,就让我去交新朋友。难道她觉得他们会给我注射毒品吗?"他嘶哑地叫道,越说越生气。

见此情景,索尼娅显得不好意思,但似乎松了一口气,因为她意识到

好妈妈 强儿子

我了解了她眼中的泰勒。我试图稍微打断泰勒，但他一直在说话，所以我让他说。

"还有另外一件事，她总是说我爸爸不好。可怜的家伙，他甚至无法为自己辩护，因为他下班很晚。但是，哪个医生下班早？我知道他并不完美，他也有缺点，但谁没有缺点？她对我说他的坏话，还说她不确定自己是否还爱他。她告诉我不要告诉任何人，这是我们的秘密，这让我浑身起鸡皮疙瘩。"

"泰勒和我曾经很亲近，"索尼娅脱口而出，"我们一起做很多事。当他爸爸出差时，我们会熬夜看电影；他邀请朋友来玩，我就给他们做饭。他以前很喜欢这样。我甚至经常带他逛街，他会对我的衣服是否好看发表评论。我知道，和我的朋友不一样，他会说实话。"

随着两人你一言我一语，他们冲突的原因开始浮现，事实对我来说已经非常清楚。

"泰勒，"我打断他，"你有没有觉得你像你妈妈的闺蜜？"

"这是一个奇怪的问题，"他停顿了一下，"当然没有。我的意思是，我怎么会像她的闺蜜？我又不是女孩。"他显然觉得这个问题很蠢。

"这就是我的意思。你是否觉得你妈妈跟你说话时，似乎把你当成了她的女朋友？还是说，你妈妈对你说话的方式正是你所期望的？"

泰勒盯着地板，索尼娅看着我。我想，现在她可能对我比对泰勒还生气。

"回想起来，她对我说过的话，也许确实更应该和她的朋友说。她说的很多话，我都认为还是没有对我说比较好。"

索尼娅跳了起来："比如说哪些话，泰勒？这不公平！我总是非常尊重你，我从来不希望成为你的负担。当然，也许我不应该那样批评你的爸爸，对不起。但是，我还做错了什么？现在是你声讨我的时候吗？"她停下来，看上去很茫然。

我们又聊了一会儿。我试图引导泰勒，让他向索尼娅展示他的内心。

第 3 章
面对他发起的挑战

他觉得很压抑,认为母亲很脆弱,总是需要他。有时候,他觉得母亲太依赖自己了。他和朋友们在一起时,她总是不分时间地给他打电话。他觉得,当他把女友带回家时,母亲会嫉妒。随着泰勒说出自己的感受,可以看出他既觉得内疚,又感到轻松。我能感觉到,他并不想伤害他的母亲,但他需要说出真相。

索尼娅是个好母亲,她爱泰勒。当她理解了儿子的感受,就开始从他的角度看待他的行为。过去她一直担心,她对男人的厌恶会引起儿子的反感和不信任。所以,她决定不能把自己对别人的愤怒甚至憎恨发泄到儿子身上。为此,她把他当成一位女性密友来看待。这听起来很讽刺,但做母亲的会在愤怒之下做出特别的事。她们可能不会大喊大叫来发泄情绪,而是会对惹自己生气的人特别好,或者对自己讨厌的人过分同情,以期在情感上获得补偿。

泰勒的烦恼在于,他不喜欢母亲为了心理补偿而把自己当成她的朋友。当她以这种方式向他吐露心事,把他当做成年人来依靠时,他觉得很不对劲。此外,他的母亲对他说的话都是不恰当的,泰勒也意识到了这点。但是,因为他还是个孩子,他无法阻止母亲这样做。于是,他向母亲宣战了。

索尼娅改变了很多,"战争"迅速结束了。她不再对儿子倾诉秘密,而是退回去继续扮演权威的角色。当她想要抱怨自己的丈夫时,她会告诉一个朋友,而不是她的儿子。她成为了泰勒所需要的人——一个可以依靠的成熟的母亲,而不是一个需要依赖他的角色。

做母亲是个复杂的工作,尤其是当我们有儿子的时候。索尼娅想成为一个好母亲,她做的每一件事都是为了儿子好。但当她意识到自己的行为模式给母子关系造成了负面影响时,她做出了相应的改变,成为了更好的母亲——能够从儿子的角度看待他们的关系,并且给予儿子他需要的东西。

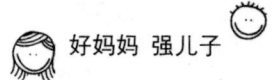 好妈妈 强儿子

养育儿子的困难

人们都说,男孩比女孩成熟得晚,从许多方面来看,这句话是对的。女孩在很小的时候就能像一个女人那样憧憬自己的未来。而男孩小的时候,似乎不太关心自己的未来,更愿意享受童年时光。然而,所有的男孩总有一天会面临的紧迫问题之一,就是需要学习如何成为一个男人。小的时候,他们不会特别注意这一点;但随着年龄的增长,他们认识到这种转变是必需的。在男孩向男人转变的过程中,母亲们会担心进展不顺利。

进入青春期的最初几年,男孩们会感觉到,自己很快就会成为男子汉。正如我所说的,女孩在更小的时候就开始向女人转变,她们的过渡比男孩缓和得多,而男孩会突然成熟。作为女性,我们进入成年的过程可能非常平缓,但我们仍然可以理解儿子正在经历什么。对我们来说,更难的是意识到儿子觉得我们会阻碍他们成熟:他需要一个男人来引导他转变。男性是视觉动物,他们需要看到男人应该是什么形象、怎么说话、如何行动等,以便加以模仿和内化。

理解这些对母亲来说非常重要,尤其是单身母亲。只和母亲住在一起的男孩往往没机会与自己崇拜的男性接触,因此缺乏健康正面的男性形象来模仿和内化。所以,单身母亲一定要请孩子的祖父、叔父、教练、牧师或朋友花时间和他相处。虽然很多单身母亲一直在努力,但她们无法既当妈又当爸。这一点有利也有弊。有利之处在于,单身母亲不必苛求自己向儿子提供他所需要的一切,因为她无论怎样都做不到。单身母亲面对的挑战是,找一两个好男人,请他们花时间和她的儿子在一起,向他展示好男人是什么样的。

那么,母亲们会问,应该怎样融入这一进程呢?我们是否有这个能力?她们的儿子也会这么想。一个11岁的男孩放学回家,告诉母亲一天发生的事,比如他如何锻炼、科学测验考了多少分等。他也许会哭泣或抱怨,因为老师很严厉,或者班上的同学取笑他。他遇到了烦恼,于是把它

卸给自己的母亲；在父亲面前，他做得就不会如此自然。因为一般来说，女性比男性更容易展示自己的同情，而且很多母亲会娇惯孩子。这并不全是坏事——尤其是在孩子的某些特定年龄——因为每个男孩都需要在情感上摆脱对母亲的依赖，依靠自己。换言之，母亲们需要知道什么时候可以宠爱孩子，什么时候不能。比起父亲，母亲倾向于让儿子表现出更多的感情。因此，儿子和母亲在一起会更自在，没有那种"要做男子汉"的紧张感。事实上，十一二岁之前，男孩的生活都是围绕着母亲转的，后来情况才发生变化。

当儿子进入青春期，会突然意识到自己将来会成为一个男人。他也许想知道，作为成年男人，从母亲那里获得情感慰藉是否合适，与母亲如此亲近是否和男子气概相冲突。答案可能是含糊的，但却会令他感到困惑不安。

从儿子的角度来看，他对母亲的感情可能非常复杂，即使我们不希望这样。母亲必须明白，每一个男孩在进入青春期的时候，都会感受到这种内心冲突。除了身体上的成熟，在心理上，他也想弄清楚自己会成为怎样的人。激素导致他与自己对母亲的感情斗争：一方面，他想和母亲保持亲近，但内心深处的一些东西却横加阻拦。这些变化是男孩在成为一个男人的过程中不可或缺的。一旦母亲们理解了这一点，生活就会变简单，因为她们不会觉得儿子的行为变化是针对她们个人的。

从依赖到独立

5岁的时候，儿子可能觉得你的爱是他的安慰，是无比美好的。他可以蜷缩在你的腿上，把头埋在你的胸前，听你读他最喜欢的故事。如果他累了，他甚至可以把大拇指伸进嘴里，虽然他早已过了需要吸吮大拇指的年龄。他知道你不会责备他，你是他的避风港。

13岁的时候，他希望你给他一些自由。但当你照做时，他的感觉也不会很好，因为他缺乏自信。就像2岁的孩子一样，他想为自己做各种事，但却没有能力。他渴望像17岁的人一样,但他的身心条件却不允许。他感到困惑和矛盾,会对自己失望,因为他无法让自己的身体和心灵做到他想做的事情。

此时,母亲们往往也会感到困惑:当年幼的儿子要求一定的独立,母亲同意之后,他似乎仍不满意。这是因为他真的不知道自己想要什么。所以,无论你怎么做都不行。出于本能,母亲会把儿子叫过来,和他谈心,但他也不喜欢这样。因为他希望自己解决问题,不愿听你的解释,也不愿向你靠近。他觉得,你是女性,你的思考方式和他不一样,所以你不可能理解他。而假如你们的想法一致,那就表示你们是同一类人,这想法让他不寒而栗。

进入青少年阶段,男孩开始觉得自己的力量越来越强,他们的睾丸激素水平一直上涨,变得更有攻击性;肌肉的发展改变了他们的外形,他们的毛发增多,开始变声,不再是过去那个人了。有些男孩适应这些情况,有些则不能。有些男孩等不及要变成成年人,欢迎各种变化;有些则对此缺乏安全感,因为自己与过去不同而感到恐惧。正是在这个时候,男孩开始觉得自己把母亲落在了后面。

青春期的男孩正从对母亲的依赖过渡到独立。如果他认为母子关系是安全的,就会试着与她分开。因为即使他在分离过程中会变成一个彻头彻尾的怪物,他在心底也会深深地知道,母亲永远不会离开他。他的头脑很顽固,觉得母亲会永远守护自己。他认为自己可以当着母亲的面摆出不同的面孔,展示新的思想、态度,尝试新的行为,因为母亲不会改变。她可以接受他的变化,而别人(包括爸爸)也许不能。这样的想法是一厢情愿的,因为母亲不得不经历儿子此时所做的一切。

那么,儿子觉得什么是母亲不能给他的呢?首先,他需要得到男性的认可,因为他正在成为一个男人,应该被男人接受。对于男孩来说,青少年时代的重点是获得男性的关注。你曾经可爱的小男孩现在需要获得教练、老师,特别是他父亲的关注。他需要得到他们的认可,承认他"适合"

第3章
面对他发起的挑战

成为男人。

十几岁的男孩会试图表现出男子气概,并加以炫耀。你是否注意到你的儿子在家走路的样子就像个"硬汉"一样?你是否恐惧地看到,男孩在危险的活动中寻求刺激,比如开快车、玩滑板、骑山地摩托或者蹦极?你的儿子会尝试体验所有他认为与"男性"有关的事物。男孩会观察父亲是如何作决定的——在工作、爱好、运动方面,甚至是如何对待女性的。他们会刻意地观察,并揣摩到底应该怎么做男人。然后,他们会模仿父亲的行为,不仅是为了体验那是什么感觉,也是为了看看这样是否能获得父亲的认可。在我的书《男孩就该有男孩样》(Boys Should Be Boys)里面,我讨论了男孩得到父亲"祝福"的重要性。这种祝福来自父亲与儿子交流的时候,父亲认可儿子是个男人,而且是讨他喜欢的。有的父亲会祝福儿子,有的则不会。如果儿子收到祝福,就会觉得自己有力量,有自信,并喜欢自己,因为他知道父亲尊重自己。如果儿子觉得自己没有获得父亲的认可,就可能疯狂地想要自我证明(下意识地向父亲证明),他是值得父亲认可的。需要注意的是,如果儿子无法从父亲那里得到认可,母亲就有必要帮助儿子,找到他生活中的其他男性对其表示认可。

母亲们是那么希望向儿子提供他需要的一切,所以很难接受自己不能向儿子提供男性认可一事,而那是他们在某些时刻非常需要的东西。我们应该认识到这个事实,因为如果我们生活在幻想之中,以为自己能够满足儿子的一切需求,就会背上沉重的负担。更重要的是,我们否认了儿子需要这件关乎他们成功发展的东西。我们要帮助儿子意识到,得到成年男性的祝福是成为男人的前提条件之一。那么,如果他没有从父亲那里得到祝福(无论出于什么原因),首先,我们应该认可他的这一需要;然后,再帮他找出没有获得父亲祝福的原因。有时候,并非因为儿子做错了什么,才无法得到父亲的祝福。年轻人往往会下意识地认为,如果他们没有得到自己所需要的重要东西,是因为自己做了错事,他们会因此生自己的气。我们需要帮助儿子意识到,他没有获得认可的原因不是他自身的问题,更可能是父亲的问题。因此，尽管他觉得难过，也要想开；一旦想通，坏心情就会消散。

单身母亲还有额外的负担。如果儿子的父亲没有出现在他的生活中，她们需要给他寻找健康的男性榜样。这并非不能做到，我们身边不乏好男人，比如老师、邻居、教练、拉比、牧师、叔伯、祖父等，他们都足以成为他的行为榜样。很多单身母亲会问，儿子需要和男性榜样相处多久才够？其实关键在于，孩子应该尊重他的榜样。如果他敬佩一个人，就会很快地模仿他的行为和态度；反之，他就不会模仿。如果无法找到健康的男性榜样，母亲也可以跟儿子讲讲她佩服的男性是什么样的，比如，某位美国总统、《圣经》人物，或者已经去世的外公等。母亲可以描述这个男人是什么样子，他是做什么的，假设他遇到和你的儿子有关的事情，会怎么说、怎么做；还可以告诉儿子此人的性格，以及他为什么会做出某些决定。换言之，母亲要为儿子创造出一个好男人的生动的视觉形象，以供他仿效。有时候，很多单身母亲能够给予儿子的最佳榜样，就是创造一个健康的男性形象。

已婚母亲，或单身但儿子与父亲有交集的母亲，应该问自己："我能做些什么来帮助儿子的父亲成为儿子的好榜样？"重点在于，我们要尽力帮助父亲对孩子产生正面影响，在这方面，我们可以做很多。我们应当有所觉察，自己在发表意见时，是不是表现得像是在批评对方。作为母亲，我们都认为自己永远知道哪些对儿子最好。然而，事实是，有时候我们并不知道。有时候，儿子的父亲比我们更清楚怎么处理儿子的问题。我们必须对此保持开放的心态，特别是在孩子的青春期。

虽然这令人难以接受，尤其是想到儿子年幼时是那么依赖我们。但是，当他们进入青春期，就可能从父亲那里得到更多的影响。不过，因为我们是母亲，所以经常会情不自禁地想要把自己的感受、意见告诉儿子，即使我们不完全肯定自己是正确的。很多时候，我们需要忍耐，不要干预。不妨看看儿子生活中的其他男性是如何处理问题的，他们也许更理解

第 3 章
面对他发起的挑战

孩子的需要,因为他们经历过同样的阶段。

由于我们习惯于从一个母亲的角度看问题,所以可能会批评儿子生活中的男性的行为举止。这样做会传达给儿子一个信息:男性不知道怎么做是对的,需要女性来纠正他们。如果他重复听到这样的批评,就会开始相信,他们的父亲(包括他们自己)并不是非常有价值的人。这种反男性的情绪已经在我们的文化中大肆流传,我们很容易在家庭中无意识地散布此类看法。比如,很多流行的电影和电视剧都把父亲描绘成软弱和愚蠢的角色。在《人人都爱雷蒙德》(*Everybody Loves Raymond*)里面,雷·罗马诺扮演的角色虽然十分有趣,但却是个傻瓜。现在,能够把父亲表现为智慧形象的电影已经不多了,甚至这样的广告都比较少。我记得,一个广告里的父亲想要投出一只棒球(人们觉得大部分父亲都应该掌握这个技能),但他的技术非常不好,结果只好对儿子保证,虽然爸爸无法传授给他有用的运动技巧,但至少可以给他买一辆好车。

反男性的情绪在现实生活中也普遍存在。父母离婚的时候,儿子往往会被判给母亲,因此父亲陪伴孩子的时间非常有限。如果离婚的配偶互相仇恨的话,儿子还会经常听到母亲抱怨父亲。我经常见到这种事,即使在婚姻之中也不鲜见。如果母亲在儿子面前经常表现出对丈夫的怒气,损失最大的是孩子。这对他来说很痛苦,因为它破坏了他与父亲的关系,让他夹在父母之间左右为难。许多愤怒的母亲会无意识地以这种方式伤害儿子。所以,我们不应该把自己对丈夫的怒气在孩子面前表现出来,除非你丈夫是个虐待狂或者不称职的家长,否则每个儿子都有权拥有正常的父子关系,不能受到其他人看法的影响。

我们能为成熟中的儿子做的最重要的事,是允许、支持和鼓励他们暂时在情感上与我们脱离。我们必须让他们明白,他们可以在各方面尝试独立。我们必须避免溺爱他们太久或太多。是的,很多母亲与儿子有着强烈的情感联系,但如前所述,到了特定阶段,每一位母亲都需要退居幕后。有些男孩的特殊阶段出现在高中后期,有些是在大学期间,每个人都不一样。但母亲要记住的是，我们有责任在这个时期来临时，允许儿子成长为不需要我们的成年人。孩子也经常会给我们信号，让我们知道他们需要独立。他们会要求自己作决定，比如选什么课或者规定宵禁时间。所以，当孩子发出这样的信号时，我们必须与他们合作，以找到与其年龄相适应的教育方式，为他们提供独立的条件。是的，他们爱我们，我们也爱他们。但是，源于需求的纽带必须被打破，即使这对母子双方而言都是痛苦的过程。

"母子战争"的导火索

只要我们明白，男孩对母亲发动"战争"，并非是因为母亲做错了什么，而是儿子进入了他发展中的某个阶段，我们就会更容易承受这样的"战争"。一旦我们明白事情的原委，就可以改变自己的行为，退后一步。

我们有时会把一些行为强加给孩子，自己却意识不到，它们包括：

◎ 在儿子小时候希望他像成人一样，或者在他成年后把他当孩子看；
◎ 过分依赖儿子，希望从他身上获得情感慰藉；
◎ 对儿子说话时，好像他是你的知己或者保护者，在很大程度上把他视为你的成年朋友；
◎ 当儿子想要在情感上与我们分离时，拒绝放手；
◎ 在努力成为好母亲的过程中，保护过度，占有欲过强；
◎ 对所有的男性过度挑剔，尤其是儿子的父亲。

我们需要坚持审视自己的感觉、期望和情绪，只要它们与儿子有关。因为如果它们是不恰当的，不仅会引发"战争"，还会让"战局"更糟糕。有时候，"母子战争"是痛苦的，但也是一个让我们看到自己需要如何调整的契机。不过，做出调整的能力取决于我们是否想要清楚地看到自己的哪些行为需要改变的意愿。

令人遗憾的是，有的男孩从未觉得自己与母亲之间存在深刻的情感联系。比如，母亲可能吸毒、被丈夫虐待或者抑郁。有的母亲深爱着儿子，但没有展示情感的能力。所以，这些母亲让孩子觉得疏远和冷漠。那么，遇到这样的情况，儿子也会发动"战争"吗？是的，这样的"战争"会更加令人不安。当儿子需要母亲的关注和支持却得不到的话，一旦进入青春期，他们就会发动更加猛烈的攻势。因为他不仅渴望不依赖任何女性，也会觉得自己从来没有得到过女性的关爱，这是他愤怒的来源。

如何在"战争"中幸存

有利的一面是，在一般情况下，儿子没有女儿那么复杂，他们的情绪虽然并不比女儿少，但他们普遍比较务实。当问题出现时，他们试图确定问题，然后找到解决的办法。女孩遇到相同的问题时，可能会过度分析，甚至因此忽略了寻找解决方案。很多女性会在与丈夫打交道时体会到这一点：男人看到问题后，会马上尝试找到一种方法来解决这个问题。如果它是一个快速或"容易"的解决方案，我们会更加为此生气！因为我们认为自己没有这么简单粗暴。作为女性，我们会了解一下情况的复杂性——问题的起源和发展的原因——试图确定我们与这个问题有什么关系。简言之，母亲和儿子处理问题的方式可能非常不同，因此我们必须小心聆听儿子。当这样的问题出现时，有时解决方案是简单得超出了我们想象的。

举个例子，一个男孩可能不愿上学，成绩下降。母亲不会简单地问儿子发生了什么事，而可能会过度地分析，她也许会和老师讨论儿子在课堂上受到的对待，或者他的情绪变化以及学习问题。然而，也许儿子只是需要一副眼镜！也许他是睡眠不足。我就见过这种情况。有时候，我们需要直接与儿子交谈，询问是什么在困扰他们。我发现，很多时候，只要你简单问一下，中年级以上的男生都会告诉你答案。无论何种情况，只要你了解到问题所在，第一步就是相信他，并确保他知道你相信他。然后，你们

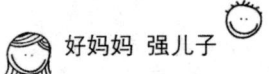
好妈妈 强儿子

可以一起寻找解决方案。

如果你的儿子不会或不能透露是什么在困扰他，你可能需要打探一下。花时间带你的儿子骑自行车，或者参加点有趣的活动。男孩在放松的状态下，往往更容易敞开心扉，告诉你他们的困扰。之所以隐藏自己的感情，是因为他们担心自己可能看起来"愚蠢"或"软弱"。如果一个男孩被朋友的评价所伤害，或者因为成绩差而内疚，他会比女孩更快地掩饰自己的感受。这对于母亲来说是难以理解的，因为女性比男性更注重口头沟通，女孩比男孩更倾向于说出感受。对母亲来说，更大的问题是，当我们不明白儿子遇到什么麻烦时，我们不会做出适当的反应。他的沉默寡言会让我们觉得他是在针对我们，我们因此会变得戒备，然后生气。这经常成为"战争"的导火索。

然而，很多时候，儿子会主动出击，因为他们希望有更多的独立性。他们未必是真的生气；相反，他们只是要告诉我们，他们想要表现得更像一个男人。因为他们没有直接说出口，所以我们误读了他们的行为，我们会觉得受伤，感到他们不再喜欢或者需要我们了。我们必须记住，他们确实需要我们，但是需要的方式是在不断地变化和发展的。

比起满足我们的要求，儿子还有很多更重要的目标要实现。因为我们和他们的思考方式不一样，加之他们的成熟过程是我们没有体验过的，所以当"战争"临近，我们必须小心地退后一步，不能妄下结论。我们必须保持耐心并意识到，很多时候，我们并不是"战争"的起因。有时候，儿子只是觉得很矛盾。而其他时候，如果我们是"战争"的起因（比如做出了前述的行为之一），那么我们必须意识到自己的责任，并改正错误。我们能够安然度过"母子战争"，与儿子建立更密切的关系，但我们必须保持爱心和冷静；最重要的是，永远不让他们忘记，我们是成年人。

保持耐心

你的儿子是否有遥控赛车？如果有，你一定见过他在厨房地板上玩赛车，汽车尖啸着撞向碗柜，"砰"的一声，车翻了，四轮朝上，在空中旋转。

你即将或已经进入青春期的儿子，就像这辆赛车，他的情绪也会迅速转换，从一个阶段跳到另一个阶段。他就像赛车，燃料充足，热情洋溢，经常撞到各种目标，比如他的父亲、老师，很多时候是你。男孩就是这样的，他们需要通过挑衅边界来确定边界。一旦找到边界，他们就开始明白自己的局限和限制，这是生活强加在他们身上的。我们都生活在这些限制中，但是男孩需要确定这些界限。

被儿子撞到的感觉并不好受，我们觉得内疚，甚至无法忍受。我们不喜欢自己的权威受到挑战，也不愿意总是提醒他们按照我们所说的去做。他们顶撞我们的时候，我们会感到疲劳和沮丧。"不，你不能违反宵禁规则。""不，你不能去那个朋友的聚会，我们不认识他的父母。"我们想要还击或者放弃，但我们不知道该选择哪一样。有时这令我们自我怀疑。我们经常对孩子让步，以为这样生活就能变得简单。这是不对的，你不应该松懈。请记住，孩子小的时候，我们的话语就是一道保证他们安全的篱笆。十几岁的男孩也需要它，但篱笆的环绕范围可以大一点。他们需要执行我们的规则，才能确保安全。他们需要一个安全区，需要知道安全地带的界限，因为他们可能做出严重损害自己的事情。当然，他们讨厌界限，而且认为自己能够创建自己的界限。但是你要记住，他们不能，他们不具备成熟的认知，甚至十七八岁的时候也不具备。很多母亲出于善意所犯的最大一个错误便是，太早地把篱笆撤走。横冲直撞是男孩的天性，如果他们没有撞到父母的篱笆，就会顶撞老师、教练，甚至法律。如果一个十几岁的男孩不学习尊重家庭中的边界和规则，那他也不会遵守外部世界的规则。

男孩的血管里流淌着睾酮，他们会试探界限，因为想看看它到底有多强大。所以，如果孩子看到你规定的界限形同虚设，就会越界并陷入困境。我常在母亲非常随和的男孩身上看到这种事。为了试探自己的母亲，他可能故意回家很晚，去父母不让他去的聚会，或者晚上偷偷和朋友出

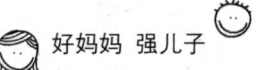

去,等着看母亲如何反应。事实上,他的兴趣更在于知道母亲的反应,看她会不会惩罚自己。规则实际上会让青少年感觉被爱。如果没有规则,他们会感到失落和无助,缺少关心,这会让他们真正遇到麻烦。

因此,请制定一些他和你都能够遵守的规则,坚持那些你认为合理的想法。这可能很难,因为许多儿子知道如何让自己的母亲改变想法和违背规则。比如,我的儿子就知道他比较容易让我改变主意,但改变他父亲的主意就没那么简单。所以,自然而然,当他想要做他知道自己不能做的事情时,就会来找我。孩子会使用特定的语言穿透我们的装甲。通常情况下,他们会说"你不相信我",或者"如果你真的认为我是个好孩子,那么请让我……"需要劝母亲让步的时候,孩子会变得很聪明;他们并不是要故意操纵我们,而是因为使用技巧可以增加成功率。所以,如果你的儿子对你这样做,不要上钩。规则与信任无关。每个人——包括我们自己——都要遵守规则,好母亲会帮助儿子学习如何遵守规则。你能够以多种方式让他知道你信任他,比如相信他会按时完成任务或好好做功课。

爱是坚忍不拔。能够说"不",捍卫明确的边界和规则的母亲会让儿子感到被爱。哪怕他们声音低沉,长了胡子,貌似成熟,也不能愚弄我们。不到20岁出头,男孩不能像男人一样和我们讨价还价。所以,在那之前,我们需要做坚强耐心的母亲,保护他们不受自己伤害。

尝试置身事外

我有个十几岁的小病人,他母亲曾经教了我一招,她会在儿子心情不好,而她又不知如何与其沟通的时候使用它。"我会假装他是别人的孩子。"她告诉我。她的方法是有道理的。当你与儿子战斗时,应该做到置身事外,提醒自己,他这么做不是针对你。在情感上刻意拉开距离,会减少我们的内疚和愤怒,做到就事论事。不妨设想当你的儿子2岁时,瘦小的他坐在地板上,猛烈地挥动手臂表示抗议,并且大叫:"你是个坏妈妈!"你会觉得他真的是这个意思吗?你会去咨询心理医生,告诉他你毁了孩子的生活,想知道如何才能成为好母亲吗?当然不会,因为你知道他是在发脾气。所以,青春期男孩的宣战也是这种性质:他们重拳出击,但没有别的用意,只是想看看你会作何反应。

科琳在这方面是第一流的母亲。作为有三个孩子的单亲妈妈,她在孩子们很小的时候就决定,要尽全力成为一个好母亲。她在育儿方面的自信好比新鲜空气一样:她从不气馁,如果孩子发脾气,她不会一味埋怨自己,也会看看孩子是否有责任。她明白自己是妈妈,而非爸爸、老师、心理医生或者教练。她喜欢妈妈这个角色。

科琳明白,她两个意志坚定的儿子比女儿更需要得到男性的影响。她的前夫已经搬到别的州,只在暑假时来看过孩子们几次。随着进入青春期,她的小儿子开始挑战她。她要求所有孩子遵守宵禁,但当时15岁的克雷格决定忽视规则。他晚上偷跑出去参加聚会,聚会上的孩子们大量饮酒。科琳发现以后,制定了一个计划。她把克雷格的事情告诉了她的弟弟,说星期六晚上,一个男孩会在家举行派对,她觉得克雷格为了参加,可能会对她说谎。那天晚上11点,她给克雷格打电话探听派对现场情况时,听到一阵嘈杂的派对背景音从电话中传出。于是她给弟弟打了电话,两人开车去了派对,发现克雷格在一个角落里抽大麻,用纸杯喝伏特加。他们走过去,要求他回家。当克雷格拒绝时,他的舅舅抓住他,强迫他离开了派对。结果,克雷格一周没和母亲说话。

我问科琳,她是否后悔让克雷格下不来台。她笑着对我说:"当然不会,这是我们应该做的,这样做有时候甚至能挽救孩子的性命,他正走在一条可怕的道路上。"我问克雷格后来是否还撒谎,她告诉我:"一个月后,他又撒谎参加派对,我和弟弟又那样干预了一次。对克雷格来说,第一次下不来台尚且可以,第二次就难以忍受了。"后来,我问科琳,帮助克雷格度过艰难时期的窍门是什么。她说,不要认为克雷格的行为是针对她个人的。

这事发生在大约四年前,现在克雷格已经表现得很好了。他高中毕业

好妈妈 强儿子

后去大学打篮球。大四的时候，他在篮球比赛的庆祝典礼上发言，告诉所有队友，如果不是因为他的母亲，他不会读完大学，感谢母亲在他"艰难时刻"的鼓励。实际上，他是感谢她的耐心和坚持做她认为正确的事的能力；即使对她来说，这样做非常不舒服。

向前看，向后退

母亲很难对孩子和自己一直保持耐心。我们希望儿子行为端正，也希望自己做个好母亲。然而，随着儿子年龄的增长、环境的改变，规则也一直在变，我们不能拿以前的那一套方法对待孩子。有时候，我们刚刚掌握了如何处理特定年龄孩子的特定问题时，我们的儿子却进入了下一个不同的阶段。他变得烦躁，喜欢抱怨，比过去情绪化了许多。这些会让我们觉得自己似乎无法一直做好母亲。

孩子成长的每一个阶段、每一场战役、每一次发脾气、每一次和女友分手，都需要我们付出耐心。做到有耐心很难，需要精神和情感的能量。儿子开始朝我们发泄的时候——因为我们无法提供他需要的男性的影响，我们应该耐心，让他发泄。当他用打破规则来挑战我们时，我们必须自我反省，找到维护界限和规则的解决方案。

当然，在儿子的成长过程中，也不乏欢声笑语的温馨时刻和精彩瞬间。当他还是小孩的时候，有时候我们就是想让他待在家里，穿着睡衣，和我们一起阅读故事。有时候我们希望与他们单独相处。在这些时候，我们相信自己可以处理得很好，和儿子就像一个完美的团队一样。但是，生活永远向前，总有一天，某个闹铃会响起，提醒我们，儿子应该上学了。接着我们就迎来了充斥着练习足球、做功课、露营等事务的新时代。

养育孩子的过程中，欢乐远多于痛苦，确保这一点的最好办法是记住几件事。

首先，冲突和误解难以避免，因为他们是男性，我们是女性。所以，要做好准备。

第二，在儿子成长的某个阶段，他可能会对你犯的错误大发雷霆。每个好母亲都可能误解儿子，以致做错事，所以请学习接受他们，向前看。育儿过程难免磕磕绊绊，但每个母亲的重要任务是，意识到问题在哪里，然后在母子关系中退后一步。

第三，我们必须面对一路上的困难，知道孩子会与我们拉开距离。我们不能永远把他们留在身边，因为每个儿子都要和母亲分开，才能成为真正的男人。如果我们欢迎这一点，就会生活得更好。

鉴于上述原因，"战争"是不可避免的。孩子会突然发脾气，有时候，他是生我们的气，有时候是别人惹火了他。无论如何，这些怒火都会发泄到我们身上，因为我们是他的安全网，所以就成了他的目标。我们是永远不会走开的人，是在别人拒绝他时接下他射出的箭的人，他们深知这一点。当他们回心转意的时候，我们永远会在那里等待，无论之前的"战争"有多么残酷。能够成为母亲，是一种祝福。我们总会在某一天获得养育儿子的巨大回报。

Chapter 4
You Are His Home

第 4 章
你是他扎根的土壤

男孩需要深厚的情感依傍，母亲是他赖以扎根的土壤。

第 4 章
你是他扎根的土壤

当你和一位老头儿聊天的时候,十有八九,他会谈到他的童年。对此,他提到最多的可能是自己的母亲。母亲穿的大衣和闪亮的指甲油或许让他印象深刻,而母亲制定的规矩、母子间的快乐时光、母子的共同奋斗、母亲做的饭的味道,则是他脑海中无法磨灭的东西。因此,许多人会告诉你,母亲做的饭的味道最特别。有趣的是,他们小时候吃的东西并没有什么特别。而让他们如此珍惜的原因是,那些食物是他们的母亲亲手准备的。

几个星期前,我83岁的邻居得意地给我带来了他母亲的手写食谱。他绝不是个性情中人,但他十分兴奋地拿着装食谱的硬纸板箱穿过树林,来到我家。他知道我喜欢烹饪,但这并不是促使他拿来食谱的主要原因。他认为他母亲做的姜饼是无与伦比的,虽然书店里有成千上万的食谱可供选择,但他觉得没有什么比得上他母亲做的。他给我看这本食谱,是为了炫耀他有这样的妈妈。

当我为了写作这本书而与人交流时,我发现很多中老年人都会怀念童年往事,提起自己的母亲。我总是问:"你觉得你母亲最优秀的品质是什么?"有的人会给出明确的回答,有的则不能。这让我觉得困惑。作为一个21岁男人的母亲,我不知道什么可以让我的儿子更爱我,我希望给他

好妈妈 强儿子

留下很多温暖的回忆。我想知道自己该怎么做，才能帮助他继续成熟，成为一个身心健康的、与周围的世界快乐相处的人。但是，我的访谈对象中，没有一个人真的可以告诉我，他的母亲为什么会让他如此爱恋。

后来有一天，一个30多岁的年轻男子比尔，对此做出了完美的总结。他说："我的母亲就是我的家。她代表所有美好和正确、令人舒适和安全的东西。她是我在受伤时第一个想到的人，是我遇到什么好事时第一个想打电话的人。我妻子爱我，但我的妈妈是我最大的粉丝。在她那里，我的自我感觉更好，觉得生活也更好。她是我的起点，但她也是我不得不离开的人。在我迷失的时候，她是我的求助对象，是帮助我认识自己的第一人。有时候，她是我的准线，是我道德的指南针。她是因为我是我而接受我的人，她知道我到底是谁。我也不需要对她隐瞒什么。她可以伤我最深，但也能彻底地安慰我。这样说是否有道理？"

我认为有道理。但我也想知道，我们在儿子人生中的作用真有那么广泛深远吗？为了写作《强爸爸 好女儿》（*Strong Fathers, Strong Daughters*）这本书，我访谈过许多成年女性，她们在提到自己的父亲时，经常会有两个主要反应：要么吹嘘炫耀，要么泪流满面。当涉及女儿与父亲的关系时，似乎没有中间地带，至少对女性来说是这样。儿子对母亲的看法则不同。

我相信，这是因为男性不会过多地考虑我们对他们具有什么意义，以及我们为他们做了什么，因为我们做得实在太多了。正如比尔所说，我们就是儿子的家。不妨想想家的概念——你根本无法用一两句话概括它。"家"代表的意义那么多，层次那么复杂，我们甚至无法尝试阐明它。当儿子提到我们的时候，他们无法把交织在一起的情感与回忆分解清楚，因为正是这种神奇的融合，引发了强大的精神体验，无法让人精确分析。

我们之所以难以阐明家的意义，可能是因为每个人都知道家应该给人什么样的感觉。但是，我们也有必要总结出家的几个重要方面，这样才能理解母亲对儿子意味着什么。

为他提供良好的土壤

如果你曾经从事园艺，就会知道，即使是生命力最强的植物，也不能没有根系。当你播下一粒种子，需要给它提供足够的土壤，使其生根发芽。如果你把盆栽植物移植到地里，无论多么悉心照料，要是不把几条主要的根扎进地里，它都不会长得好。

母亲就是儿子的第一条根发育的土壤。母婴之间的联系一直备受研究关注。20世纪五六十年代，美国心理学家哈里·哈洛博士用猴子来研究这种联系。他发现，与其他猴子不相来往的猴子，会和母亲一起待在笼子底部。动物需要母子关系，母亲不在身边的猴子甚至会把一块布当成母亲。同样地，人类婴儿出生时的首要需求，就是与母亲建立联系。还有研究者发现，那些母子联系最稳固的孩子，情绪更健康，较少受到心理疾病的困扰。

母亲是孩子生命中最初和最重要的社会联系。孩子需要人类的感情和关怀，在人生初期与母亲的联系是最重要的。在儿子生命的最初几个月，他会牢牢抓住你不放。他需要营养、温暖，需要满足各种生理需要。同样重要的是，他需要深厚的情感依傍，这是他赖以扎根的土壤。他会向你求助，看看你能否给他需要的东西。如果发现你能，他会给你同样的回报。你的儿子就是这样扎根并自我塑造的——要求你满足他的需求，观察你的反应。如果你做到了，他会放心大胆地"黏"住你。经过最初的观察和尝试，他会对你提出更多的要求，看你能否满足。他越信任你，越从你那里得到爱，根就扎得越深。这非常重要，因为许多人可以照顾他——保姆、祖父母等——但他扎根的土壤却是母爱。所以，如果他能信任你，知道你会爱他，保护他，安慰他，喂养他，他也就能开始信任别人。当然，他对你的要求更多。从幼儿园里5岁以下的幼儿身上就能看出这一点。研究表明，每周待在幼儿园的时间不超过30小时的孩子，长大后会发展得更好。和母亲相处时间多的男孩，将来较少出现行为问题。你的儿子需要把爱、信任和情感寄托在最重要的人身上。当他找到这个人，他就会扎下他的根。对大多数儿子来说，这个人就是妈妈。

如果一个孩子的根是强壮的，也就是说他感觉到与母亲的联结很深，那么当他进入外部世界时，就会觉得更安全。比如，当你的儿子开始上中学时，他可以花更多的精力搞清楚自己喜欢学什么，选择什么运动，更加享受玩乐和做他喜欢做的事情，因为他并不需要使用所有的精力维护他与你的关系。当然，那是因为他的根扎得牢。与母亲关系不好的孩子，由于根部不稳，更容易随风摇摆，受到伤害。就像幼弱植物的根系很容易脱离地表一样，如果母子关系不坚实，孩子就更容易受到环境的压力，更容易失去平衡，因为他没有安全感。

为了给儿子提供良好的土壤，我们需要随时待命。我们需要做到稳定不变、不可动摇，成为他人生中的锚。而当他们看起来似乎要脱离自己的根系时，我们要足够强大，稳住他们，让他们知道自己称之为"家"的人会永远守护他们。如果我们没有尽早满足儿子这方面的需要，他们就学不会信任任何人，而这可能会导致非常严重的心理问题，如严重的依恋障碍。无论是在家还是孤儿院，许多小时候缺少父母的基本关爱、信任和照顾的孩子，长大后都无法以有意义的方式与他人建立信任关系；他们缺乏对正常的人际关系的理解，体会不到诸如欢乐、幸福、爱、关心和信任等感觉。那些被遗弃的孩子，也许只能从憎恨和愤怒等负面情绪中体验自在的感觉；他们缺少同情他人的能力，因为他们从来没有体验过人与人情感的结合。

患有严重的依恋障碍的儿童，成年后可能自我隔绝，并且对自己和别人构成严重的威胁。他们可能在伤害别人的时候自己却感受不到悲伤、自责或内疚。小时候没有扎下根的孩子，长期观看暴力电影或玩暴力视频游戏、没有获得心理帮助的孩子，会拒绝与他人进行任何良性的互动，而生活在自己内心深处酝酿的完美风暴之中。当所有这些因素聚集在一起，他就有可能变成那些走进公共场所，面不改色地持枪扫射人群的人。

所以，我们要重视预防男孩天生容易患上的心理疾病。有时候，心理疾病可能是因为遗传导致的。但在许多情况下，严重的心理疾病不是由于遗传，更可能是缺少可靠的母子关系而导致的。母亲一定要知道这个重要事实。

那么，这是否意味着，只要母子关系不佳，儿子就更有暴力倾向？绝对不是。我举出依恋障碍的例子，是为了证明一个观点：当涉及健康情绪的发展时，母亲在男孩的人生中起着至关重要的作用，我们需要了解它是多么重要。母亲就是孩子落地生根的土壤。我们需要知道自己的宝贵责任：儿子不仅爱我们，而且在早年的生活中非常需要我们。

帮助他找寻人生意义

因为父子关系是通过父子一起做事来建立的，所以，父亲自然会投入更多精力帮助儿子发展体格和运动技能。当然，父亲也不会忽略儿子的智力、精神和情绪成长。但他们往往会把重点放在男孩的身体发育上，他们会带儿子修车、钓鱼、打棒球或者做木工。之所以倾向于选择这些活动，是因为父亲与儿子都是男性，可以一起比赛。这种竞争经常是下意识的，有时候也是公开的。有趣的是，母亲比父亲更容易察觉到这种竞争，因为她是局外人。

与此同时，母亲往往会把重点放在儿子的身体和情感的发展上。这并不是说，父亲不关心儿子的幸福，只是他们和母亲的关注焦点完全不同。由于我们是女性，儿子是男性，在某些方面，我们自然竞争不过他们。而且，我们更愿意用语言表达自己的感情，这使得我们更容易把重点放在儿子的身体和情感的发展上。

好母亲最重要的特质之一，就是在儿子自立门户之前，确保他深刻了解自己的人生目标。每个男孩都需要知道，他的生活是有意义的，他生来就具备独特的天赋，可以利用它找到自己的一片天地。我们看到，今天的

好妈妈 强儿子

很多男孩不理解自己存在的意义。他们想知道：我有什么可以贡献给世界？我对别人来说重要吗？如果他的家庭不完整，他就不知道自己的家庭角色；如果没人指导他的人生，他就认识不到自己的强项和弱项。更重要的是，他将不知道如何利用他的天赋为别人造福。只有认识到自己的天赋，并利用它造福于人，男孩才会开始明白自己的人生目标到底是什么。

作为父母，我们要帮助儿子认识自己的才能，从而帮助他建立自尊自信，但又不会变得骄傲自大。事实上，如果我们过于注重开发儿子的能力，或许会让他变成一个怪物——以自我为中心，目中无人。拥有和发展才能固然很好，但家长必须帮孩子找到平衡。此外，才能本身并不会让孩子明白他存在的意义和他在生活中的角色。只有不恃才自傲，谦卑地帮助别人，他才能明白这两个问题。

如今，高中男生的抑郁和焦虑程度在不断上升，20多岁的年轻男孩住在父母家，中年男子抛妻弃子，所有年龄段的男人都可能沉迷于色情、毒品或其他不良生活习惯。一般来说，出现这种情况是因为年轻人不认为他们的生活有真正的意义。我们的文化不鼓励年轻人找到目标、挑战自我，而是教导他们如何彼此竞争。从孩子上学前班开始，他就知道需要在人际关系中找到自己的位置。他比朋友们更擅长足球、钢琴或科学吗？我们会督促他寻找，直到找到一个可以立足的强项，然后让他在这个位置上获得自信。这无可厚非，然而这无益于帮助孩子获得自信，因为真正会让他们感觉良好的东西已经被我们忽略了：发现他们存在的意义。答案可能每天都会有所变化，但是每个孩子都需要知道，他的存在是有意义的。他要寻找作为男人的生命意义，这也是年轻男孩的主要驱动力。

与选择足球队和大学相比，这个问题更关乎生存和存在。许多家长不愿意谈论它，但它太重要了，不容忽视。无论是理解自己与父亲的关系还是寻求职业发展，每个男孩都需要知道，生活本身比他本人大得多，在宏观人生的某处，他有自己的位置。他存在的意义是创造超越自己的作品。如果实现这个目标需要从家庭开始，那么母亲能为孩子做些什么？难道孩子不应该自己去实现吗？你可能会这样想。但实际上，在当今的文化中，无论是学校还是社会，都没有重视孩子生活的意义或目的，而是把责任留给了家长。当父亲忙于教儿子如何投出完美的弧线球或怎么开车时，母亲的任务就是培养儿子强烈的自我意识。好消息是，孩子往往可以通过生活中的平凡小事理解存在的意义，比如执行简单的任务，体验日常的活动和特殊的事件，从而意识到人生的重要性。

帮助孩子寻找人生目的，不妨从教他某些基本的原则开始。

首先，他需要知道，生活大于个人。多数男孩被教导要弄清楚自己的兴趣和才能所在，然后必须学会如何开发这些天赋和兴趣，并磨练自己的技能，从而得到人生的满足。然而，成就不一定会让他们知道人生的目的，成功不一定是通往幸福的门票。抑郁带来的自卑、失望和巨大的悲伤不仅会出现在那些从未发现自我价值而无所事事的人身上，也会出现在功成名就的人身上。

对一个孩子来说，在人生初期了解自己喜欢什么、擅长什么、想要什么是最重要的。但是归根结底，除非他学会如何使用这些东西来帮助周围的人，否则他将永远意识不到他生命的真正目的是什么，也无法过上更充实的生活。家长们经常会犯的错误是，鼓励孩子达到学术、体育或其他方面的成功，但从来没有教他们使用这些技能来帮助任何人。许多成功者发挥了自己的才华，但却只是为了一己私利，而做不到主动地帮助他人。如果只让孩子注重他们想要什么、擅长什么（目的是帮助他们追求自己的幸福），并不能帮助他们看到自己生活在一个更大的范围之中（目的是帮助他人获得幸福）。以自我为中心、自恋的孩子永远找不到幸福。真正的快乐来自于实现人生目的，而不是以自我为中心。当一个孩子开始看到，他是一个更大世界的一部分，了解到更宽广的人性，他将学会如何跳出自我看世界，用他的天赋使世界变得更加美好；同时，他也将开始理解自己生活的深层次目的。

亚当在常青藤联盟学校主修英语。他告诉我，他为自己的学术成果感到自豪。在大学里，他结识了很多朋友，生活似乎一帆风顺。他想去法学院，但在申请之前，他希望花时间在律师事务所实习一下再作决定。亚当说，虽然他一直在寻找实习职位，但总有一种感觉在困扰他，仿佛他生命中的什么东西已经消失了。他经常在想，那是什么东西，但百思不得其解。"当我找工作的时候，有朋友问我，是否愿意去厄瓜多尔做医疗志愿者。我不知道他为什么找我，因为我根本没有理科头脑。他告诉我，他们需要一般的助理人员，教孩子如何刷牙，给当地人发维生素片等。由于我没有找到工作，于是我决定去。'为什么不去呢？我又没有什么可损失的。'我想。"

这是亚当第一次不是因为度假或者学术研究离开美国，他是去帮助别人，而不是提高自己的智力、情感和身体技能。他告诉我，在此之前，他的注意力一直在自己身上。他父母供他上私立高中，支持他参加滑雪、学习钢琴等活动。他告诉我，他感激父母为了让他过上美好生活而做出的牺牲。

"我们第一次在厄瓜多尔落地的时候，我根本不知道即将发生什么。我们下了飞机，坐上公共汽车到了一个偏远的地区。我们挨家挨户走访，那些房子上满是破洞，我见到穿着破衣烂衫奔跑的孩子，他们只能玩木棍，因为只有这一种玩具。我要不好意思地说，我很震惊。在此之前，我过的是无忧无虑的生活。因为我们只能在厄瓜多尔待一个月，所以我们的团队很快开始工作。我帮他们搭建了临时诊所，操着蹩脚的西班牙语讲授营养学的基本知识，告诉孩子们如何照顾自己的牙齿。他们如饥似渴地听着，看起来非常需要我的帮助。这次旅行让我感到深深的满足，老实说，我以前从没有这种感觉。当我和那些贫困的孩子在一起的时候，我觉得这就是我人生的意义。我是否应该搬到那里？我不知道。但我第一次意识到，我来到这个世界是有真实的目的的。人生不仅意味着发展自己的技能，打造一份令人印象深刻的简历，而是关乎某种更深刻、更博大的东西，我甚至无法形容它。但我知道我感觉到了激情的喷涌，这是以前从来没有过的。所以,我回到家就告诉父母,我不去法学院了。无论如何,我要努力进入医学院,帮助更多几乎享受不到医疗服务的可怜人。"

每一位母亲都有责任帮助儿子找到生活中能够触发他的激情的东西。当然,我们可以报名让他们参加课外活动和夏令营,帮他们申请最好的学校——这些都是很好的事。但是,我们不能简单地停留在那里,而必须帮助我们的儿子超越自我,服务他人。因为往往是在服务之中,他们开始理解人生更深刻的含义。

第二,母亲必须帮助儿子定位生命的意义。这个意义不仅包括实现个人幸福,因为让自己快乐是很简单的事情。当孩子很小的时候,母亲只需要喂他,陪他玩,或者让他做他喜欢做的事,就能让他开心。但当孩子渐渐长大,幸福的定义就变得更加复杂。青春期是一段黄金时光,它能真正促使孩子考虑寻找人生目标,而不是简单的幸福。明确的目标将会带来永恒的满足。所以,帮助孩子发现他的特长或兴趣所在,并引导他利用这些品质去帮助别人,将是使他们理解自己生活意义的最佳途径。

第三,母亲需要教导儿子,他不是生活在真空之中,他是社交动物,只有关心他人,才能明白生命的意义。他属于一个更大的群体,所以他不仅要为自己,也要为他人而活,他的所作所为都会影响到其他人。随着年龄的增长,女儿似乎会更加自然地掌握这些知识,也许是因为她们的成熟速度更快,对各种关系和情感更感兴趣。而男孩必须得到教育,从实例和教训中吸取经验,才能知道跳出自己看问题。有时候,他们会收到错误的信息。也许在不知不觉中,我们只鼓励他们超过朋友,但没有同时告诉他们这会对他们的友情产生何种影响。我们不仅要帮他们发展自己的强项,还应该让他们知道,他们做的每一件事都会对周围的人产生积极或消极的影响。当然,他们应该积极地影响他人,而非消极。

我们的孩子正在一个非常有竞争性的文化中成长。早在 3 岁的时候,他们就得学习字母表。男孩要学习如何跑得更快或把球踢得更好。孩子上小学后,我们希望他们进入快班而不是慢班,我们希望他们在第一足球队，而不是替补的第二足球队。当他们进入中学，我们希望他们能在自己的班上名列前茅，我们相信自己有责任帮助他们获得这样的成绩。如果他们学得吃力，我们就为他们找家教，因为希望他们出人头地，当然是超过他们的同龄人。等他们上了高中，我们开始筹划他们上大学的事情，尽力为他们准备一份含金量足的申请资料。他们的简历上必须出现了不起的分数、不同寻常的经历、志愿者的工作和出色的运动成绩。

大多数母亲的生活重心就是让孩子有个好前途。帮助他们成功并没有错，但我们必须认识到，成功可能对他们及其亲人产生负面影响，如果他们和我们不小心的话。比如，成功会让人有过度的优越感，轻视别人。我们都见过极端以自我为中心的孩子，没有人想和他们相处。要是不帮助、鼓励、教导孩子出类拔萃，我们就算不上好母亲。然而，与此同时，我们往往无意识地教会了孩子以自我为中心，只关心自我的发展。当今的世界充满竞争，结果导致家长过于关心孩子能否上一所好大学，找一份好工作，甚至在孩子很小的时候就要受到这些问题的困扰。

所以，我们必须回归正轨，摆脱这种不健康的模式——赚很多钱，找份好工作，住在不错的公寓里……但仅凭这些，孩子无法获得真正的满足，除非我们教导他们如何努力帮助别人。换言之，母亲可以把儿子培养成足球运动员，但是如果这无法让他感到深刻的满足的话，那么她是不是帮到了孩子呢？母亲可以帮助儿子上常青藤盟校，鼓励他找一份高薪工作，但如果他每天晚上形单影只地回家，没有朋友，是否能说他真正获得了成功呢？遗憾的是，母亲们有时急于追逐潮流，想要给孩子所有的好东西，为他争取巨大的机遇，以便确保他的成功。但问题在于，如果我们只知道带领，却没有点燃他们的激情，或者帮助他们找出能真正推动他们人生发展的因素，那我们给予他们的是什么呢？老实说，每一位母亲都希望孩子找到真正的幸福，而不是仅仅是"成功"。

我们都理解"施比受好"的概念，但却并不总是告诉孩子这是为什么。我们的儿子可以运用这个道理，以某种方式赋予生活真正的意义。这就是

第4章
你是他扎根的土壤

我所说的，教孩子们"以他人为本"，而不是自我导向。

有时候，在面对危险时，一个人会放弃自保，产生出帮助别人的倾向。这在战争中尤为明显。二战期间，维克托·弗兰克尔医生——德国集中营里的一个俘虏——写道，一次，一些饥饿的囚犯闯入粮库，偷走了一些土豆。卫兵告诉囚犯，除非他们供出谁是小偷，否则全营都将受到惩罚。"当然，"他写道，"2500名男人宁愿受罚，也不愿说出小偷的名字，因为他们知道，偷东西的人会受到可怕的惩罚。"

从弗兰克尔痛苦的集中营经历中，我们可以充分体会到生活的意义来自于我们与他人的关系。一次，弗兰克尔有机会和另外一些囚犯逃跑，临行前，他写道：

> 我快速巡视了我的同胞，他们蜷缩在木屋两侧破烂的床板上。我来到唯一一个奥地利同胞身边，他几乎快要死了，但我一直想要救他的命。我必须专心想着逃跑的事，但是我的同胞却觉得我有些不对劲（也许我表现出了一点紧张）。他疲惫地说："你也要逃走吗？"我否认了，但是，我发现很难回避他悲伤的目光。巡视完毕后，我回到他那里，他还是绝望地看着我。不知怎么，我觉得他是在无言地控诉我。这种不快的感觉越来越强烈，突然，我决定这一次把命运掌握在自己手中。我跑出木屋，告诉同伴，我不打算和他逃走了。当我告诉他，我决心要和我的病人在一起时，那种不愉快的感觉就离开了我。我不知道接下来的日子会怎样，但我已经得到了我从未经历过的一种内在的安宁。我回到了小屋，在木板上坐了下来，在我同胞的脚旁，试图安慰他……

弗兰克尔的故事告诉我们，当人们选择去帮助别人，把朋友、同事，甚至陌生人放在自己的需求之上时，他们会发现深切的平安和喜乐，即使在最恶劣和最不人道的条件下亦是如此。请注意，弗兰克尔告诉我们，当他决定为了朋友留下来时，"不愉快的感觉"离开了他，这是我们绝不能

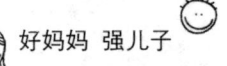
好妈妈 强儿子

错过的故事的关键点。当弗兰克尔决定自己逃出集中营时,他感到不安,因为只能实现自保的行为让他觉得不满足。但是,当他有意识地选择为了同胞做出牺牲时,他的不安离开了,平安来到他的心间。

很多孩子从来没有体验过这样的满足,因为他们没有牺牲过任何东西。当然,我们绝不希望他们遇到弗兰克尔这样可怕的情况,但其中的道理是相同的——以自我为中心不会产生喜悦,为他人服务则不然。作为母亲,我们努力让孩子生活得舒适、愉快,尽可能简单。但是,我们还需要教他们如何去爱,如何为他人服务,以及如何设身处地为别人着想。

海伦娜在威尔8岁时就是这样做的。威尔出生时有眼部疾病,需要多次手术,这占据了他童年早期的生活。第四次手术后,他告诉母亲,在医院里玩他的大象玩具让他得到不少安慰。他可以假装大象是一个人,这让他觉得安全。那时,他有了一个主意,他对母亲说,同一楼层的小病友没有这样的玩具,所以下一次来做手术时,他想多带点玩具分给小朋友们。问题是,他没有足够的玩具分给每一个人。于是,海伦娜买了很多玩具送给其他做手术的孩子。后来,威尔和他母亲收集了足够的玩具,放在车库里,甚至都没有地方停车了。威尔亲口告诉我,他是怎么收集玩具的。我能从他的表情和语气看出来,他很自豪、很兴奋,他爱帮助小病友们。收集和分发玩具让他有了目的,获得了深切的平安。

我们要帮助孩子发掘生活的深层意义,找到人生的目的。我们要做的可以很简单,比如帮助他们收集填充玩具。但是,帮助他们找到人生目的总是以鼓励他们为别人服务作为开始。

接纳与滋养他

良好的土壤接纳和滋养庄稼,使其成长达到很好的平衡。这也是母亲需要做的,以便让我们的孩子生长出健全的根系。但是,做到平衡、接纳并愿意迎接一切挑战是非常不容易的。在放手之前,我们首先要坚强。很多时候,我们都想放弃,感觉自己受够了,但我们不能这样。我们需要以包容的胸怀处理自己的感觉，然后决定怎么做。母亲的角色要求我们采取理性行动，即使有些时候我们想要跟从情绪的主宰。在必要的时候，我们需要做到充耳不闻（我也很难想象自己完全不去关注儿子在做什么）。当我们或孩子犯错误时，我们要祈求上帝把一切都纠正过来。

那么，如何才能面对这样一个艰巨的任务，成为儿子的好土壤并让他们扎根呢？凭借我们辛勤的汗水！

首先，我们需要认识到，我们必须尽一切必要的可能，实现生活中的平衡。这是我们确保自己成为良好土壤的先决条件。许多母亲努力寻求这种平衡而不得，原因有很多，最常见的是，我们试图将所有的东西给所有的人。当我们做这件事时，就会耗尽所有能量。难道你没有见过朋友们为了兼顾工作、婚姻、孩子和家务而精疲力竭吗？事实是，我们无法兼顾一切，我们的身体和精神吃不消。

我经常看到 30 多岁的年轻母亲灰心、疲惫。她们努力成为伟大的母亲和女性，工作认真，体贴丈夫，更不用说善待自己的父母、兄弟姐妹和朋友。难怪有这么多妈妈受到焦虑和抑郁症的困扰。我们把自己推到了崩溃的边缘，反过来又影响到家庭中的每个人。我们为什么要这么做？我相信，很大一部分来自于隐藏的同侪压力。这是詹姆斯·多布森博士在《养育男孩》一书提到的"毛毛虫原则"。他引用了法国博物学家让·亨利·法布尔做的研究。在实验中，围绕一个花盆的边缘，法布尔一字排开许多毛毛虫。三天之后，他发现它们在一个永无止境的圆圈周围游行。在第三天结束时，法布尔在花盆中央放了一些松针（毛毛虫喜欢吃松针），看看这些饥饿的小虫能否找到吃的。结果，毛毛虫们继续转圈，直到一个接一个地饿死为止。作为母亲，我们当然比毛毛虫聪明，但是，我们正在做类似的事情，因为周围的母亲们都在这么做。你不相信吗？不妨问问自己：你会不会拿自己儿子的举止、成绩、体重、外貌和他的同学比较？你会不会想让他参加别的体育项目，给他请家教，或者给他买漂亮衣服呢？如果是这样，你可能就是屈从于同伴的压力。

好妈妈 强儿子

我并不是一味指责,而是有亲身经历。我记得,当我的孩子们小的时候,一天晚上,我在做饭,孩子们坐在桌边做手工,一道光从客厅前窗一闪而过。我过去查看是怎么回事,发现是我的邻居晚饭后带孩子出去练习滑雪。当时是晚上六点,而我看到另一个邻居也带着孩子出去了。那个时刻,我在想:"我是个什么样的妈妈啊,人家都带孩子出去玩,我的孩子们却在厨房的桌上做手工。"我感到内疚,觉得自己做得不够。为什么会这么想呢?不是因为我的孩子们真的需要学习滑雪,而是我想和其他毛毛虫一样转圈。我敢打赌,你也做过同样的事,尤其是对你的儿子。

做真正的好母亲,就是要不断地反省自己,我们是否在关心孩子和爱护自己之间达到了良好的平衡。我们需要在情绪和精神上供养我们的孩子,可如果我们用尽了所有的时间随大流的话,那将是非常困难的。我们疲惫的原因是我们试图做的事情太多了。我们只顾照顾孩子,却从不为自己的健康和乐趣花时间。我们不需要除了睡觉,每分每秒都和孩子在一起。我们需要照顾自己,这样才能有心理、情绪和身体方面的能量去满足孩子的需要。我们要下决心离开毛毛虫圈,做我们相信对孩子和自己最好的事情。问题在于,我们不总是能看得清楚,因为我们太专注于模仿朋友和同龄人的育儿方式。可是,为了你自己,以及你和儿子的关系着想,请务必做到这一点。社会需要勇敢的妈妈自愿做出艰难的抉择。

父母们经常征求我的意见,比如他们需要为孩子做什么?应该怎么管教孩子?青少年需要宵禁吗?我的回答经常让母亲们觉得意外——重点不在如何育儿,而在于父母如何照顾自己。因为25年来,我已经学会了一个深刻的道理:如果你不快乐,你的孩子也不会快乐。

这并不是提倡自私,而是试图帮助疲劳的母亲。在工作和家庭方面,母亲们往往会自我寄予一些不切实际和不健康的期望。我们经常感到内疚、恐惧、怨恨,因为大多数人无法在处理多个任务的同时保持健康。孩子需要一个心态平和、自我感觉良好、安于自己的生活、会合理休息的母亲,而大多数母亲在孩子(即使他们是婴幼儿)面前的形象却是疲惫、烦

第 4 章
你是他扎根的土壤

躁、感情用事的。良好的土壤意味着你会好好照顾自己，这样才能找到平衡点。"母亲和孩子越忙，说明母亲越称职"的说法是根本错误的。

因此，有的母亲拒绝在晚上参加会议；有的母亲允许孩子每个学期只参加一种活动，这样她们不用放学后开车带着孩子跑来跑去；有的母亲找到可以在家做的工作；有的从事兼职，放弃额外的收入来换取更轻松的生活。你要建立边界，不要苛求自己，因为这是你觉得烦躁的真正原因。如果你觉得无聊，可以回校园充电。我不知道你需要什么来平衡自己的生活，但你确实需要平衡。为了孩子，你要变得强大。无论你如何确保生活的平衡，不要后悔你做出的选择。

还有，很多母亲认为，过有平衡的生活意味着每天或者每周只做一点点事。对一些母亲来说，这样是管用的。但对于很多妈妈（比如我）来说却不管用。许多妈妈不喜欢事情只做一半就暂停。对我们这样的女人来说，能锻炼 30 分钟却只练 10 分钟，或者只做兼职工作是不可能的。有的人坐一会儿就能吃下一整包奥利奥饼干。而对于我们来说，平衡似乎是一个仅有几个字母的单词，但它需要以一种你不熟悉的方式表达出来。

以下是我给那些什么都想做的女性的建议。

无论你做什么，你将来都会死。如果你真的需要做些什么，你将会有足够的时间去做，因为它们并不都需要在一天内完成。如果你想拥有成功的职业生涯，还要教育好四个孩子，请按顺序来，不要选择在同一时间内完成，否则压力会耗尽你的能量。很多女人忘记了，把孩子带大后，还有几十年来成就事业。如果你想参加铁人三项，不需要在孩子四个月大时就报名，请先享受和孩子在一起的时光，等他长大了你再参加比赛。有的母亲不得不工作，我想对她们说，想办法给自己找些时间。这样，你会在孩子需要你的时候更好地满足他们。你可以推迟做某些家务，花时间陪伴孩子。

在完成医疗培训之后，我回到家，花了几年的时间陪伴我的孩子们。我的朋友和同事跟我说，我是在"浪费受到的医疗训练"，他们认为我永

好妈妈 强儿子

远不会回去工作了。他们错了。当时,他们的看法确实动摇了我的信心,但我的决心没有受到影响。我知道,总有一天,我需要为自己的生活而努力。所以,当孩子们长大后,我回去继续做医生。作为一个侧面的说明,我要提到我的同事威尔·阿奎拉医生——肥胖专家和作家——的观点。他说,女性出现饮食障碍(主要是肥胖)的最常见原因之一,是由于她们"试图将所有的东西给所有的人"。他告诉我,她们根本无法做到这一点,所以只能从食物上寻找慰藉。在这种情况下,她们的健康以及她们的孩子,都要付出代价。

最近,有个妈妈带着她的双胞胎儿子来找我。她生完孩子还没出院的时候,就开始打电话找保姆,因为她准备六周后回去上班。她压力很大,结果两周后回来检查时,出现了很多产后抑郁症的迹象。当我委婉地告诉她,她需要更多的休息时间时,她泪流满面。她完全不想回去工作。我问她为什么要回去,她说,她爱她的工作,她尊重她的老板,不想辜负对方。毕竟,她工作过很多年才晋升到现在的职位。

"我看起来像个傻瓜、一个懦夫。"她告诉我,"我很害怕,如果我不干了,我会感到厌烦,还会憎恨我的孩子。"

我很为她难过。她不敢对任何事放手,她害怕失败,怕自己是一个坏妈妈。我问她觉得怎样才能减轻一些压力,改善她的忧郁,让她和儿子们的生活尽可能精彩。

她毫不犹豫地回答:"哦,这很简单,退出我的工作。"

我觉得,连她也被自己回答速度之快震惊了!"那就大胆去做。"我告诉她。

她看上去很吃惊,盯着我,说:"不可能!"

"可是你刚才告诉我,目前来说,这是对你的健康和孩子最有利的事情。"我说。

我们说来说去,结果她感到很犹豫、很痛苦。因为无法更多地陪伴新生的孩子,她觉得内疚。但是,她也为自己想辞职而羞愧。她觉得辞职是对不起自己，因为那是努力工作换来的职位。她也担心放弃事业会被人看不起，而且过去每周工作 70 小时的辛苦都白费了，连孩子也不会尊重她。但总的来说，我认为，她是觉得害怕。在内心深处，她害怕改变主意，害怕做自己感觉需要做的事情。我理解她。我本人多次经历过这样的感受，也和无数有过此困扰的母亲们交流过。但我至少学会了一件事：出于恐惧的行为很少奏效，真正有效的是选择坚强。但是，现实确实吓人。你要听从自己的内心和直觉，为自己和孩子们创造更美好的生活。由于害怕改变而停留在老路上是一个可怕的错误。我告诉她这些，并且欢迎她成为全职母亲。

"真正的好母亲会做出艰难的抉择。"我说，"她们不会后悔。所谓坚强的母亲，是指具有钢筋铁骨，永远做出最适合孩子选择的母亲。这样做绝非易事，因为你周围的许多人，包括朋友和家人，会觉得你疯了。"

成为良好的土壤，有时意味着必须做出艰难的选择，不只是为了自己，也是为了我们的孩子。很多时候，这意味着必须做点什么，因为我们需要，而且也想这样做，以便为孩子提供一个满足、快乐的妈妈。事实是，比起家教老师、更漂亮的衣服、更多的朋友或更好的教练，他们更需要我们有个好心情。请记住，我们是他们最早扎根的土壤。

来自母亲的三堂课

很多男性在被问起是从哪里学到了勇气、接纳和原谅的时候，都会迅速回答你，他们是从母亲身上学到了这些。是母亲把输掉比赛的儿子接回家，见证他在车后座强忍泪水；是母亲第一个看到儿子的成绩单，相信他下个学期会更好；是母亲打心眼里相信，儿子能够鼓起勇气向女孩表白，或重新申请梦想中的大学。我们鼓励和支持儿子，是因为我们相信自己的儿子，这对我们来说再自然不过。我们能够把儿子视为一个整体，而不会把他划分成不同的属性或角色，那不是我们的思维方式。母亲会接受儿子

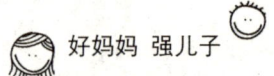

难以对付的事实，也会接受儿子身上讨人喜欢的特质。

第1课：勇气

康纳还是小男孩的时候，有轻微的多动症，还有点自以为是。他的性格和母亲玛德琳有些相似，而玛德琳明白自己应该怎么做。康纳非常倔强，和她小时候一样，他们经常吵架，从穿什么鞋和衣服上学到参加什么体育项目，无所不包。

随着康纳的成长，他开始对摄像感兴趣。实际上，他在这方面很有才华。14岁时，当地的公司聘请他帮忙拍摄一些活动。不久以后，他就开始自己编辑和制作电影。对他来说，学校成了拖累，他根本不愿意上学。所以，高中毕业后，他决定去电影学院。

他在电影学院学了两年，但发现那里的知识还是太学术化了。于是，他的热情开始消退，想改行。这打击了玛德琳，因为她觉得康纳年龄太大了，改行太晚了。但康纳还是离开了电影学院，他决定告诉母亲自己另一个不为人知的梦想——成为海豹突击队队员。玛德琳惊呆了，这个梦想似乎和他所追求过的完全不同；而且，缺少必要的指导，它是无法实现的。最重要的是，康纳很害怕自己不够格，他并没有完成大学学业，他已经放弃了自己追求的电影梦。玛德琳担心他无法接受失败，因为不被海豹突击队录取的几率是很大的。但是，玛德琳最终决定让康纳接受挑战。当他战战兢兢地说出他的秘密梦想时，她没有让他知道她担心他无法实现。她让他去承担风险，看看自己到底能否成功。然后，她逼自己接受这个决定，并且密切关注儿子的努力。

这是10年前的事情了。自从玛德琳鼓励儿子挖掘自己的潜力和勇气之后，康纳不仅进入了海豹突击队，还成了执行绝密任务的精英队员。这样高端的军事任务要求他们具有最高水平的身体和精神条件，以及难以想象的巨大勇气。在康纳努力的过程中，玛德琳花了很多个夜晚，鼓励他不要害怕失败。她从来没有告诉过他，失败"是不是一个选项"；相反，她告诉他，失败很可能会发生，但那是可以接受的；除非他有勇气去尝试，否则永远不会知道自己能否成功。

母亲通过自己变得坚强来培养儿子的勇气。实现简单的目标不需要勇气，尝试失败率很高的任务则相反，而此时正是母亲发挥作用的时候。我们可以教儿子去冒险，不害怕失败。因为即使他们失败了，我们依然会爱他们，接纳他们，帮助他们重新站起来。他们也知道这一点。

第2课：认可

男孩需要两种形式的认可。

首先，他们需要知道，父母能够认可他们。认可并不意味着忽视他的缺陷，或者假装他没有犯过错误。我们的意思是："是的，你没有做到，但你至少尝试了，现在你可以向前看了。"知道自己被爱和被认可是孩子获得情绪幸福感的关键。没有得到认可的男孩，一生都会去寻找它们。他们真正觉得自己被认可的唯一途径是，走出去，积累经验，然后看我们作何反应。

最好的表达认可的方式是，在他们觉得自己不被爱的时候向他们展示爱。为他们的成功欢呼固然重要，但是在他们失败的时候告诉他们，我们为他们的努力感到自豪，我们会永远爱他们，这更重要。当你的儿子考试不及格，或者没能进入喜欢的球队，在这样的时刻，不妨带他出去吃冰淇淋。让他知道，虽然遇到这样的困难，但这不会定义他是谁，也并不说明他是失败者；让他看到你的感情和爱；让他知道他拥有出色的潜力，能够过上美好的生活。

每当孩子因失败而对自己失望时，你可以将之视为一个教他接受教训的机会。让他知道，你接受他的失败并仍然爱他，所以他也可以接受自己的失败，继续冒险。

其次，母亲要教会儿子如何平等地接纳他人。身为女性，我们在不同的专业和社会领域都可能受到不公平的待遇，这就是为什么它是如此

好妈妈 强儿子

重要：教我们的儿子去爱和接受所有的人，无论性别、种族、宗教或健康与否。

詹姆斯告诉我，这是他母亲教他的最重要的道理。他3岁时，母亲生下了他的妹妹艾莉，她患有严重的脑瘫。她无法说话或走路，她的手臂朝着躯干一侧弯曲。他在一二年级的时候，母亲的朋友曾善意地问她如何照顾残疾儿童，母亲却抑制不住怒火。"他们对她说话时，似乎觉得她应该庆幸我妹妹寿命短，因为她一直需要人照顾。"詹姆斯告诉我，"我甚至记得，我想知道她为什么生气，因为我也觉得妹妹很难养活。后来，我问她为什么生朋友的气，她说，她认为我妹妹和我一样好。我立刻就明白了她的意思，这并不是说她不够爱我，而是她比我所认为的更爱我的妹妹，她像接纳我一样接纳了我的妹妹。"

当詹姆斯长大以后，会帮忙照顾艾莉，给她当临时保姆，喂她吃饭，开车送她去她的毕业舞会。多年来，詹姆斯看着他的母亲拒绝因为妹妹的残疾而向任何人道歉。他看着母亲带妹妹出去玩，和他一起去餐厅，去度假，到妹妹的班里帮忙。

"我认为，因为我的妈妈，我学会了真正去接受一个事实——所有的人都具有同等的价值。她不仅像健全人那样对待艾莉，也让我知道，艾莉的生命价值和其他任何人的生命价值是完全一样的。这对我产生了巨大的影响。我也通过观察我母亲的朋友，学会了如何接纳他人。我母亲有个朋友叫切丽，她们关系很好，因为切丽的儿子里德患有唐氏综合征。他比我妹妹小5岁左右，但他很强，可以去上学，有很多朋友，说话也非常好。他现在仍然是一个了不起的家伙。我的母亲和切丽成了亲密的'战友'。"

我知道他还没有说完，但他默默地坐了一会儿才开口。"无论如何，就像我说的，我会开车送妹妹参加她的毕业舞会。你一定想知道这是为什么，因为她不会跳舞，她无法说话。大多数人都会奇怪，为什么她会去舞会？她去是因为里德让她去。他打电话给我妈，问他是否可以护送艾莉去舞会。我妈妈哭了起来。里德租了燕尾服，给艾莉买了胸花。妈妈带艾莉到一个理发店做了头发，还在她头上装饰了彩带，为她买了可爱的蓝色舞会礼服。艾莉准备好了，我开车送她去里德家，并把他们送到了学校。当我们到了那里，他跳下了车，为艾莉开车门。他帮我把她的轮椅拿下了车，我们非常郑重地帮艾莉坐在上面。他坚持要推她进去，所以我同意了。我站在后台，看着他与艾莉。他是如此友善，他给她喝饮料，推着她的轮椅到舞池里，轻轻地转着圈。他一边跳舞一边推着她。我看到我妹妹的脸，她面带微笑。这让我哭了起来。"

艾莉能去舞会，是因为她的母亲对她倾注了爱，让她有能力去。里德陪她参加舞会，因为他的母亲教导他善待他人。詹姆斯从两位妈妈和两个年轻人身上学到了功课。看着母亲抚养艾莉，他知道，人生最大的乐趣来自我们学会如何照顾别人。

第3课：宽恕

平时，我们不会把宽恕当成教给孩子的重要功课，但是我们应该做到。原因很简单，能够原谅别人的人，才会成为更快乐的人。没有什么事能比原谅一个曾经深深伤害了自己的人更让人觉得轻松的。

谈到原谅，人们往往需要在向别人倾诉自己的苦恼之后，才能做好原谅的准备。当然，有的人不用和朋友谈心就能做好准备宽恕别人。但根据我的经验，通常需要第三人来帮助、促使一个人去原谅得罪他的人。困难之处在于，人们不会总是愿意和别人谈论自己的失误。当他们冒犯或伤害了别人时，可能不会告诉别人。因此，我们需要教孩子如何坦诚说出自己受到的伤害，甚至说出他们曾经施加给别人的伤害，从而让他们原谅伤害自己的人。

迦勒13岁时，他的父亲抛弃了他和两个妹妹以及他的母亲。"他告诉我们，他要去出差，只是再也没有回来。我永远不会忘记，那天早上，他走进我的房间，拍拍我的头，告诉我，他爱我。"迦勒37岁时告诉我这个故事，我仍然可以听出他声音中的痛苦，但我听不出怨恨。我很为他伤心，但他告诉我这个故事时，并没有表现得非常难过。至少，悲伤并没有控制他，他过着充实的生活。

我很想知道他的母亲是怎么处理这样的困境的，便问他，她是否做过什么来帮助他和他的妹妹。

"对于我的妈妈和我们来说，那段日子很可怕。我们无法为母亲做什么，她哭得很伤心。她告诉我们，父亲离开是因为他有困难。她没有告诉我们，他有一个女朋友，但我们都怀疑有这回事。他出差的时间越来越长，经常和我母亲吵架。其实孩子们知道的要比父母认为的多得多！"我点头表示同意。"我的父亲走后，我上了高中，一切全乱套了。我喝酒、吸毒，万幸的是，我没有让女孩怀孕。我的成绩一落千丈，我和问题少年混在一起。我的妈妈慌了，因为我正走在自我毁灭的快车道上。我一直知道这一点。有的人会说，孩子不知道他们在做什么，对吧？他们错了。至少我的医生们是错的。我清楚地知道自己在做什么。"他继续说，"我的妈妈是个坚强的人。她严格要求我，尽力遏制我，结果她的办法在许多方面生效了，至少暂时如此。她知道我需要男人的帮助，而她不是男人，但她尽了全力。她也明白我的状况，她从我的衣服、毒品、女孩和成绩里知道了真相。我永远不会忘记那一天，我回到家的时候，她在厨房里算账。当我走进房间，她抬起头看着我笑了。不只是那种'嗨，你今天惹了什么麻烦'的笑容，也是慈祥的笑容，让我觉得她真的爱我。她问我是否愿意坐下。出于奇怪的原因，也许我只是厌倦了，我坐下了。"

迦勒停了一会儿。那时，我们在打电话，所以我看不到他的脸，但我觉得他是在忍住泪水，不是悲伤的眼泪，而是感激母亲，被她所震撼的眼泪。"我永远不会，永远不会忘记她接下来跟我说的话。她说：'迦勒，你很快就18岁了，你是个男人了。问题是，你表现得像个孩子，这是因为你爸爸吗？'我哽咽着告诉她：'绝对不是。'她等待着，盯着我看了很久。然后——我不相信我会让她这么做——她伸手拍了拍我的胳膊。'他给你造成了很大的伤害，但他不是个坏男人，你也不是个坏孩子。它只是发生了而已。现在，你需要原谅他。'我永远不会忘记我变得多么愤怒，原谅我的爸爸？他把我们害得这么惨！她怎么能这么说？我觉得她背叛了我，夺走了我生气的权利。我朝她尖叫，怒气冲冲地离开了房间。然后，我想起她说的话。几天后，我问她是否已经原谅了他。她说：'我正在尝试原谅，那种感觉既舒服又难受。'接下来的几个月里，在某种程度上，我理解了她的感觉。她是个了不起的女人。我可以诚实地说，当她对我那样说的时候，有什么东西离开了我的脑袋。一旦我听了进去，我的生活就改变了。我不知道这样说是否夸张：我妈在这期间救了我的命。"

宽恕的力量改变了人们的生活。希望你的儿子永远不会体验到迦勒体验的那种痛苦，但你要知道，如果他遇到了类似的麻烦，那么他真的可以通过宽恕，把自己从愤怒的囚笼中解放出来。幸运的是，他可以学习。虽然对你来说这很难，因为你需要教他，重大的课程都来自家庭。

我们必须教导儿子的关于宽恕的第二堂课，是如何请求别人宽恕。这比宽恕别人还要难，因为他们必须承认错误。有的孩子容易道歉，如果你有一个敏感的孩子，他可能会很快认识到自己的错误。然后，你必须做的是，帮助他认识自己的错误是否会伤害其他人，如果构成伤害，你可以帮他跟那些人说他很抱歉。有的男孩比较强硬，会当着你的面做他知道不该做的事，比如拉妹妹的头发，从朋友那偷玩具，还坚持说他没有做错任何事情。这些都是常见的情况，最棘手的情况是，一些小男孩会长期拒绝相信自己竟然能犯错误。最好的办法是，坚持告诉他们，他们确实犯了错误，给他们空间和时间反省。如果你没有看到他们犯错的过程，那么你必须做出主观判断，决定你是否认为他们有错。

大多数男孩都会经历一定的拒绝期。重点在于教会他们面对真相，不管他们是否愿意承认这一点。你不需要坚持让他们承认自己有错，这可能使局势复杂化；不妨简单地说明发生了什么，然后给他们分析后果。随着时间的推移，他们会放弃自己的否定并逐渐接受，学会知错就改。让倔强的男孩道歉更难。不过，即使他们难以被说服，你也必须强硬，因为承认错误并请求原谅，关乎他成年后的幸福。如果你不重视这一点，你的儿子可能陷入悲惨的境地，或者至少给亲近的人带来痛苦。一般的规则是，对于小孩子，应鼓励他们说抱歉。这是由于他们的注意力容易分散，时间概念也和我们不同。如果你的儿子3岁，打了他的妹妹，他应该立即受罚，并且道歉。不要担心道歉是不是发自内心的。如果你等他主动道歉，可能会等上好几天。所以，你要让他马上道歉，以便养成他意识到自己做错事立刻道歉的习惯。

家是他的归宿

在某种程度上，结婚超过两年的女人会很不情愿地承认，她会或多或少地把丈夫当成儿子看。有些妻子认为这是积极的，有些则会反感。但是，不管我们喜欢与否，这是一个普遍的现象。女人的母性会促使我们关爱走进我们生活里的男性，照顾、纠正和安慰他们。我们试图尝试每一种可能的方式，使他们的生活更美好。在这方面，很多人都做得非常好，与母亲关系牢固的儿子也会骄傲地承认这一点。在抚育儿子的过程中，我们会让他们做他们不擅长的事情，帮助他们更好地沟通，学习遵守纪律，教给他们各种无法自学的东西。在某些方面，他们依赖于我们传授的经验教训。

这样做没有什么心理或情感上不健康的地方，除非它妨碍男孩变为成熟男人。大多数母亲会意识到这种情况的发生，并加以适当的处理，不会拼命想要控制儿子，非让他们依赖自己。然而，即使儿子已经以健康的方式摆脱了依赖，他们也愿意享受母爱的舒适，所以他会从别的女性那里寻找母爱，他们喜欢女朋友像他母亲那样做饭，希望妻子像母亲那样安慰他们。所以，在成年初期，男性通常会寻找那些以成年人的方式带给他关爱的女性，但这种方式必须能够反映他母亲的风格。男性倾向于靠近他们熟悉的东西，因为早期的童年经历已经有力地塑造了他们的行为。

男性在成熟过程中，往往越来越渴望回到他的根源。我采访过一些年长的男性，比如一位资深的军方人士。他年纪很大，曾经参加二战。他跟我提起战争的艰辛，回想起他的战友，告诉我一些他平时不会讲出来的故事。他曾是战俘，目睹朋友们丧命。数十年过去了，当时的感觉却没有改变。其中有一件事给我留下了更深的印象。他说，他常听到男人们在战场上哀叫自己的母亲，因为他们觉得自己快死了。内心深处的东西驱使受伤流血的他们想要得到母亲的安慰，因为他们小的时候，是母亲抱着他们、亲吻他们、爱抚他们。当一个男人走到他生命的尽头，自然会希望回到母爱的怀抱之中。

教他怀抱希望

母亲必须让儿子知道，除非他怀有希望，否则找不到生活的意义。如果认为最好的阶段已经过去，生活无法再变好，或者什么都不会改变，那么人势必会陷入绝望。我们要教儿子不断地向前看，这是保持人生意义的关键。通常，我们如此专注于确保儿子生活舒适、有竞争力，却忘记教他对未来充满信心。他不仅需要知道未来等待着他，也必须明白，他能对未来做出决定——他可以选择如何生活，相信更好的日子还在后面。

作为母亲，我们知道，生活中的困难在所难免。儿子小的时候，我们就试图让他们免于受到伤害、欺负和虐待，但我们不能总是阻止坏事发生在他们身上。很多时候，当我们看着他们受到伤害，很难说谁更难受——我们还是他们。但教我们的儿子如何以积极的态度面对生活，守住希望，就能创造他们的未来。我们必须小心地教给儿子这个极为重要的技能。

绝望会带来毁灭性的打击，让人无法体验生活所提供的最美好的东西。如果我们在绝望中生活，就会相信总有黑暗在下一个转角处等待我们。对未来没有憧憬的人，不会期待活下去，他们会觉得自己没有用。即使吃够了苦头，如果一个人认为自己的生活是有意义的，那么他的苦难也就有意义，他就能忍受苦难。

好母亲的任务是教儿子在看上去黯淡无光的时刻怀抱希望。在生活安

好妈妈 强儿子

稳时给他们希望是容易的。当你的儿子进入学校最好的足球队，球队成绩很好，他对胜利满怀期待，生活也显得很美好。当你的儿子进入他理想中的大学，他会充满希冀，因为他觉得未来在自己掌控之中。一个年轻人可以期待成功，但这与怀抱希望的感觉不同。成功并不能解决所有问题。当他离开足球队、从大学毕业、找到第一份工作的时候，他可能会发现，即使在一片成功的欢呼声中，也会觉得空虚。他会感到奇怪，为什么自己反而不开心？这是因为，怀抱希望与外在成功没关系，它是由内在决定的。希望告诉一个人，好的事情会发生，无论他现状如何；希望会让一个人深切地感觉到未来会更好，这使他深感满足；希望为生活赋予灵魂。母亲教儿子怀抱希望，最好的办法就是以身作则。无论孩子多大，你都可以对他说，你有信心，事情最终会进行得很顺利。宗教信仰会让你的希望更有根基，因为它帮助你把自己对未来的信念交到一个比你更强大的存在手中。

儿子小的时候，他会把全部信念放在你身上，因为你为他提供一切。但是，当他长大，就会开始看到，你是不完美的，你也会犯错误，并让他失望。因为母亲也是人，人都有局限性。好消息是，他不仅可以把信念放在你的身上，还可以信靠上帝。

怀抱希望是一个必须做出的决定。希望不是一种感觉（虽然我们可以感受到希望），而是我们在遇到困难时做出的一种选择。当你的儿子面对困难，不明白为什么某些事情发生在他身上，或者觉得他的生活没有任何目标的时候，请和他谈谈，选择你知道他能听得进去的时间和地点。告诉他，一切都会好起来，虽然情况现在看起来不好——这是一种选择，他可以做出这个选择。

教导孩子怀抱希望时，你可以徐图缓进。如果他测验考砸了，你可以向他保证，他能考得好，并告诉他，你会在接下来的时间里帮他。在他被解雇，没能进入理想的大学，或者被女友抛弃时，他会变得很脆弱。在这些时候，你要抓住机会，告诉他要有信心，他会找到另一份工作、在另一所大学实现梦想，并且认识新的女孩。让他知道，幸福可能就在下一个拐角处等着他。无论是失去一份工作、一所大学还是一个女友,都无法毁掉他的人生。

永远接纳他

之前我提到过教会孩子接纳的重要性。现在我想讨论的是,接纳你的儿子。虽然很多教育理论都提倡我们应该无条件地爱自己的孩子,然而事实是,大多数母亲并不擅长这一点。因为某个人是他自己而去爱他和接纳他,这并不容易做到。有时,我们会告诉儿子,我们爱他们,但不喜欢他们做的事。但孩子们希望,我们能像他们接纳我们的爱一样完全接纳他们,而我们的话与他们的期待恰好相反。

每一位母亲都对自己的孩子有所希望和期待。当他们出生时,我们会在心中想象他们会成为什么样的人。通常情况下,这个形象来自于我们对他们的期望,是我们的儿子在不同年龄段的理想版本:他在班里数学最好;他比同龄人更早学会认字读书;他善良而富有同情心;他将成为足球场上的最佳球员或棒球队里的最佳投手……但当他长大后,他不擅长数学、不爱好踢球或投球;他有一个大鼻子或生了可怕的粉刺;他甚至不希望完成高中学业。我们深感失望却不愿意承认,我们觉得自己成了某种程度上的失败者。如果孩子智商低下,我们会认为自己是罪魁祸首,反复回忆怀孕时是不是吃错了东西。如果孩子有惊恐症或抑郁症,我们会感到烦恼,拼命想知道自己做错了什么。"搞砸了"的情绪包裹着我们。看着孩子,我们甚至会不断地想起不愉快的事情。

根据我的经验,我们可以通过以下几点更好地爱和接纳我们的儿子。

◎ 经常看着他的眼睛。没有什么沟通效果能比看着儿子的眼睛微笑更好了。这是一个简单而又非常有效的传达爱的方式。

◎ 不要被他吓到。男孩会通过吓唬母亲的方式期待得到她的关注。让你的儿子知道,你早就接纳了他,全身心地爱他。这样,他就不觉得有必要

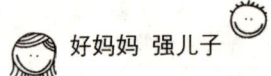
好妈妈 强儿子

做愚蠢的事情来试探你。

◎ 尽量不要慌乱。如果儿子知道母亲是坚强的，就会明白母亲能接受他遇到的任何事。

◎ 不要一味指责。当你的儿子犯了错误或者受到伤害，你只要谈谈事情的经过，分析后果给他听；如有必要，讨论他做了什么。最重要的是，让他学会宽恕那些伤害了他的人。同时，原谅他自己，这和宽容别人一样重要。

◎ 不要重提过去的错误。母亲们可能会提到孩子过去犯的错误（通常是在争吵的时候），这样做于事无补。

◎ 原谅他。很多时候，儿子会直接或间接地伤害我们，他们可能会做一些残忍的事情。不管我们承认与否，我们可能会很生气，因为他们让我们失望。我们要在心中原谅他们。

教他找到人生目标

当你的儿子觉得压力重重的时候，如果能够遵循几个基本原则，就能找到清晰的目标——他觉得自己已经失去了它。母亲需要告诉他，他不是偶然来到世界上的，他被深深地爱着，他的人生有一个目标。如果你的儿子不清楚这一点，他将很难在成年后找到自己的位置。他需要知道，他有一个独特的、珍贵的、需要实现的人生目标。这个目标看上去好像非常神秘，而你注定要帮他找到这个目标。所有孩子都可以找到自己的人生目标。

首先，他必须明白，自己具备一定的天赋和才能。它们可能是智力、运动天赋，或仅仅是他性格中的一个元素（比如特别富有同情心和耐心）。你的任务是帮他找出这些天赋，并帮他发展它们。幸运的是，作为一个女人，你在这方面拥有长处。通过你，你的儿子将知道他属于一个家庭和一个社区。你是天生的沟通者，知道如何发展友谊，如何给予和接受。母亲通常决定了一个家庭的基调，比如家庭成员如何待人接物，如何帮助他人，如何传递友谊。因为在大多数家庭当中，母亲会花更多时间陪伴

第 4 章
你是他扎根的土壤

孩子。即使母亲有家庭以外的工作，通常也要承担更多的家庭社交和家务工作。

正如我在前面提到的，帮助儿子找到生命意义的最好方法是避免单纯注重个体的发展。帮助他们成为好学生、好运动员等固然伟大，但更重要的是帮助他们成为好男人。他们可以成绩优异，但不能品质恶劣；他们可以在校队踢足球，但必须同情和尊重他人。我们需要帮助他们开发性格潜能，需要挑战他们，让他们活得更深刻。不妨问儿子一些问题，聆听他的答案，从他小的时候就起步。鼓励他了解周围的世界，问他对学习或朋友有什么感想。孩子们喜欢回答问题，特别是当我们关注他们的答案，并且不随便打断他们的时候。

当你的儿子长大后，告诉他，他的出生是有原因的。他天生就是你的儿子，是你们家庭的一员，被人爱和接受。他是一个更大群体的组成部分，这个群体以家庭为单位。即使你是单身母亲，他是独生子，你们也组成了一个单位。你提供东西给他，他提供东西给你。即使是很小的孩子也想知道，他们被人需要和他们的归属。邀请儿子参与到家庭事务中，通过分享想法、做家务等方式都可以。

儿子上中学时，可以观察和询问他有什么兴趣爱好。他可能喜欢阅读、吹长号、关爱动物或修理汽车。有成千上万的事物会激发孩子的主动性，你的任务就是帮助他找到喜欢做的事。你需要保持开放的心态，因为孩子喜欢的东西不一定会引起成人的重视。当他进入高中后，请向他发起真正的挑战，问他如何看待生命的意义，他来到世界上是为了什么。请与他保持对话，因为他可能不会马上知道答案，可能还不知道他的生活会对他人产生影响，特别是对那些爱他的人。他可能认为他的生活只关乎他自己。正常的青少年都会这么想，而你要让他从不同的角度看待生活。不断地激励他，让他思考他对于别人意味着什么，他能够给予别人什么。如果他的态度开放，不妨带他去参加社区或公益活动，让他看到为别人服务是什么样的，你可能会为他的反应感到惊讶。

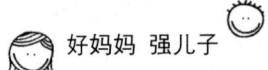 好妈妈 强儿子

在帮助儿子完成这段重要征途的过程中,你可能会跟跟跄跄地前进多年。他可能一时无法找到答案,但是没关系,如果你鼓励他继续寻找,并不断询问自己这些问题,那么随着他的成熟,他一定会找到答案。当你在他心里种下这些重要问题,它们就会促使他探寻自己的灵魂,直到他找到人生的目的。你的教诲会引起他深切的共鸣,你的提问、爱和接纳,会唤醒驻留在他内心深处的真理。在真理没有得到践行之前,他不会觉得满足。

无论好坏,你都是他的起点,是他扎根的土壤。你与他的联系是独一无二的,他的心里永远有你的位置。即使在你死后,这个部分也会永远和他在一起,直到他生命结束为止。

Chapter 5
If God Wore Lipstick, He'd Wear Your Shade

第 5 章
从你身上找寻上帝

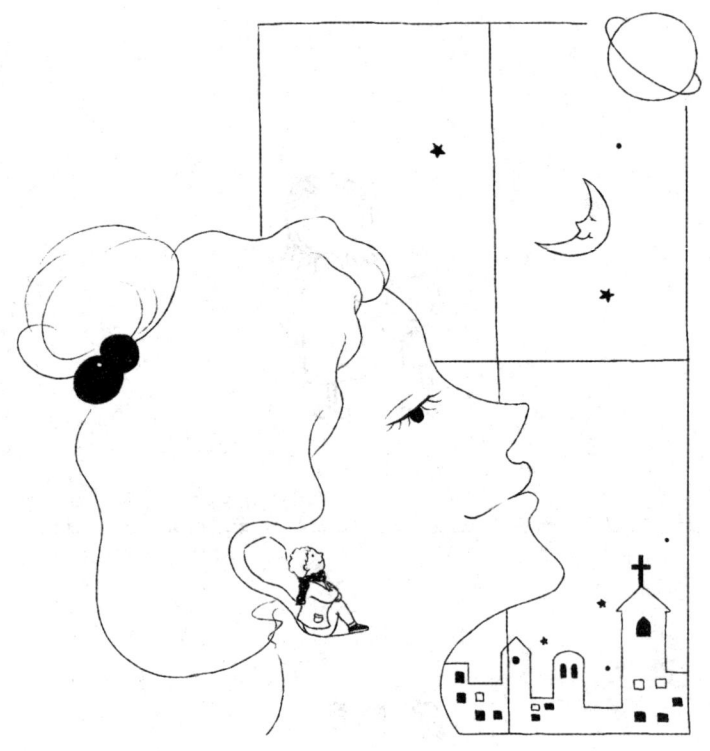

男孩会根据母亲的存在，形成自己对上帝的看法。

第5章
从你身上找寻上帝

你的儿子会从你的脸上第一次瞥见上帝的模样。当他还是小婴儿的时候,他的世界是形象化的,他认为凡是看不到的东西就不存在。等长大一些,他就会产生一种感觉:生活不只是由他能看到的东西组成的。很多小男孩从四五岁时就意识到,宇宙中存在一种精神元素。但是,由于他们幼小的心灵还无法完全掌握抽象的概念,这意味着他们会从你的脸上寻找这种元素,并通过你建立他对上帝的认识。

你的儿子不会认为你就是上帝,但他会根据你的存在,形成自己对上帝的看法。如果你经常微笑,那么他可能会认为上帝是友好的。如果你是值得信赖的、有耐心又善良的话,他会觉得上帝可能也是这样。他可能对上帝同时形成正面和负面的看法,这取决于你每一天的情绪波动。如果你的脾气非常不好,他可能认为上帝的脾气很坏。如果你的儿子经常听到你说"马上给我停下",他会觉得上帝是个严格的训导员。不过,这些印象将随着孩子的成熟,发展出复杂的思想而逐渐改变。

如果我们歪曲了上帝(我们都有可能这样做),你的儿子成熟之后,很可能会认识到,比起我们,上帝做的好事要多得多。此时,我们可以做

本章为作者个人对信仰的看法,并非出版者观点,但为读者更全面地了解本书的积极方面,故对此部分内容进行保留。——编者注

很多事来塑造孩子对上帝的认识。虽然大多数男孩会说，上帝不是女人，但他心目中上帝的形象却取决于你的行为。许多男孩把上帝想象成一个巨人，他花白的胡子在天空中漂浮，因为他们看过的书上就是这么画的。但他们也明白，上帝不止如此。如果上帝是真实的，那么他就必然会有个性，那么他们就能够发现这些个性。此时，你可以参与进来，因为你的儿子信任你，从你那里获得爱。通过与你亲近，他会发现上帝值得信赖，自己可以接近他。总之，你的儿子会透过母子关系的棱镜看待上帝，也会从上帝身上看到你的很多性格特点。在很多方面，你是帮他理解这位善良和慈爱的神的第一人。

根据《圣经·旧约》，上帝既不是男性也不是女性。随着时间的推移，你的儿子会认识到，上帝不是一个巨人，长长的白胡子飘在天空中；他也不是一个女人，穿着和你差不多的牛仔裤。他是一个灵，兼具女性和男性的属性。因此，你的儿子对上帝的看法，也将融合男性和女性的特质。著名的精神病学家罗伯特·科尔斯写了一本奇妙的书，名叫《儿童的灵性生活》(*The Spiritual Life of Children*)。他在其中描述了孩子们用来认识和信任上帝的一种令人愉快的方式。他提到了儿童的好奇心和思维的深度，即使是非常年幼的儿童，也有上帝的概念。他写道，孩子年幼时就会想象上帝的形象，形成对上帝的个性的看法。他们想知道天堂是什么样子的，想知道既然上帝是善良的，那他为什么会允许坏事发生。科尔斯在行医生涯中，曾经帮助了成千上万的孩子。他发现，所有的孩子都有关于上帝的问题，并且希望得到回答。

如何与他谈论上帝

和小孩子谈论严肃的神学问题似乎不是什么好主意，因为除了宗教，孩子想要知道更多。他们想知道信仰的具体内容，以及它如何能够帮助他们。所以，你需要足够勇敢，才能与孩子讨论你的信仰。对男孩来说，他们在特定时期会痴迷上帝、天堂、灵魂等概念。很小的时候，他们会提出一些难题：天堂是真的吗？上帝是真的吗？如果真有上帝，他喜欢孩子吗？他是否有牙齿？他会不会笑？……不是我们把这些想法放在孩子心里的，它们是自然出现的，因为这是人的本性——想知道上帝的本质，并探讨我们自己的精神层面。不论成年的你对信仰和灵性有何看法，你的儿子内心渴望知道这些深层次问题的答案。或许你不知道，在一定的年龄，比起牧师或拉比，你的儿子更想听你谈论这些东西。根据我的经验，一旦涉及信仰，母亲是有能力改变儿子灵性生活的人物之一。

我发现一个非常令人着迷的现象。心理学教科书告诉我们，男孩会寻求男性榜样的认同。同时，由于男孩是视觉动物，所以他们需要看到成年男子的形象，才会知道怎样做一个男人。如果男孩看到父亲和善地对人说话，他就会模仿父亲的行为。但是，当涉及上帝，儿子却会看向母亲，根据母亲的言行形成对上帝的看法，因为母亲是养育和情感的源泉。如果男孩在行动和决策方面要向男人学习，那又为什么会在理解上帝方面参考母亲的形象呢？根据数百名男子自述的儿时经验，我认为有几个方面的原因。

首先，母亲更愿意与孩子谈论上帝。事实上，比起父亲，大多数母亲更喜欢与孩子谈论艰难的话题，比如性、毒品和信仰。男性是行为导向，女性是沟通导向，这决定了我们人际关系的基础。即使我们认为自己还没准备好和儿子谈论精神生活，我们也会更自如地与他们沟通。我们没有选择，只能想出可能满足他们的答案。当我们开车送孩子上学，或者棒球比赛结束后接他回家的时候，可能会听到后座上传来一个细小的声音："妈妈，我们把虎斑猫埋在院子里后，她会去天堂吗？"我们无法回避这种问题，无论我们是否喜欢，话题总要开始。当我们给孩子洗完澡，送他上床睡觉的时候，他会轻声问道："妈妈，上帝在天堂里面是飘还是走？"这是我们与儿子讨论精神问题的一个绝佳机会。我们希望他们能够得到想要的答案，所以有时候，我们不得不想通一些问题，找到一些合理的说法来

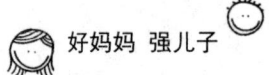

回答他们。

第二，一般来说，往往是母亲拉着孩子上教堂。也许主日学校的课程会给孩子讲授宗教知识，但是母亲希望亲自给孩子打下宗教信仰的基础。母亲明白，假如生活打击了一个人，他还有上帝来信靠。在艰难的时刻，我们必须寻找答案。有时候，问题的答案来自主日学校很久之前的教导；有时候，它们来自于我们的信心——上帝真实存在，他会帮助我们。母亲希望儿子也做好信仰的准备，所以让他们去教堂，帮助他们实现这一目标。

第三，比起男性，也许母亲脸上的表情更加谦卑，这可能使许多父亲愤愤不平。之所以谦卑，是因为大多数女性被迫做出适应和改变的频率高于男性。我们会怀孕，在此期间，体重比平时多出六十磅，产后又会失去这些体重。我们工作，休产假，然后回归工作或者留在家里做全职母亲。平均算来，母亲们每隔三年就会迎接一次重大的人生变化。对变化的适应赋予我们坚韧的性格。女性更容易正面迎接挑战，因为默默地忍受伤害没有用，空谈也没有用。儿子会看到我们的调整和改变，他们会和我们讨论各种想法与感觉，他们会看我们如何应对困难：是否求助于朋友？是否拿起电话？是否祈祷？……他们一直看着，因为他们本能地知道，我们可以告诉他们，当他们遇到麻烦时应该怎么办。

你是他的向导

许多男孩的好奇心始于3岁。仓鼠死了，他们会哀悼，还会问："它现在怎么样了？它会烂在地里、飞到另一个星球去，还是蒸发在云朵里？"即使学龄前儿童的思维也会给你带来惊喜，他们会提出更抽象的问题，比如，星星那边有什么？如果看不见上帝，他又为什么会存在？有的男孩可能会在二年级左右或者遇到难处（比如被欺负或父母离婚）的时候思考这些问题。如果小男孩的世界开始从边缘破裂，他会发现，麻烦就坐在幸福旁边。他想知道，两者会有多接近？他又该如何应对？

我们必须留意，因为虽然孩子认为母亲是一切灵性问题的答案来源，但也会在这个时候担心失去自己的妈妈。当他们开始体验到生活带来痛苦与欢乐，也会渐渐明白，他们的母亲会受伤，甚至死亡。这是可怕的，很多小男孩甚至不敢大声说出来。母亲需要意识到，在儿子柔嫩的心里，埋藏着一些他不愿意表达的忧虑。我们需要率先帮他解决精神方面的问题，因为他自己做不到。我们必须启动自己的雷达，当恐惧或失望袭来时，我们就做好了准备，回答他提出的问题，帮助他渡过风暴。

如果我们缺乏相关知识，或者不愿意帮孩子解决这方面的困惑，他们会转向其他人寻找答案。虽然在某些情况下这可能是一个好主意，但也可能给特别脆弱的孩子带来麻烦。他们可能转向教练、老师或朋友。有的朋友可能会给他们提供许多让你直冒冷汗的信息。举个例子，我见过无数十几岁的男孩，他们在学校、恋爱或家庭生活中苦苦挣扎的时候，会找朋友咨询意见。有时，这些朋友不会考虑他们的真正利益，反而会帮倒忙，比如提供毒品，以便帮他们度过艰难时期。因此，母亲应该首先伸出援手，给予儿子情感、智慧和精神的强壮根基。

母亲往往难以认识到自己就是儿子的精神导师。我们往往会代表儿子与上帝进行第一次沟通，但我们对自己属灵生命的最早认识却发生在很久以前。所以，作为成年人，我们可能会困惑于如何和儿子沟通，认为他们是在给我们添麻烦。因为他们没听过我们听过的布道，也不知道我们上教堂时了解的圣经教训，他们眼里只有我们，只能根据我们所说的话，对上帝产生简单的认识。对于所有年龄段的男孩来说，信仰都是从这种基本方式开始的。

信仰让他受益

肯尼的母亲教导他认识了上帝。如今，40多岁的肯尼同我谈起他与母亲的关系。就在我感谢他接受我的采访之后，他告诉我，他很紧张。我询问原因，他说自己也不确定。我想他可能是担心我会揭开一些旧伤疤。

好妈妈 强儿子

肯尼开始就告诉我,他很敬佩他的母亲卡罗琳。她是一名教师,非常虔诚,关心所有会呼吸的生物,特别是当它(他)们有残疾的时候。他在成长过程中,见证了各种动物、各年龄段的人物在他家里进进出出。通常情况下,会有很多不速之客,因为他母亲愿意让有需要的人来家里。但是,我发现他的语气里没有任何怨恨;就算曾有过怨恨,肯尼也已经摆脱了它。

肯尼又说,他母亲活力十足、开朗外向、性格坚定,经常和他开玩笑。虽然他表示喜欢母亲表达感情的方式,但我有些怀疑。因为我观察到,当他告诉我一些"笑话"时,他的声音在颤抖,当时他只有12岁。"哦,你就是个懒孩子。"他母亲说,然后笑着戳戳他,"你知道我在开玩笑。"

访谈之前,我就知道,肯尼虔诚信仰天主教。他似乎很愿意公开讨论他的信仰生活。同样重要的是,他看起来很骄傲地告诉我,他是从母亲那里获得信仰的。肯尼小时候,他母亲经常带他去新教教会做礼拜。14岁的时候,肯尼觉得母亲让自己上教堂的行为太老土了,所以没再去过。之后,他便经常在周日参加体育赛事。一段时间后,他开始怀疑上帝。由于他逐渐了解到世上的苦难,于是质疑两件事。第一,上帝是否存在;第二,如果他存在,那为什么不解救那些挨饿的人?他告诉我,他因此"把宗教和上帝留在了脑后",直到他顺利进入青年时期。

他的少年时代,母亲卡罗琳一直欢迎有困难的人到他们家去。她告诉他,耶稣会帮助这些人,所以她要效法耶稣。有人可能会想,一个十几岁的男孩会嘲笑他母亲的行为和信仰,但肯尼没有。即使他抛弃了教会和宗教,但他知道,这对他的母亲来说非常重要,帮助那些不幸的人是正确的事情。我能感觉到,他为母亲的信仰和善举感到骄傲。

得知他14岁离开了教会,我很好奇他后来是如何回归的。他告诉我,是他的母亲让他找到了回归上帝的路。我想知道这是怎么回事,她的母亲做了什么,竟然改变了儿子的想法?"你看,"肯尼的语气突然沉重了,"当我10岁的妹妹被诊断出癌症,对我的母亲来说,是个噩耗。多年以来,我的妹妹都要接受化疗，她失去了头发，忍受了很多身体上的痛苦。我的爸爸无力应付她的病，所有责任都落在我妈妈肩上。我看到她很痛苦，但却帮不了她。我也看到，有多年照顾别人经历的她学会了付出不同层次的爱。"

肯尼的声音变得非常低沉，难以听到。很明显，他爱他的妹妹，即使她去世多年，谈论她的死依然让他很难受。我想结束谈话，但他坚持认为我们可以继续。我很高兴，作为一个母亲，我想知道他的母亲是如何战胜这样的痛苦的。我的问题有些自私。这是发生在一个母亲身上的故事，我想知道，如果发生了类似的事，我们能否生存下去，愿上帝保佑我们。所以，我们会向经历过地狱般苦难的人求教，学习他们的生存技能。肯尼的母亲绝对拥有这样的技能，因为亲眼看到她运用这些技能的肯尼的人生得以改变。

"我永远不会忘记我妹妹生命中的最后一天，她只有21岁，她是在医院去世的。我的母亲给她守灵，我没有听到她抱怨。这很奇怪，我本来以为她会朝上帝尖叫的。我妹妹去世之前的几分钟，从床上下来，站在我母亲面前。我看着母亲搂着她，和她说再见。"

肯尼再次陷入沉默，我想象着他的母亲抱着妹妹的样子，想象我对自己的女儿做同样的事，我能有力量在自己的女儿垂危之际抱着她而不大声抱怨上帝吗？即使是想想，也会让我心脏狂跳。如果我的孩子死掉一个，我相信我会发疯的。

我什么都没说，等着肯尼继续。"我妈妈坐了下来，我的妹妹走了。我可以诚实地说，我母亲脸上的表情是全然的平静。她的皮肤、眼睛、她的一切都处于平和的状态。我想，她是真的把妹妹交给了耶稣。是的，她说了再见，但我相信，在她心中，她需要真切地抱住我的妹妹，然后亲手把她交给上帝。"

作为一名医生，我目睹了很多死亡。我发现很多人的死亡可谓是"神圣"的经历。我的父亲去世前昏迷了很多天，就在他呼出最后一口气之前，

好妈妈 强儿子

一位护士看到他惊讶地睁大眼睛,看着天花板。她震惊地问:"沃利,你看到了什么?"她后来说,他脸上的表情显示,他看到的是美丽的东西。有些癌症晚期的孩子躺在医院的床上告诉我,天使晚上会到病房里找他们。一个12岁的男孩(他并非特别虔诚地信教)对他母亲说,耶稣晚上来告诉他,一切都会好的,所以他无需担心死亡或者担心他的母亲。第二天,他告诉母亲,她无需为他感到担忧。因为这些经验,肯尼的故事让我觉得很熟悉,觉得他母亲在女儿濒危时的平和姿态很有说服力。

在我们的生活中,总有一些时候,我们想要知道来世和天堂是否存在,上帝是否真实。因为我们需要知道,当我们死了会发生什么,想知道灵性世界是真实的还是只是我们的想象。我们需要答案,因为我们想得到怀有希望的理由。我推荐埃本·亚历山大医生的书《天堂的证明》(*Proof of Heaven*),它让我们窥见来世的样子。这本书为读者提供了深切的希望,亚历山大博士的证词证实了天堂的现实。

"就在这个阶段,我回归到上帝身边。"肯尼说,"当时我30多岁。我的母亲从来没有告诉我,我应该回到教会。但作为一个成年男子,当我看到她在妹妹去世时表现出的那种力量,我便知道,她所相信的上帝是真实的。我父亲没有那种信仰,所以他难以接受我妹妹的死亡。目睹我的父亲和母亲反应的差异,我意识到,我母亲的信仰不是'乌托邦式的天堂',而是真实的。我也想要它。我就开始去天主教堂做弥撒,后来就没有停止过。"

多年来,许多研究已经表明,信仰上帝有助于让我们的孩子走正路。2001年,圣母大学的克里斯蒂安·史密斯博士主导的青年与宗教研究项目启动了全国调查,2005年,他们在《灵魂探索:美国青少年的宗教与精神生活》(*Soul Searching: The Religious and Spiritual Lives of American Teenagers*)一书中公布了第一批调查结果。此后,他们的研究还在继续。2008年,在《青年与宗教全国调查报告》中,他们公布了大部分研究结果。他们发现,信仰提高了让青少年远离各种危险因素的机会,如毒品、酗酒、性活动和逃学。而且，信仰提高了他们的自尊，降低了患抑郁症的风险。

信仰对青少年行为的影响：

- 54%的信仰上帝的青少年说他们"非常快乐"，而29%的不信者表示他们"非常快乐"；
- 47%的信仰宗教的青少年认为人生有意义，而26%的不信者会思考人生的意义；
- 过去一年中，1%的信仰宗教的青少年每隔几周会喝醉一次，而10%的不信者有此种行为；
- 3%的信仰宗教的青少年分数为C、D或F，而14%的不信者有此分数；
- 1%的信仰宗教的青少年偶尔吸食大麻，而13%的不信者亦会如此；
- 3%的信仰宗教的青少年，家长会觉得其行为叛逆，而不信者有此种情况的多达17%；
- 95%的信仰宗教的青少年赞同婚后再进行性行为，而24%的不信者有此想法；
- 3%的信仰宗教的青少年认为如果情感上准备好，可以发生性关系，而56%的不信者有此想法。

信仰对亲子关系的帮助：

- 88%的信仰宗教的青少年感到与母亲非常亲近，而66%的不信者有同样的感觉；
- 80%的信仰宗教的青少年和母亲相处得非常好，而51%的不信者有同样的感觉；
- 93%的信仰宗教的青少年认为父母会永远爱和接纳他们，而74%的不信者有同样的感觉。

好妈妈 强儿子

此外，一项出色的研究在 2007 年 4 月的《青春期》(*Journal of Adolescence*)杂志上公布了类似的研究成果。《青春期危险行为与宗教：全国调查的发现》中提道："研究结果表明，信仰宗教、参加礼拜仪式和青年事工，能够显著降低青少年六大危险行为（吸烟、饮酒、逃学、性活动、吸食大麻和抑郁症）的发生率。宗教观念和行为的增加，是青少年危险行为降低的有效预测指标。当然，信仰宗教的青少年也可能参与危险行为，但是，他们介入危险行为的可能性低于无宗教信仰的青少年。"

这些数据可能会引起不同的反应。它们会使有些母亲感到内疚，觉得如果我们经常带孩子去教堂，让他们多了解《圣经》，才是对孩子真正负责。有些人会说，这些研究是宗教人士做的，他们是为了传教。但看过研究内容和数据后，我相信，允许孩子表达他们的灵性观念，允许他们探索自己与上帝的关系，对他们是有好处的。我们都知道，很多不好的东西都可能毒害孩子，比如暴力视频游戏、淫荡下流的歌曲、充斥着性与暴力的电影、来自不良少年的压力、毒品和酒精。孩子从 10 岁到 25 岁（孩子的大脑直到 20 多岁才能发育完全），我们都生活在恐惧之中，生怕他们沾染这些东西。但我相信，恐惧造就不出好父母，勇气和力量才能。举个例子，我们知道孩子面对着什么样的危险，但也知道，如果我们能让他们坚定地信仰上帝，就能确保他们走在正确的道路上。这是我们把恐惧转化为可操作的实力的一种方式。

有趣的是，如果你再深入研究这些数据就会发现，来自家庭的精神力量是最强大的。要成为孩子信仰教育的老师，我们应该怎么做？首先，必须认识到我们是孩子的榜样，如果我们没有灵性生活，孩子可能也没有。如果我们宣称缺少信仰，他也会有这种感觉。我相信，我们的责任是敞开大门，让孩子做出自己的选择。如果你有信仰，无需长篇大论，只要把你的信仰活出来，用行动来表现，这样最有说服力。比如，你告诉孩子，要有耐心，因为上帝让我们这样做。之后，通过你的行动，孩子就可以看出你是否真的有耐心。如果不是，他就不会对上帝及其教诲持肯定态度。如果你告诉他,为有需要的朋友祷告,他虽然可能很感动,但只有你也这样做,他才愿意照做。

你的孩子最早会在你的身上寻找上帝的影子,他想知道上帝是否"在那里"。但作为一个小孩子,理解这样抽象的概念太难了,所以他转而想知道,上帝是否把他的妈妈变成了更好的人。接下来,他也许会自己与上帝交流。在这方面,我建议母亲们最好少说多做。

上帝的面容

我在得克萨斯的奥斯汀机场见到了杰克逊。我跳上他的出租车,向目的地进发。我原本坐在后座上给同事们发短信,但他开始和我聊天。他问我这一天过得怎么样,我是否来过奥斯汀,我来自哪里……不知怎么的,我没有像新英格兰人惯常的那样,盯着工作不理睬他,而是决定和他聊聊。于是,我问他过得怎么样。他说很高兴自己还活着。老实说,当我看着他破旧的驾驶座,听到车轮轴吱呀作响时,我很好奇,这个人开着也许是他全部积蓄购买的出租车,竟然可以如此开心。所以,我问他为什么开心。

"噢,太太,因为我的生活很美好。"他用非常感恩的语气说,"我的女儿们都长大了,我妻子的风湿病正在改善。"出于作家的好奇心,我问他,他是在哪里长大的,怎么会有如此乐观的人生态度。

"我不知道,这很难讲。"他显然很愿意讨论自己,"我在纽约市的一个贫困街区里长大。那里房子破烂,常有帮派活动,每天晚上睡觉时都能听到枪声。我喜欢上学,因为在学校里可以吃到像样的饭菜,看到很多朋友。我喜欢一些老师,但他们也不太能教得下去,因为有些孩子逃学,整天惹是生非。"杰克逊放慢了车速,但我已经不介意自己可能会迟到了。他说,他有三个兄弟,他们挤在一张双人床上。

接着,我开始问他一些更具体的问题,就像挖到金子一样穷追不舍。

好妈妈 强儿子

我试探性地开始询问:"你是怎么熬过来的?在那种情况下,别的孩子可能会去吸毒或加入帮派。"

"哦,那很容易,"他回答说,"因为我的妈妈,她是我的英雄。"

"杰克逊,"我说,"我正在研究母子关系,你愿意给我讲讲你和你母亲的关系吗?"他的反应非常热烈,我差点觉得他要把车开到路边去了。

"当然,太太,你可以随便问。是我妈妈让我们活了下来,走上正道,包括我的女儿们、我的兄弟们。她现在82岁了,还硬朗着呢。"

我想知道她对他说了什么,给了他什么样的机会。但我还没来得及开口,杰克逊就开始谈论他的母亲。他像一棵点燃了的圣诞树一样,一提到母亲,他就热情洋溢地讲起来:"我的妈妈很强,从我记事起,她就让我们每个星期天都去教堂,有时在一周的中间也去。她没有给我们任何其他选择,我们只能去教堂。我们不敢反对她,因为如果不听话,她就揍我们。"

"你是什么意思,她真的会打你们吗?"我屏住呼吸,等待着他的回答。

"嗯,我的妈妈爱我们,从来不打我们。她只是告诉我们,如果不听话,就让我们好看。但我们知道,她只是说说而已。"

杰克逊回忆起他上教堂的日子:"我妈妈有两到三份兼职,我能看出来她变老了,她30多岁时看着却像50多岁。为了我们,她辛苦工作。我们没有父亲,但我们知道,妈妈不会让我们当中任何一个走歪路。她告诉我们,上帝为我们准备了计划,上帝就是我们的爸爸。我还是个小孩的时候,不理解这种话,但当我长大后,就明白了她的意思。上帝是她的力量,她希望我们也知道。她让我们学《圣经》,在饭桌上问我们以利亚、亚伯尼歌和米煞的问题。我喜欢这样,因为我朋友们的妈妈从不向他们提问。我觉得,她知道我们是聪明的,上帝也知道。我妈妈总是对我说:'不要去做蠢事,上帝在看着你,他对你有更好的计划。你不能让我和上帝失望。'"

"你十来岁的时候,不会讨厌你妈妈逼你干这干那吗?"我问道。

他疑惑地看着我回答:"你疯了吗,女士?我妈妈爱我们,她爱耶稣和她的教会大家庭。如果不是她告诉我们,上帝是真实的、善良的,我们可能都活不下去!我们可能会像很多朋友那样悲惨——要么贩毒,要么死了,要么在监狱里。我妈妈为我们努力奋斗,因为她是那么爱我们。当她告诉我们耶稣的事,我们相信她,因为他给了她工作,给了我们钱,给了我妈妈坚持下去的勇气。"

我非常想见见杰克逊的母亲,她有我想要的东西。她是一个坚强的人,她的信仰如此之深,并且救了她的孩子。杰克逊说,他进了军队,在23年里一路晋升。他的弟弟上了大学,他们兄弟姐妹没有一个加入帮派或者走上"歪路"。

我的最后一个问题是:"那么,你和你母亲现在的关系是什么样的?"

"我的妈妈,她是家里的女王。她给我的孩子们讲耶稣。我告诉你,如果上帝涂唇膏,他一定会选我妈妈喜欢的颜色,她和上帝的关系就是这么好。我的女儿们非常喜欢她。我有三个女儿,她们非常聪明,一个在上医学院,一个有两个孩子和不错的丈夫,还有一个为北方的一个大公司工作。每次她们回奥斯汀,总是去看望祖母,因为她们爱她。她们知道她的坚韧,知道她爱她们。而且因为我妈妈的关系,她们也都去教堂。"

我感谢杰克逊给了我了解他生活的荣幸。虽然我没见到他的母亲,但她改变了我。她让我想变得更明智,让我知道,每当儿子看着我们的时候,他们可能是在寻找上帝的面容。

信仰带给他自我认同

成长于21世纪的美国,似乎非常令人羡慕,但事实是,对我们的孩子来说,这可能非常艰难,特别是对那些足够幸运的来自舒适家庭的孩子。像成人一样,孩子也在尽力寻找和实现自己的价值,而且要比成人努力十倍。有一座可爱的房子,给孩子买车,确保孩子拥有最好的曲棍球教练,为孩子支付私立学校或大学的学费……做到这些也许是一种幸福,但对孩子来说也可能是一个诅咒。

小男孩们已经学会了务实地考虑问题。如果他们不高兴,就觉得自己需要去买东西、吃东西或去什么地方,之后幸福就会回来。从短期来看,这是可行的。但作为成年人,我们知道,美丽的房子、银行账户里的存款,带来的幸福都非常有限。每个人都会迷惘,想知道生命的意义是什么,什么能带来最深刻的喜悦。在一个日益崇尚物质的世界,我们应该成为孩子精神生活的向导。

我们为孩子做的每一个决定都不容易,我们会绞尽脑汁为他们选择最合适的学校和体育项目,甚至连朋友都会为他们精挑细选。我们为各种细节操心,这是我们的本性,它源自爱和深深的忧虑。然而,退后一步,从宏观角度看待孩子的人生也很重要。在他们长大到足以离开家之前,我们必须问自己,希望孩子具备怎样的性格特质,在信仰上帝方面要如何教导他们。我们可以从一些大问题入手。首先,我是否相信上帝的存在?如果我相信,理由是什么?我是否有证据?一旦建立这个基本前提,请进一步推出答案,因为你的儿子会提出相关问题。如果你相信上帝存在,那么请一定问问自己,这会让你的人生有什么不同?然后总结一下,你认为上帝有哪些特点?小男孩的好奇心强,思维跳跃,所以你要准备好与儿子讨论深层的问题。

如果你生活在信仰宗教的家庭,请确保让你的儿子了解你信仰的基本原则,给他讲讲先知的故事。很多母亲不太愿意给孩子讲《旧约》里面的那些血腥故事。记得当我给儿子讲大卫杀死歌利亚时,我很不高兴,因为他不想了解大卫,只想知道要花多长时间才能把歌利亚的头砍下来。我希望的是让他领会故事里的道德寓意,即上帝帮助义人和弱小者,但我的儿子却想了解血淋淋的细节。所以,我只得纵容他,但他立刻变得全神贯注,我们得以讨论整个故事。

必须记住，小男孩和我们处理信息的方式不同，他们可能会忽略重点。但是无论如何，我们都要给他们播下信仰的种子。随着他们逐渐成熟，听过的故事将在他们脑中回响，促进他们思想的发展，使他们领悟到不同的含义。如果你追随基督教的信仰，就要随时准备帮助他弄明白，有哪些使徒，基督是如何诞生的，以及他为什么会诞生。你可以把儿子的宗教教育留给牧师、神父或拉比来做，但是这些重要的信息需要你亲自传授，因为你是他的第一位老师。

事实上，有很多问题，我们不能回答。没关系，信仰对任何人来说，都充满了伟大的奥秘，我们对事物的认识永远是不完全的。我们应该拿出力量和勇气教导孩子，而不应屈从于对无知的恐惧。我鼓励你去挖掘自己的答案，而不是满足于别人的答案。我认为 C.S. 刘易斯就是个完美的例子，他拒绝接受别人对于上帝、信仰和宗教的看法。当他还是个无神论者的时候，就研究了所有他能够找到的关于上帝的知识，以证明上帝是不存在的。这个才华横溢的人是这样最终成为一个虔诚的基督徒和学者的：督促自己寻找答案，结果发现了完全出乎意料的结论。我们也需要寻找自己的答案，然后把它们告诉儿子。我们不能逼他们相信，但我们可以举出自己的例子，告诉他我们在生活中找到的答案。我们可以用两种方式鼓励他们：第一，向他们展示质疑观点和信仰、自己搜寻答案的重要性；第二，给他们一个信仰体系，他们可以选择接受或者拒绝。

值得注意的是，当涉及非常重要的主题，如上帝和信仰，男孩们都会想听听母亲的意见，然后将其中一些信息内化，纳入自己的信仰体系；有些信息则被他们保留，等以后再做出如何处理的决定。因为你的儿子希望从你那里获得上帝的线索，请明确你要教给他什么。提出问题并寻找答案，不仅能够刺激智力的发展，而且很好玩。谈论你的信仰以及你拥有或不拥有它的理由，会引发你与孩子之间前所未有的最伟大的对话。

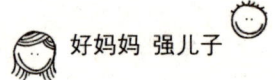 好妈妈 强儿子

做勇敢的母亲

近年来,我亲眼目睹的一种趋势让我深感不安:许多年轻的母亲拒绝相信自己的直觉。上一辈的母亲可能过于专横,控制欲太强,以至于我们中的一些人做了母亲后,发誓自己绝不那么霸道。这是一件好事,但你要尽量避免过于压抑自己。我所担心的是,如今很多母亲已经走向另一个极端。我们害怕犯错误,所以当直觉告诉我们应该采取行动时,我们却充耳不闻。

举个例子,有的母亲曾询问我,她不希望儿子去朋友家看某个电影,那么是否应该让儿子去呢?我问她:"你为什么问我呢?你刚刚告诉了我你的想法,你不希望他看那个电影,那就说不。"还有人告诉我,她们想带儿子去教堂,但丈夫不同意。然而,当我问她们是否愿意为此挑战自己的丈夫,她们却说不。我问为什么,她们回答说,不希望引起家庭矛盾。

母亲们经常拒绝听从自己的直觉,但我们都不应该忽略自己的直觉,因为它会帮助我们做出更好的决策。母亲需要爱护和引导儿子,听从直觉是我们在抚育儿子的时候能为他们做的最重要的事情。作为最了解儿子的人,如果我们拒绝做正确的、对他们有好处的事,他又怎么会有所进步?恐怕很多母亲因为害怕做错事,以致和儿子疏远,没能去做加强母子关系的事情。直觉有时是我们唯一的向导,我们应该听从它的指引。

关于宗教,我们都可能因为自我怀疑而不敢多发一言。我们不仅害怕教儿子做错事,还担心他们被同学看成怪人或者假正经,因为他们的信仰可能和别人不同。我们迫切希望他们融入朋友之间,不要被同龄人鄙视。我们的理由是,生活对孩子们来说已经够艰难了,所以我们常常放弃让他们参加礼拜或者青年团契。

当然还有其他的顾虑。如果我们教他们信仰上帝,他们却偏要反对怎么办?如果我们告诉他们自己信仰的原则,却说得不对怎么办?如果我们

让他们去教会，可他们的朋友却取笑他们，让他们感到孤立怎么办？但是，我们必须停止担忧并开始采取行动。摆脱犹豫的最好办法就是开始做事情。关于信仰，我们必须为儿子做的一件事就是，弄清楚自己想要他们相信什么，不相信什么。要做到这一点，我们必须明确自己的信念。

我遇到的许多母亲都希望自己的孩子能够自由选择信仰。事实是，无论你是否有这个希望，他们都会选择自己的信仰，因为信仰是一件强烈关乎个人的事情。每个孩子长大后都会做出自己的选择，比如穿什么衣服，和谁结婚，在哪里居住，信仰什么。在某些时候，你信仰的东西对他来说已经不够了，他需要知道自己灵魂深处对于上帝的看法。在此期间，你必须给他选择信仰的机会。如果他们不知道天主教、犹太教、摩门教或伊斯兰信仰的区别，不了解它们的具体内容，就不知道应该怎么做。就像是一个10岁的美国男孩来到布拉格市中心，你告诉他，他可以去任何他想去的地方。可他只会看着你，两眼发直道："妈妈，我过去从来没有来过布拉格，我甚至不知道街道的名称。"所以，你要避免孩子长大后对你信仰的原则没有任何了解。

勇于实践

我和美国各地的很多母亲交流过，大多数人希望知道如何能够提高孩子的自尊，尤其希望知道如何才能提高孩子的自信。有些问题很好处理，比如确定孩子擅长什么——体育还是艺术，然后帮助他们发展这些才能。我们是策划者和执行者，希望儿子的生活一帆风顺。一旦我们认识到他们的能力，就会投入金钱和精力，加以培养。我们会在凌晨四点赶他们到溜冰场去练习，会在周末坐巴士去看他们的橄榄球比赛，也会带他们参观大学，看他们喜欢什么样的学校，以便帮助他们选择通往未来的最佳路径。

但正如前文所讨论的，如果我们认为，只要实现了这些目标，孩子就能获得自信的话，那就错了。这些并不会让他们感到作为人类的宝贵价

好妈妈 强儿子

值。那么，是什么让他们觉得有价值呢？答案是我们的爱和肯定。孩子需要我们身体力行的爱、永远愿意倾听的耳朵和敢于放手的勇气。这些东西让他们知道，我们是因为他们本身而爱他们，而不是因为他们做了什么。如果我们一味支持他们发展才能，却忘记了其他东西，那么除了提高他们的成绩和成就之外，我们什么都做不到。很多人成年后赚了不少钱，获得了事业和名望，看起来相当成功，但却仍然感到孤独和空虚。因为他们觉得自己被爱是因为他们所取得的成就。如果孩子只知道母亲很希望他成功，又怎么能发展出健康的自我意识呢？

难道作为母亲的我们没有同感吗？我们也希望上帝无条件地爱我们，无论我们是否成功、肥胖、疲劳或沮丧。当我们觉得自己可能是宇宙中最糟糕的妈妈时，就会特别想获得安慰，想确定有人一直爱我们，只是因为我们的存在。同样，我们的儿子也需要知道，即使他们一无所成，我们依然会爱他们。我们必须把爱实践出来，像上帝完全接受我们那样完全接受孩子，使他们明白我们的爱是无条件的。

很多母亲表示，虽然自己对孩子的爱是无条件的，但却非常不善于去爱。我们嘴上说自己爱他们，却不断地逼着他们做这做那。所以，孩子会感觉得到我们认可的唯一办法就是获得成就。当然，我们希望他们成功，但不成功也阻挡不了我们的爱。可悲的是，我听到很多男孩说，他们觉得只有在足球场上的时候才会感到父母的爱。我们可能觉得，去观看孩子的运动赛事或音乐演奏，是支持他们。这无可厚非，但我们要注意，无论孩子表现得如何，我们都要表达我们的爱。孩子需要知道，无论自己做什么，都是被爱的。

除了支持和陪伴孩子参加各种活动之外，我还鼓励母亲们留意寻找其他机会，来展示你们对孩子的爱。

亨利的母亲琳达就擅长此道。亨利给人的第一印象可能是腼腆、缺乏自信，但实际上，他很满意自己的生活。和亨利的父亲离婚后，琳达开始一个人抚养2岁的儿子。亨利从来不了解自己的父亲，从母亲那里得到的都是些好的信息。他的父亲曾经从事过几年的职业棒球运动,亨利觉得这很酷。但是,母亲告诉他,父亲后来遇到了困难,所以无法应付家庭生活。亨利8岁时,几乎在一次车祸中丧命,他母亲当时没在车上。亨利在加护病房里躺了三周。有很多次,琳达都觉得自己要失去唯一的儿子了。亨利也是她唯一的亲人,她的父母已经过世了,她也没有兄弟姐妹。如果亨利死了,她觉得自己可能会疯掉。

在访谈中,琳达告诉我,她信靠上帝,她说自己能感觉到他的存在。当亨利从昏迷中醒来后,琳达相信上帝听到了自己绝望中的祷告,并回应了她。当琳达把亨利从医院接回家后,他出现了一些轻微的记忆问题。她需要帮助他恢复说话的能力,但在短短几个月内,他就完全恢复了。

虽然事情已经过去了几年,但琳达的话还是令我震惊。她说:"我不敢相信,当我回家时,我觉得自己非常迫切地想要让生活恢复正常。我希望亨利滑雪、玩棒球或到足球训练营去。也许这样我才能假装事故从来没有发生过,这确实奏效。我也从来没有忘记我一生中学到的最重要的两个道理。"

我问她是什么道理,以及她是如何让生活回归正轨的。

"第一,上帝存在。虽然我们看不见他,但是亨利进入加护病房之前,我从来没有关注过上帝。第二,亨利是上帝赐予我的礼物。他不是我可以拿来炫耀的某种物品,他是我的儿子。我总是希望他知道,他是我眼中的瞳仁,这是否有道理?"

我觉得她的话语中蕴含着极大的智慧,我们都可以借鉴。琳达只是单纯地爱着亨利。当其他孩子去参加足球比赛时,她带他去露营,教他搭帐篷和捉鱼。当他成绩不好时,她泰然自若,从不让他觉得自己对他失望。亨利已经15岁了,在琳达眼中,他好像是从天堂来的天使一样。最重要的是,天使来到的是她的家。从亨利的角度看,他知道为什么他的母亲爱他,因为他是他自己。在关乎孩子的决策过程中,站在孩子的角度考虑问题,能够极大地开拓你的眼界。它不仅将帮助你做出更好的决定,也

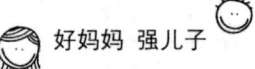

会使你们的关系更亲密。最重要的是，它也能够让孩子真正建立自信心和责任感。

　　活出对上帝的信仰，不仅有利于我们的孩子，还能保护母亲自身。做母亲可能是一份孤独而艰难的工作，特别是对于单身母亲而言。对我们这些希望自强和自给自足的母亲来说，承认自己需要信仰确实比较难。但是，我们的儿子怎么办？就算他们非常优秀，也仍然需要各种建议、关爱和支持。为了把这些东西给予他们，我们也需要同样的建议、关爱和支持。给予建议的最好办法是从更聪明的人那里接受建议。爱我们的儿子，最好的办法是先爱自己。支持他们，最好的办法是了解依赖他人并获得支持是什么样的感觉。我相信，上帝能够为你做这一切，每一位母亲都值得向他托付。

Chapter 6
Give Him an Ax

第 6 章
给他一把斧头

男孩渴望通过某些方式体验自己对家庭的归属感。

第 6 章
给他一把斧头

从蹒跚学步开始，你的儿子就需要力量、能力和成熟。作为他的热心支持者、第一老师和头号粉丝，你的任务是确保他在人生不同的阶段知道自己的优势，然后帮助他加以发展，从而让他在成熟之后感到自己独立自主、富有能力。那么，"给他一把斧头"是什么意思呢？这个隐喻代表，终其一生，你的儿子都将受益于你给他的"祝福"。你给予他了解自身能力的工具（有时是指真的工具，有时是指认知或情感方面的帮助）。然后，你必须帮助他锻炼这些能力，通过增强其独立性的方式。

比如，在他五六岁时，给他一套起重机组件玩具，让他自己拼起来。当他向你哭诉自己不会拼时，鼓励他多试几次，通过这样做来帮他学会处理问题。比如，在他上初中时，你给他一台割草机，并让他告诉邻居，如果需要修剪草坪，他可以帮忙。虽然你给一台可能导致他不慎伤到自己的机器，但你会教他如何使用，教他要尊重机器的力量。然后，你表示对他有信心，认为以他的力量和成熟，能够很好地操作这台机器。

当我们用新工具向孩子发起挑战时，一定不要忘记教他如何使用。如果只是给他一把斧头，让他"去砍点木头"，这是愚蠢的。我们的责任是给他工具，并指导他如何运用它。很多女性可能不知道如何使用斧子，这时可以找一个称职的教练，让对方告诉你的儿子该怎么做。如果你给他的

143

好妈妈 强儿子

"工具"属于抽象类型的，比如帮助他克服表演时的怯场心理，那么你可以和他聊聊他表演时的感觉，或者担心在表演中发生什么；然后，你帮助他把注意力放在表演而不是观众上，给他一些减轻焦虑的窍门；提醒他，如果真的忘记了某句台词也没关系。最后，你才能让他登台。

在儿子的成长过程中，这样的时刻对他十分关键，因为它帮助他了解到，他是强大的，能够掌控自己的生活与感情。妈妈必须告诉儿子，他们可以担当责任。对母亲来说，最棘手的部分是确保儿子接受的挑战适合他的年龄。通常，孩子想要独立做事的愿望出现时，他的能力却远远不够。当他还是个孩子的时候，他的大脑、身体和心理都没有成熟，他也知道这一点，即使他想要实现自己没有准备好去实现的目标。这会让他感到挫折，每个孩子都渴望责任感和成就感，哪怕他只有2岁。还记得你的儿子第一次突然发脾气吗？或许他会一屁股坐在杂货店地板上，不是为了让你难堪，而是为了维护自己的权利。因为他想要什么东西，都没法自己买。控制欲和能力之间的矛盾让他非常愤怒。他又哭又叫，因为他想让你知道，他需要力量和独立。当他16岁的时候，类似的情况也会出现。他会突然爆发，而且愈演愈烈。他不再猛地坐在地上，但他会抓起车钥匙冲出家门，或者猛地关上他的卧室门，或者对你冷嘲热讽。此时，他感受到的无奈和2岁的时候是一样的，甚至更激烈。你要明白，这些情况是完全正常的心理现象，他的做法并不是针对你个人的。

孩子的思想往往要比身体成熟得早。3岁时，他们想蹬两轮车，因为"大孩子"都骑两轮车；但他们的神经系统还没有完全跟上，所以无法掌握平衡。13岁时，他们想玩M级的视频游戏，因为"成熟"的人都玩这个；但他要是玩了，就会做噩梦。17岁时，他们笃信自己可以留在家里独自过周末，并确保没有不速之客进入家中；可惜的是，总会有一些非常严重的麻烦随之而来。

作为母亲，我们了解这一切。为了适应他们的成长，我们试图给他们选择的权利。有的母亲认为，18个月大的儿子吵吵嚷嚷是不恰当的，他

第6章
给他一把斧头

们应该选择安静；有的母亲让6岁的儿子自己选择是打篮球还是拉小提琴。我们希望做出正确的决定，以便使我们的儿子更能控制自己的生活，更像成年人。有时，这些策略是奏效的，有时却并非如此。孩子很难知道他们真的需要什么，或者什么是最适合他们的。有时，给他们选择只会挫败他们。那么，好母亲应该怎么做呢？

武装你的儿子

赋予儿子权利和控制感是非常重要的，所以我们要体贴，并且有意识地这样做。我们不想让他们感到失望，希望逐渐给他们更大程度的独立自主权。不过，有时我们出于母爱所作的一些决定，可能会在无意中限制儿子的发展。

当男孩进入中学，他们内心深处的矛盾会升级。一方面，他们依赖我们，需要我们的安慰；另一方面，他们又不想让任何人知道这一点。在他们成长的某个时刻，他们甚至试图说服自己：他们并不需要我们。在很小的时候，儿子就会从外部得到信息，认为依靠妈妈是软弱的表现。为了成为男人，他们需要摆脱我们。无论我们怎么想或怎么说，这样的感觉在他们的同龄人中普遍存在。一些小男孩不喜欢妈妈开车送他们上学，而宁愿乘坐公交车，以便向朋友们证明，他们并不需要妈妈的照顾。在体育运动方面，他们希望我们成为他们的头号粉丝，但却不希望我们干涉他们的团队或者总是和教练谈论他们的比赛。我们的过度参与对儿子来说可能是极大的羞辱，但这并不意味着儿子对我们有偏见。很多母亲会观看儿子的足球或篮球比赛，她们要么朝着对方球员大喊大叫，要么指责教练没有训练好她们的儿子。有的母亲会帮儿子做作业；有的母亲为了让儿子上场参赛，向老师隐瞒儿子头天晚上在派对上喝酒的事实，因为饮酒是违反球队规则的。我们可能觉得这样做是在帮他们，实际上恰好相反。这样就会给他们造成一种错觉：他们需要我们代替他们奋斗，他们不能依靠自己。

让我们难以接受的是，在成熟过程中，儿子可能更容易依靠父亲，因为他觉得父亲比母亲强。他希望并且需要看到，他的父亲更强大，因为那是他即将到来的成年榜样。他不愿意相信他的母亲更强，因为这威胁到了他的阳刚之气。在很多方面，他都想超过母亲，无论是身体、情感还是智力方面。他需要健康的自我发展，但这并不意味着他是大男子主义，而是因为比起母亲，他更需要得到同是男性的父亲的认可，以便确立自己的阳刚气概。当他还是个婴儿时，母亲的爱和保护固然不可或缺；但当他意识到自己与妈妈性别不同时，母亲再帮助他，他就会觉得自己很软弱。父亲的帮助也会让他不自在，但没有母亲介入时那么强烈。

让他为自己负责

蒂姆上高三时，参加了校足球队。他的母亲布伦达是兼职会计，不工作时，她就去给儿子的球队加油。她开车观看他的所有比赛，高调地担任啦啦队长。她经常谈到自己和蒂姆的关系非常亲密，并为自己认识儿子球队的所有球员感到自豪。

一个周六晚上，蒂姆和他的朋友参加派对，一些队友也在。他们都喝了点酒，蒂姆喝醉了，半夜给父母打电话，要他们接自己回家。周一早晨，蒂姆来到学校，足球教练找到他，并告诉他，他和当时喝了酒的队员要暂停两周的训练。那天晚上，蒂姆回到家，告诉布伦达这件事。她火冒三丈，打电话给教练，坚持要求他撤销对蒂姆的处罚。她辩解说，蒂姆只是做了一个正常男人会做的事，他是个好孩子；毕竟，没有人遇到麻烦，没有人受伤。不堪其扰的教练决定让步，让蒂姆等人恢复了训练。

不久，我和蒂姆谈话。我能感觉到，母亲的做法让他尴尬。他已经17岁了，眼睁睁地看着自己的母亲无视队规，逼迫他的教练。他从中解读出两条信息：第一，他无法处理自己惹的麻烦，需要妈妈来帮他摆平；第二，教练的规则并不适用他，即使他了解规则，并表示同意遵守。

让我们来看看，布伦达怎样才能以健康的方式处理这件事，而不是溺爱几乎已经成年的儿子。她可以说："蒂姆，你是一个男人，这就是生活。你可以处理你惹的麻烦。"虽然他可能想要大骂教练，但最后将学到一个重要教训：他需要像一个成年人那样处理事情。我敢打赌，这将帮助蒂姆在大学中变得更加成熟，成为更好的学生、更好的男人。

出于保护儿子理查德的意愿，拉娜也犯过类似的错误。

理查德腼腆内向，他有几个男性朋友，但关系都不是很亲密。当他16岁时，开始约会一个女孩。理查德很喜欢这个女孩，每天晚上都发短信或打电话给她；周末的时候，两个人便形影不离。意识到儿子在谈恋爱，拉娜兴奋不已。她经常询问理查德和女孩的进展，问他感觉如何，并鼓励他善待女友。不久，她就在无意识中跨越了边界。看到儿子高兴，她更加激动，以至于不经间将自己的愿望投射到他的身上。在她心目中，儿子似乎已经和女友结婚了。她开始催促理查德向女友做出更郑重的承诺，但他并没有准备好。她鼓励他们花更多的时间在一起，教理查德如何表达自己的感情。

不幸的是，她犯了很多热心的妈妈都会犯的错，那就是以为她的儿子比他实际上更为成熟。理查德与他的女友都是16岁，但拉娜的鼓励显得他好像是一个成年男子。有一天，理查德的女友提出和他分手，理查德崩溃了。拉娜大怒：这个女孩怎么敢甩了她的儿子？理查德缩在自己的房间里，他需要一些独处的时间。拉娜则开始考虑：怎么做才能解决这个问题？怎么做才能挽回儿子的尊严？但她不知道。于是，她登录了理查德的脸书账号，未经他同意就在他女友的留言板上公开说，理查德很好，不应该被甩，还骂了那个女孩几句。

你能想象发生了什么事。理查德的朋友们看了留言，一些男性朋友指责他，一些女孩嘲笑他，当然也有人同情他。理查德不仅要经历分手的痛苦，还要承受朋友的羞辱。他母亲的行为让他看起来非常懦弱，而他自己也这么认为。

如果回顾一下理查德和他女友的关系，我们可以看到，拉娜在其中犯的错误。首先，她在感情上过度投资。因为儿子很害羞，当他开始约会时，她很激动，结果把自己的热情投射到儿子身上。她本应该旁观，让理查德弄清他自己的感觉，而不是总是把她的感觉传递给他。其次，她越界了。她跳进儿子的恋爱关系中，手把手教他该做什么，以及什么时候做。当然，妈妈给予建议是应该的，但理查德并没有征求她的意见。所以，她最好是观察和等待，在需要时给出意见，而不是采取从一开始就介入的方式。她的意图是好的，但她太过激进。第三，拉娜亲自为儿子辩护，而没有给他说话的机会。她不应该用儿子的脸书账号留言，也不应该对他女友说刻薄的话，这让理查德无比尴尬。

我们必须始终记住，父母要有父母的样子，我们和孩子的朋友不一样。而拉娜却以朋友的口气在儿子女友的留言板上发表意见。每个母亲都有成为孩子朋友的意愿，以保持感情上的贴近。我们担心，如果我们总是像成年人那样，孩子会和我们产生距离，会觉得我们不理解他们。然而，如果我们表现得像他的同龄人，总会事与愿违。

在儿子人生中的低谷阶段，拉娜剥夺了他处理问题的权利。她想要保护儿子，这很正常，但她错在听从了自己的冲动。她的行为让理查德感到自己很懦弱，无法为自己辩护，随时需要妈妈跟在身边，帮助他处理人际关系。很多时候，母亲们只需要简单地后退，等待儿子过来征求你的意见，而你不能擅自行动。你可以参观他的脸书主页，但不要在他或他朋友的留言板上写字。

如果我们不让孩子对自己的行为负责，认为他们需要我们进行干预、提醒和保护的话，那就创建了一种不健康的依赖关系，这将影响他们今后很长一段时间。孩子需要通过接受惩罚或忍受困难来获得更好的成长。我们需要后退一步，把力量还给孩子。幸运的是，这不难做到，如果你了解几个秘诀的话。

第6章
给他一把斧头

斧头可以有各种形状和尺寸

首先，不论年龄，你都要向儿子发起身体方面的挑战。对此，男孩会做出非常积极的反应，因为任何让他觉得能从身体上掌控的事物，都会使他感到自己很强大。最好和最简单的方法之一，就是让儿子帮忙做家务，比如帮你准备饭菜、倒垃圾、买东西，或者定期收拾院子等。告诉他，你需要他的帮助。他可能会抱怨，但你不用在意。请记住，要他干体力活并不是一种惩罚。

我让儿子帮我做过不少杂务。比如，请他做晚饭，结果他迅速变成了一个了不起的厨师。当他足够大的时候，我让他到杂货店采购，把东西带回家，然后准备晚餐（有时候我下班很晚）。对我来说，这不仅很有趣，也会让他在将来成为了不起的丈夫。在给你的儿子找事做的时候，要有创意地对待他，不要把他限制在传统的男性工作之中。之后，你会惊讶于有如此多的方式让他发挥自己的能力。如果你需要帮忙，尽可以找他，因为你知道他是多么强大和有能力。

第二，随着儿子的成熟，你需要让他知道，没有你的帮助，他依然可以做很多事情。我知道这有点难以接受，但事实是，儿子长大一些后就会觉得，如果总是需要你的帮助，他就是个懦夫。他3岁时，你帮助他使用剪刀，这是可以接受的。而当他13岁时，只要一遇到学习上的难题，你就过去帮忙的话，就会让他觉得自己很无能。很多学校会要求父母帮助孩子完成作业，对此我不敢苟同。因为父母的帮助会让孩子觉得，他不能靠自己完成作业。这无助于孩子独立，也伤害了孩子的自信心。所以，如果你的儿子经常需要帮助，跟他的老师谈谈。如果你要帮忙，请确保他经过了努力尝试，并且主动要求你帮忙。同样地，当儿子确实需要帮助时，我们也要敏锐地觉察到。比如，孩子担心自己的学业，或者为朋友之间的关系感到忧虑，即便我们曾教导他自己处理问题，但假如他确实做不到，我们也有必要使他觉得自己愿意向成年人求助。我们必须非常谨慎，要以适合孩子年龄的方式向他们发起一定的挑战。

汤姆的母亲知道忍耐着不去帮助孩子有多难。8岁时,汤姆和一个同学吵架,因为对方说汤姆弟弟的坏话。汤姆很生气,于是让对方放学后到他家去一决高下。傍晚时分,门铃响了,汤姆的母亲去开门,发现一个男孩站在门口。她跟他打招呼,问他是否有什么事。

"我是来和汤姆打架的。"这个男孩说。

她很吃惊,一时说不出话来。然后,她冷静地问了男孩原因。"哦,我明白了。好吧,汤姆在后院,你可以从房子侧面过去。"说完,她关上门。

那个男孩去后院找到汤姆。汤姆的母亲从厨房的窗户往外看着。她看见他们交谈了几句,然后开始摔跤,但并没有拳脚相向。当他们在地上滚了几圈后,汤姆的母亲走出来,宣布"打架"结束了。她告诉那个男孩,他该回家了。

我必须承认,作为一个母亲,当汤姆告诉我这个故事时,我倒吸一口冷气。如果一个小男孩来到我家门口,想打我的儿子。我可能不会允许他,可能会带两个男孩到厨房去,给他们喝饮料,也许再来一些饼干,以便安抚他们的情绪,与他们讨论情况。我会试着说服他们,用非暴力的方式解决冲突。否则,我就会采取备用计划:走到一边,给那个男孩的母亲打投诉电话。

汤姆是幸运的。当他告诉我这个故事时,已经是多年以后了。"母亲是我的英雄。我很小的时候就崇拜她。当那个男孩来到我家门口,我母亲没赶他回家,因为她知道我需要捍卫我的兄弟。她知道我的自尊心受到威胁,而她没有从我这里夺走我的自尊。'战斗'结束后,我觉得自己的人生改变了,因为我不仅能自己处理问题,而且我的母亲相信我能做到。她用行动告诉我:'汤姆,你可以处理任何事情,我相信你。'"显然,汤姆很兴奋,他继续讲他的母亲,"当我长大后,我为她的做法感到高兴。上大学时,我记得我有时会担心自己的学习,那时我会打电话给我母亲。她会告诉我,我一定能通过考试。她像是我的灵感源泉。我大学毕业后,我

第6章
给他一把斧头

母亲又回到校园深造,她读了法学院,表现很出色,现在她已经是一名法官了。看到她的所作所为,我也为自己设定了目标,并且去了法学院。那一天改变了我,改变了我与母亲的关系。我很感谢那一天她所做的事情。"

在依照直觉教育孩子方面,我们往往做得不错。然而,我们也应该了解"他们需要什么"和"我们想给他们什么"之间的区别,这是培养优秀孩子的关键。作为女人,我们看待事物的方式和男人不同,而儿子需要我们鼓励他们以自己的方式行事。在某种程度上说,儿子是很容易抚养的。他们一般喜动不喜静,需要大量活动,所以你只需让他到外面去发散多余的能量。当他们心烦意乱时,通常不久就会过去,好像什么都没有发生。大多数男孩没有小心眼,因为他们根本就懒得多想,只会专注于自己的事;如果有问题,他们会自己想办法解决。我们需要记住这一点,不要强迫他们按照我们的方式思考问题。

母亲有很多方式来激励孩子,就像汤姆的母亲那样。我们可以让他们自行处理问题,可以让他们参加体育活动,可以请他们帮忙做一些需要付出体力的杂事,比如倒垃圾、扫落叶、帮祖父母干活,或者自己骑自行车去学校,而不是等父母开车送他。除了体力上的锻炼,我们也可以让儿子在智力上挑战自我,而不是沉迷于电视节目或电子游戏。我们可以根据儿子的年龄,让他们阅读适当的书籍,然后和他们讨论书的内容或他们的想法。

不妨设想某一天,下午五点钟,你刚把结束足球训练的儿子接回家,然后忙不迭地在冰箱里翻找晚餐的食材。你叹了口气,因为冰箱里只有一些生菜和几只胡萝卜,以及只够两个人吃的汉堡包。你需要开车出去买菜。你的儿子看到这一切,抱怨起来,因为他饿了。结果,你感到非常内疚,你觉得自己应该把一切安排得更好,提前一天就应该买好东西。你的儿子也很着急,因为他明天有个测验。他很紧张,需要你帮助他学习,因为他还没弄明白几个代数问题。他爬到沙发上,开始玩游戏打发时间,而你去了商店。你知道他需要做功课,但你不希望让他感到失望,所以只得让他玩电子游戏。你刚才的反应是在告诉儿子："如果没有我，你就学不好数学。我是个好母亲，我打算帮助你。所以，你先玩游戏吧，等我回来。"

这样的情景似乎微不足道，但从一个小男孩的角度来看，这是一个大问题。你正在让他形成一种关乎自我评价的思维模式：他自己无法处理烦躁的心情，如果没有你，他甚至无法完成智力活动。因为你累了，你只想坐在桌边吃晚饭，不想和他发生争吵。然而，如果我们能制定一些严格的规定，比如限制玩电子游戏的时间与次数，要求孩子独立完成功课等，儿子可能会感觉更强大。开始时，他们可能会抱怨或反抗，但如果我们自始至终地坚持，他们就会接受。

鼓励他自信

母亲很早就会溺爱孩子。很多高中老师都能说出不少年轻男孩因为母亲的宠爱而变得一无是处的例子。儿子上一二年级时，我们会帮助他适应新的环境。起初，我们指导他们做数学题，后来不知不觉中，连他的模型制作、艺术作业和历史报告都需要我们的帮忙。因为这是个竞争激烈的世界，别的家长都在帮自己的孩子，我们不希望儿子落后于人。事实是，如果得到父母的帮助，孩子可能会取得更好的成绩，但最终每个人都有所损失。那些自己做作业的孩子分数可能低一些，有父母帮助的孩子分数或许高些，但后者从来没能了解自己真正的能力，还会对父母产生不健康的依赖。

母亲过度介入和帮助孩子的主要原因之一，是她们看到孩子在困难中挣扎，认为自己应该出来解救孩子。也许你的儿子学习很好，但体育却不如别的同学，运动起来没那么灵活。我们迫切希望他能得到同龄人的尊重和接纳，但往往试图强孩子所难。比如，他更喜欢阅读，我们却让他打球，或者在他不愿意的时候强迫他参加团队活动。如果儿子不符合传统的所谓"规范"，我们就会为他感到遗憾，可这很快会让孩子自怨自怜。

共情可以让我们了解孩子的情况，避免反应过度或者让孩子觉得自己

第 6 章
给他一把斧头

很失败。

对孩子缺乏竞技实力、学习优势或社会技能的共情，意味着我们理解他们的苦衷。我们认识到，他们的生活会更具挑战性。共情可以使我们对孩子的问题敏感，但不能代替他们承担责任。首先，我们要理解孩子的困难，然后确保自己在健康和适当的边界内活动，以保证他们自信健康地发展。

假设一个男孩的运动能力受到挑战。他非常想打橄榄球，但教练拒绝了他，理由是他的水平不够进入球队。在这种情况下，一个善解人意的母亲会帮助她的儿子明白，她知道他想参加这项运动，但目前球队不是唯一的选择，她可以帮他找到更适合的地方去发挥他的能量。通过这种处理方式，我们能帮助孩子看到，他有很多其他方式来发挥能力或享受兴趣。假如没有球类天赋，也并不是什么大问题。然而，如果我们因为这种情况而感觉对不起孩子，采取防御性的反应，就相当于告诉他，他是有缺陷的，否则我们不会为他感到遗憾。我们试图证明儿子不是一个失败者。问题是，孩子能够看穿这一点。即使他们幼小的心灵可以推论出，不擅长橄榄球不是什么大不了的事，但他们会感到疑惑，为什么妈妈会这么不高兴？

孩子会察觉你的想法。哪个孩子都不想让母亲觉得自己软弱。起初，他会觉得母亲的同情是爱他和关心他；但随着时间的推移，同情可能成为他的阻碍。大多数好母亲发觉不了这一切。我们只想移走孩子的困难，希望他们的生活更美好。如果他们容易被人欺负，我们就要确保没有人伤害他们。如果他们不如其他孩子受欢迎，如果他们有学习障碍，如果生活似乎只是对他们不公平……那么，我们会本能地介入，帮助他们。但是，我们一定要小心。如果我们发现自己经常为孩子的行为找借口或辩护，那么请问问自己，是否感到同情或怜悯？然后提醒自己，感觉对不起孩子无可厚非，但这样做却会伤害孩子。当我们从共情转化为对孩子的同情，就会惹出麻烦。共情避免我们胡乱承担责任，而同情则不然，它使我们感觉对不起孩子。当那种感觉在心中扎根的时候，我们就会站在错误的位置，把

好妈妈 强儿子

他们当成弱势群体来对待。

如果你的儿子有明显的弱项，不妨引导他接受现实，尽可能正常地生活，甚至利用它来让自己更强大。昆顿上大一时，出现了强烈的焦虑，经常因为惊恐症发作而在夜间醒来。起初，他没有打电话告诉母亲安德莉亚，但他的症状越来越严重，以致无法离开宿舍。当他终于告诉母亲后，安德莉亚立即驱车三个小时赶到他的学校，帮助他想办法。昆顿很憔悴，他想退学，因为他不愿意让他的室友或朋友知道发生了什么事。在接下来的几天里，母子俩讨论了儿子的焦虑症状，做了一个计划。昆顿去咨询了一个很好的心理医师，以及一位当地的医生。

昆顿告诉她，为了熬过每一天，他要吸很多大麻。他甚至因为毒品被拘留了好几天。他说，他一直羞于给她打电话，但他就是无法停止吸毒。当他感觉很可怕的时候，大麻能帮他。她明白他处于困境之中，但她告诉他，不能再吸毒了。安德莉亚回到家后，给我打电话，因为她不确定自己做得对不对。"刚开始，我真正想要做的是把他送回家。我甚至没怎么谴责他吸大麻，因为它能帮他。接着，我设身处地想象了一下他的情况，就改变了注意。尽管我非常想答应他退学，但我没有这么做。我们找了一个医生和一个心理咨询师。我告诉他，他需要完成最后六周的学习。虽然日子会很难熬，但他可以治疗，而且我会尽我所能地帮助他恢复。"

作为一个母亲，我理解她为孩子吸大麻找借口的冲动。而且，我也会做同样的事，想把19岁的儿子塞进车里带回家。但作为一名医生，我可以告诉你，安德莉亚当时的决定是完全正确的。是的，昆顿的忧郁症固然糟糕，但是她来到儿子身边，以就事论事的方式，帮他制定了一个计划，他才松了口气。如果她对他说，她是多么为他感到遗憾，他的生活是多么可怕，他多么应该回家……那么他就能察觉到母亲是在怜悯他，这会让他的问题变得更糟糕。

而当安德莉亚告诉儿子，她肯定他有毅力完成这一年的学业，就是在告诉他，尽管他有焦虑问题，但他是强大的。她还告诉他，她认为吸大麻

第 6 章
给他一把斧头

是不能接受的,就算他感到焦虑也不行。换句话说,她不但没有谴责他,反而向他表达了很高的期望。虽然她觉得这样很难做到,似乎显得冷酷无情,但是她帮了儿子的大忙。她给了他一把"斧子",在他最需要的时候。

教他承担责任

男性通常在家中不会扮演照顾者的角色,他们更愿意专注于事业。这是大多数成年男性看问题的方式,即使在他们还是小孩的时候,也会将父亲的身份与他的职业紧密联系。他们认为工作是男人的一部分,工作怡情养性,可以使他们获得成就感和自豪感。在青春期,孩子心理健康发展的过程,主要是脱离对母亲的依赖变得独立的过程;同时,他们会承担某些工作的责任。

即使是六七岁的男孩,如果知道自己能独立做点什么,他们的感觉就会更好。但对许多母亲来说,让年幼的儿子做家务会让她们感到内疚。身为母亲,我们是照顾者,负责运转整个家庭,为家人提供良好的生活环境。而让孩子做家务这件事,似乎是违反母性本能的。然而,我们需要认识到,虽然男孩可能会抱怨,但他们需要完成自己的责任,才能有归属感。即使是小男孩,也需要感到自己是一个群体的组成部分。如果我们在家里从来不给孩子分配任务(无论是有偿还是无偿),他就会认为自己不需要承担责任。一个缺乏责任感的男孩,就像是个被惯坏的淘气鬼;实际上,那是他感到沮丧或孤独的一种表现。总之,男孩渴望通过某些方式体验自己对家庭的归属感。

当男孩的年龄足够大的时候,我鼓励母亲让他们从小事做起。随着他们的成熟,工作应该变得更困难、更频繁,因此也更有意义。所谓工作,可以是在家里做家务,也可以是从事家庭以外的有薪工作。单身母亲尤其应该注意这一点。

首先,因为孩子的父亲不在身边,所以单身母亲会感觉更内疚。很多人会试图通过使生活条件更好来补偿孩子,负疚感使她们更加努力地工

好妈妈 强儿子

作,并更少地要求孩子。但这对母亲和儿子都不好。儿子不知道家庭需要自己,以及他在家庭中拥有的重要地位;母亲则因为过度工作而疲于奔命。因此,对于单身母亲,或者很少从配偶那里得到支持的母亲来说,请不要剥夺孩子从承担责任中受益的机会。在他们长大离家之前,当务之急是培养他们努力奉献的强烈意识;因为当他们成熟之后,就会把自己的身份认同与良好的工作能力绑定在一起。努力工作的男生对自己感觉更好。

很多妈妈会"保护"自己的儿子,不让他们做家务,理由是男孩需要把自己的空闲时间用于体育和其他课外活动,以便能进入一所好大学,或者干脆享受玩耍的乐趣。虽然我们需要尽早帮助儿子设定长期目标,但如果孩子不知道如何培养职业道德,纵然掌握了技能也没有用处。虽然在教室、足球场或音乐厅里,他们可以学会自律;但在那种环境下,他们的目标是通过自律和实践提高自己的技能。而从事与体育或其他以自我为中心的活动无关的工作,可以教会孩子如何坚持。如果他们秋天的时候扫树叶,虽然不会获得什么荣誉勋章或者迅速提高某种技能,但却能从帮助他人和履行责任中得到成就感。

很多妈妈都相信,生活的关键是给予,所以总是给儿子提供各种东西。我们这样做常常是因为很多朋友都这么做,我们感到了同龄人的压力。有时是因为这样做要比和儿子一起奋斗容易得多。孩子会时常因为做家务的问题和我们争论,所以我们觉得与其逼他们做不喜欢的事情,倒不如自己做更简单。但我们需要记住,虽然这条路开始很难,可一旦孩子习惯,生活就会变得更轻松,我们也不再需要时刻督促他们。我们需要做的就是,赋予他们最初的动力,推动他们沿着这条路走下去。如果讨价还价能让自己不用做家务,那么孩子就会一直与父母讨价还价。一旦我们让孩子知道,我们不会妥协,而且工作是生活的一部分,那么他们就会放弃争论,把承担责任当做生活的一部分。

很多妈妈经常问我如何针对不同年龄的孩子采取行动。如果你不确定应该叫儿子做什么,下面是一些杂务指导方针,供你参考。

第6章
给他一把斧头

学龄前儿童：给他们分配一项家务，每周做两次。比如把湿衣服从洗衣机转移到烘干机，收拾玩具，或者帮忙打扫厨房的地板。最重要的是，选择一项孩子可以重复去做的差事，这有助于他养成习惯，认识到工作是生活的一部分。

小学生：每周至少做三次杂务，要么在上学前，要么在放学后进行，不必花费太长时间。比如给垃圾分类，洗碗碟，收拾桌子等。理想情况下，这些杂务不仅能帮助他本人，也有利于家庭中的每个人，让他觉得自己是家庭中不可或缺的一个组成部分。

初高中生：每天都做一些杂务，或者到外面去打零工。如果你的儿子太年轻，不适合到商店工作，那么他可以帮助邻居干活，比如收拾院子、刷油漆、给车道铲雪、修剪草坪等。我不主张孩子把整个暑假拿来工作，这很无趣，他需要把玩耍与工作结合起来。最重要的是，在儿子学习独立的关键阶段，他需要有一定的工作来锻炼能力，获取自主意识，甚至摆脱困境。这些都是对青春期男孩极为重要的素质。

根据多年来与孩子打交道的经验，我发现那些打工的孩子或者忙于自己兴趣爱好的孩子，更有可能少喝酒，有较高的自我评价，得抑郁症的比率较低，对未来怀有美好憧憬。因为以此为基础，等他们长大成人之后，对生活就会胸有成竹。

让母亲们感到最伤心的事情之一是，我们如此努力地为孩子安排各种计划，可是他们却变得厌倦。当我的儿子十几岁时，我想让他弄清楚他是否愿意成为一名职业足球运动员，或者参加奥运会的跆拳道比赛，或者成为一名神经外科医生并带领一群学生实习（在他的年龄，他的父亲已经在学习医学了。不过千万不要逼他子承父业），或者成为一名化学工程师……他需要尝试所有这些事情，然后做出选择。但是我怀疑他没有那么多时间，在我心目中，帮他选择职业是我的责任，因为他出色的母亲能够在他大二之前就帮他确定未来的事业。

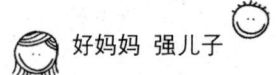 好妈妈 强儿子

我的意图是好的,我希望这样对他最好。但是我的直觉(和朋友)告诉我,这样做不恰当,因为他需要一份工作来避免感到乏味无聊,其次才能搞清楚自己是否适合这份工作。好妈妈要教他如何应对生活的压力,其次才是让他弄清自己将来想做的事情。然而,我并不想这样。我希望他非常活跃,因为我相信伟大的母亲都会为儿子提供各种机会、安排各种活动,不给他们留下任何无聊的余地。

幸运的是,我想出了一个办法。我儿子姑姑的咖啡馆夏天时需要帮工。在高三学生眼中,冲咖啡的活儿相当无聊,但我可以告诉你,对我的儿子来说,那是一段奇妙的经历。我看到他的态度有所变化,虽然他继续踢球,但同时也会帮助他的姑姑,虽然有点平淡,但每天努力工作的感觉使他高兴。过去他从球场或者暑期学校回家后,总是闷闷不乐;但是当他下班回家后,情绪却是乐观的;他甚至期望工作是枯燥的,这样他还能尝试从中发现趣味。另一方面,足球训练的目的只是让他更强,成为更好的球员,而且要交学费。如果训练效果不佳(这很常见),他就会感到失望。而他在咖啡馆的工作从未中断过,因为他把工作变成了自己希望的样子。

鼓励他为自己战斗

无论年龄如何,男性都需要一决输赢,有时拼的是体力,但大多数时候拼的是精神。无论采用哪种方式,男孩都本能地想要控制局势,捍卫他们认为是正确的东西。对很多母亲来说,这难以应付,因为那不是我们的本能。当然,有些人可能会非常有主见,在爱的人受到威胁时,勇敢去战斗。但以我的经验而言,男孩比女孩更容易发动战争。

假设一个5岁男孩在外面玩,几分钟之内,他可能会找树枝或石头打来打去,或者建一座小房子,然后把它摧毁,又重建。男孩通常喜欢粗暴剧烈的运动,那能体现出他们击退敌人的愿望。我们必须准备好接受他们的这种本能,并朝着健康的方向引导它,这不仅会帮儿子释放多余的能量,也会帮助他建立自信。

第6章
给他一把斧头

可能与你想的相反，阅读、玩战争题材的视频游戏并不能满足你儿子的战斗欲。暴力的游戏、暴力主题的电影或歌曲会让孩子对他人的苦难变得麻木，长大后变得更有侵略性。大量研究表明，重复观看暴力内容会让男孩的行为越来越有破坏性，不仅不会缓解他的战斗欲，反而会让他变得更加暴力。

很多妈妈问我，小男孩可不可以用塑料人偶玩战争游戏。她们担心，男孩们一起玩战争游戏时会真的打起来。我的回答是：放松！假装打仗和玩暴力视频游戏造成的影响有着巨大的区别。前者调动了男孩的想象力，能够让他释放一些恐惧和忧虑。布鲁诺·贝特尔海姆撰写了大量关于男孩需要的童话，其中有好人和坏人战斗的主题。听到关乎善与恶、英雄和恶棍的故事，可以让男孩有机会分辨是非对错。他可以想象自己是保护遇险公主的骑士，也可以把自己想象成骑马佩剑、穿过树林的国王。如果他读的是残酷国王压迫子民的故事，就会认识到，也许他自己也会像国王一样，在情绪不好时对周围的人发泄。他会觉得做国王很威风，而自己会成为好国王，因为母亲说残忍是不对的。最终，故事里的国王仍然那么残忍，而他却可以成为一个好人，因为这是他自己总结出来的。这个例子说明，幻想故事能以健康的方式帮助男孩解决冲突。这样的事却不会发生在玩电子游戏的男孩身上，他们只会下意识地做出机械反应，他们吸收信息并模仿行为，但却从来没有处理过任何更深层次的问题。

我们可以采取多种方式教儿子自信，并捍卫他们的信仰。男孩自尊的一个重要组成部分是学习如何为自己辩护，并坚持自己认为是对的东西。这是否意味着，当操场上有小孩朝他挥拳头的时候，他就应该把对方打倒？不是。当孩子觉得自己受到了冤枉、贬低或欺负，我们要教他正确的处理方式。

有些时候，我们害怕侮辱别人，以致让孩子觉得他们不能为自己辩护，而且他们并不需要为他们周围的受害者说话。我听过男生欺负别人的录音。通常情况下，更令人烦恼的是，竟然没有人站出来为挨欺负的人打抱不平。变得残忍很容易，而维护那些受委屈的人却很难。如果你想让孩子长大后自我感觉良好，热爱生活，就要教他如何为那些需要他的人战斗。如果你的儿子比其他同学高大，教他注意保护那些矮小的孩子，以及那些被认为是书呆子的同学。当他渐渐长大，鼓励他要勇敢。当他在高中的时候，教他保护那些可能被人欺负的女孩。而当他在大学时，鼓励他在深夜护送回宿舍的女同学。通过帮助别人，他会更好地了解自己，变得无私。

幸运的是，我们可以教导儿子如何获得精神方面的聪慧。比如，每天他们都会接触到很多关于如何变得受欢迎、性感，甚至是误导他们变得有攻击性或不尊重女性的信息，这会影响他们看待自己的方式。因此，我们必须设法揭露这些消息的本质，然后帮助他们抵制它们。这是一场美妙的"战斗"，如果你愿意帮助他的话。

过去的25年，我从无数年轻人那里收集了大量此类信息。如果你的儿子正与其中一些或全部进行斗争，那么请参考下面几项内容，你将能够轻松地帮助他反击。

1. 我不像我的朋友们那么聪明

大多数男孩成熟速度比女孩慢，尤其是在小学低年级时。男孩掌握阅读技能没有女孩快，在理解科学和数学问题方面更困难。如果他们和女生一起上课的话，会很快发现有些女孩学习速度很快。因为他们不清楚自己的认知发展特点，所以会认为自己笨。显然，男孩在一二年级时，更容易遇到学习问题，或者被诊断为多动症。自卑的感觉可能会困扰他们许多年。有的男生对我说，一位老师曾经告诉他，在低年级学生里，他的阅读水平很差，而这个屈辱一直伴随他上了高中。

在给低年级男生贴标签，认为他们学习吃力的问题上，我非常谨慎。因为在许多情况下，他们只是需要更多时间来掌握学习技巧。我鼓励你支持儿子的主张，并确保他得到充足的时间。如果老师或医生想给他贴上学习困难的标签，那么请对方拿出证据来。一旦孩子被确诊，可能就没有回头路。所以，最好避免使用"聪明"或者"智力"等词汇。他还这么小，你根本搞不清他的智力情况究竟如何。在有足够的了解之前就妄下断语，只会伤害孩子。

如果你的儿子担心他跟不上别的同学，尤其是相对于同龄的女生而言，你可以帮助他改变那种认为自己不聪明的看法。你可以让他知道，虽然某些想法会进入他的脑海——比如他不能做某件事，或者没有足够的智慧解决一个问题——但那都只是想法，而不是现实。告诉他，他可以忽略那些消极的想法或反击它们，让它们离开。

2. 我不像我的朋友们那么可爱

如果你的儿子感到自卑，无论他年龄多大，你必须做两件事情来帮助他对抗这种想法。首先，如果他的父亲愿意，请他多和孩子相处。男孩（特别是十几岁的男孩）在看到父亲关注自己的时候，自信心将获得巨大的提升。第二，尝试让他说出心中的消极想法，然后帮他扭转它。这很重要，因为男孩需要开始分辨自我评价和事实。他们觉得自己不讨人喜欢的时候，可能其实很讨人喜欢。指出他拥有哪些真正精彩的特质，比如勇敢、耐心、善解人意等。尽量强调他性格特质中令你自豪的一面，而不是他单纯做得好的地方。因为他需要知道，你爱他是无条件的，不是因为他是否可爱。

告诉你的儿子，即使有同学不喜欢他，也不意味着他是不可爱的，那只是说明他不是最好的孩子。当你帮他找出消极的想法，还需要帮他进行积极的替换。同样，这需要很大的耐心，但随着时间的推移，它确实会奏效。

3. 被人欺负是很正常的

许多父亲都对我说，被人欺负只是男孩生活的一部分而已。他们认为，这是建立秩序的一个步骤；虽然父亲觉得这无所谓，但是母亲却不同意。他是我们的儿子，从他很小的时候我们就保护他，这是我们义不容辞

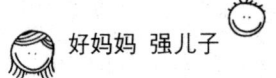 好妈妈 强儿子

的责任。

如今,新闻中也经常会提到欺凌问题。男孩们可以在脸书、微博或YouTube上,当着巨大的观众群,公开地羞辱别人。受害者不再只是面对几个熟悉的同龄人,而是成千上万的其他孩子。这使得欺凌引发了更大的情感痛苦。

羞耻和屈辱是男孩最难承受的两种情绪,因为它们是如此复杂,影响了他的自尊、他对自己和周围人的看法。每一个好母亲都想保护她的儿子不受这些情绪的伤害,但如果我们不小心,可能会弄巧成拙,反而会加深他受到的伤害。

我们可以做几件重要的事情帮助我们的儿子免受欺凌,或者在他们遇到欺凌时帮助他们尽快恢复。首先,我们必须教导他们礼貌自信。有些男孩天生霸道,有些却敏感安静。在不改变一个男孩个性的前提下,我们可以改变他与同龄人互动的方式。我们可以训练他说话,让他不那么咄咄逼人。要做到这一点,最好的办法就是询问他的感情和意愿,越早开始越好。比如,如果有亲戚来访,事后我们可以询问孩子是否喜欢他们的到来。通过了解他对重要事物的看法,我们会让他知道,我们重视他的想法。这并不意味着我们凡事都要征求他的意见,只是为了说明我们关心他的想法。在帮助他重视和表达自己的正面和负面情感的过程中,我们也引导他练习了口才。

教儿子不要畏惧欺凌者也是非常重要的。欺凌者的目标是那些安静、随和、善良,有时候和其他同学有点不同的孩子。有时他们会挑最聪明的男孩——那个赢得过所有奖项的人,有时他们只是随便挑一个同学欺负。欺凌者往往会远离那些挑战他们的孩子。如果一个男孩被欺负过,很容易再次成为欺凌者的目标。

你需要注意观察孩子是否有被欺负的迹象,尤其因为男孩在遇到这种事时不愿意告诉母亲。男孩年纪越大,就越不可能告诉自己的妈妈。所以,你一定要勤于你的侦探工作,观察可疑的迹象。比如,如果孩子本来坐巴

第6章
给他一把斧头

士上学,最近却莫名其妙地拒绝再坐巴士;如果他在操场上被人欺负,可能会要求一直留在室内。请记住,欺凌让男孩感到屈辱和虚弱,当这些感情沉淀在心中,他们就会感到苦不堪言。但是,因为男孩不容易吐露心声,他们会把羞辱和尴尬压抑起来。比如,一个男孩可能变得郁郁寡欢,他的成绩可能下降,对各种活动的兴趣也大大降低,还有可能会无缘无故地爆发愤怒。所有这些迹象都表明,他可能遭到了欺凌。当你发现之后,应该确认他是否被人欺负。

如果你发现确实有人欺负他,首先需要评估情况,关键在于不要反应过度,这将使任何问题变得更糟。举个例子,如果一个同学不断地指责你的儿子作弊,这不一定构成欺凌,尤其是当你的儿子并不在乎对方说什么的时候。如果有人骂他,他又骂回去,可能算不上欺凌,要看具体情况。孩子们经常会互相顶嘴,一般情况下,谁都不会觉得特别受到冒犯,因为他们彼此认识,处于平等的社会地位。我们要防止一时冲动而做出错误的判断。

如果你确定儿子真的受到侮辱,那就需要逐步加以处理,从老师或者相关的成年人那里了解事情经过。如果他们无法帮你解决,或者你觉得欺凌者没有得到惩罚,可以去找校长。如果校长也令你失望,那就去找欺凌者的父母。如有可能,我鼓励父母双方都要出面,因为很多权威人士会更相信男人的说辞,所以如果你能和孩子的父亲合作是最好的。

我们也要反过来想想,万一你的儿子是欺凌者怎么办?家长们往往相信,自己的儿子"永远不会对别人做坏事"。这种想法是根深蒂固的,几乎每一位家长都有。因为我们更愿意关注他们美好的一面,并且相信孩子是好的。我们必须克服这一偏见,谦卑有助于我们认识到,我们的孩子可能会和我们一样面对邪恶的诱惑。为了让他们成长为快乐的、负责任的成年人,我们必须帮助他们看到自己的缺点,面对和扭转自己的不良行为。

如果有人向你告状,说你的儿子欺负了他。首先,加以验证,询问他的老师和你信任的家长,不要问他的朋友,因为他们可能不会告诉你真

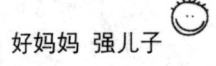

相。然后,问问你的儿子。这比较难,因为他会自我辩护(如果他是有罪的),他可能会说谎,因为他不想让你们失望,他也不想承担后果。你可能需要花上好几天的时间找出真相。

一旦你确定儿子确实对别人做了残忍的事,必须让他学会吸取经验教训。残忍总是给他本人和别人同时带来伤害。如果你没有让他意识到后果的严重性,就阻碍了他的成长。所以,不要让这种情况发生。讨论他的行为,告诉他为什么它是绝对不能接受的,然后给出相应的处罚。这可能会让他自卑和屈辱。他应该向受害者和受害者的父母道歉(私下最好)。然后,他需要努力弥补损失,以观后效。如果他因此被暂时停学,那么一定要充分利用这段时间,不允许他只待在家里看电视或玩电子游戏。做到这一点对父母来说有些困难,但你们必须表现出强硬的态度,因为最善良的家长不一定培养出最善良的孩子。

最重要的是了解孩子行为的根源,为什么他会这么做?不要把他视为一个受害者(因为这也会让他不知所措),和他坦率地谈论他的感受,为什么他失控了?他为什么如此愤怒?难道他没有同情心?你可能需要专业人士来帮助你,因为大多数家长在这方面并不擅长,而且你们的关系太亲近了。但是,不管你做什么,请不要回避事实真相,坦然面对儿子的行为,睁大你的眼睛。如果你纵容他否认事实,他将永远不会过上健康快乐的生活。

4. 我需要和很多女孩做爱

母亲可能会低估各种性信息对十几岁男孩的影响。他们可能觉得那些和多个女人做过爱的男人更有男子气概。作为他的母亲,你应该知道,孩子在高中毕业前,可能迫于压力发生性关系。很多男生自我评价不高,认为如果没有性行为就会被人看不起。结果,性行为却给他带来了糟糕的体验。这种情况频繁出现在青春期男孩之中。

我们需要做好准备,为我们的儿子解决性的问题。这是艰难的,会令

第 6 章
给他一把斧头

我们不自在，但我们有许多工作要做。不仅因为性病流行，还因为很多青春期男孩都会觉得自卑，他们以为参与性活动可以让朋友觉得自己有阳刚气。事实上，男孩们常常会吹嘘自己有多个性伴侣（无论真假），以使自己看起来比朋友更像男人。如果一个男孩认为做爱会增加他的男人味，那么要是他的朋友们在性方面都比他活跃，他就会感到自卑，甚至形成偏见。年龄较小的男孩频繁地参与性活动，可能会损害自己未来的个性。如果你的儿子正在为这个问题苦苦挣扎，不妨找个时间，坐下来和他谈谈，告诉他不做爱的好处，以及他一定能找到那些不热衷于性的同龄人做朋友。你也可以告诉他，很多男孩（甚至他的朋友）都会在性活动方面撒谎，吹嘘自己有很多性伙伴。

向他展示，如果能够对性持观望态度，他的自我控制力就会比朋友们强。但千万不要以消极的态度谈论性，永远保持乐观和积极的态度。如果他感觉到你憎恨性，或者认为你觉得性很恶心，他会毫不犹豫地拒绝和你交流。

请记住，你可以让他在性方面保持自尊自爱，这是很多男人不能够教导他的。你要教他尊重自己的身体，也尊重女人的身体，并告诉他为什么。他的朋友们可能以一种居高临下的方式谈论女孩，吹嘘有很多女友，认为这是另一种"成功"。当他听到这些时，虽然他可能会认为这样谈论女性是不对的，但他会变得麻木，因为他的朋友们都接受这种说法。所以，告诉他，这是不能接受的。如果他有姐妹的话，可以询问他，如果他的朋友们这样谈论他的姐妹，他能否接受？他应该对所有女性都产生他对自己姐妹（或其他亲密的女性亲戚或朋友）的那种保护欲。

因此，请鼓励他善待女性。我可以保证，当他听进你的话，就会在一定程度上与你产生共鸣，从而牢记在心。

如果他的父亲在身边，你也应该让他和儿子谈谈。在许多方面，男孩们崇拜自己的父亲，尤其是涉及性问题的时候，他们愿意听从父亲的意见。但父亲往往不愿开口，他们要么因为年轻时的性经历而感到内疚和后

好妈妈 强儿子

悔，要么就是不好意思谈论性。然而，让儿子知道父亲对做爱的看法非常重要，但他并不关心父亲几岁开始做爱。所以，应该鼓励你的丈夫与儿子谈谈，让他悬崖勒马。

你可以先问问儿子，他的朋友是否在谈恋爱，以便开启性的话题。如果他表示肯定，告诉他，你知道他的很多同龄人现在处于性活跃阶段，然后问他，他的朋友们是否性活跃。请不要表现得似乎这样做就是"坏孩子"，只是就事论事，不要用评判的语气。根据他的反应，你能看出他对性的想法，甚至可以探查出他是否有过性经历。无论采取哪种方式，最重要的是让谈话继续下去（更多关于性的话题，请参见本书第8章）。

你的儿子可能会觉得尴尬，即使这样，你也不能停下来，因为这个话题很重要。如果你愿意，可以旁敲侧击。比如，你可以说："如果我是你的话，有一段时间，我可能会不知道怎么和女孩打交道。有的男生有过性行为，有的则没有。我也知道，性行为可能使人感觉更好或者更坏。你是否也是这么想的？"

你的儿子很有可能回避交谈，但无论如何你都要和他说话。当母亲和自己谈论性时，他会变得很敏感，即使他没有反应，你也要继续讲下去。告诉他，很多男生为了耍酷，会进行性活动，这是不正确的。如果他确实有性方面的困扰，你强调的东西恰好可以改变他的想法。无论如何，你都要尽力武装他，帮助他以积极想法对抗消极想法。这是你能传授儿子的最有意义的课程之一。

我们需要教导孩子在必要时刻挺身而出，为自己而战。他们需要对自己充满信心，即使我们不在他们身边。我们的社会为十几岁的男孩准备的正面信息不多。连好心的老师都有可能将他们标记为学习有困难的学生。他们可能会遇上欺凌者，也可能被父亲抛弃。母亲们被迫不断地跳出来挽救儿子，解决他们的问题，结果反而让他们以为："如果没有我，你什么事都做不好。"而伟大的妈妈应该把"斧头"递给儿子，教他如何使用它，然后让他亲自解决问题。

Chapter 7
You Are His Connection to Dad

第 7 章
你是他与父亲之间的纽带

男孩想看到父亲生活在自己面前,以便能够内化父亲的行为,从本质上体验男子气概。

第 1 章
你是他与父亲之间的纽带

当我还是一个年轻的医生时，曾经和一个从医 30 年的儿科医生共事过。他个子矮小，却很有风度，是个非常出色的医生。他经常会说："我喜欢听你说话。"我们经常会在办公楼的走廊上遇见，每次见到他的时候，他都会对我微笑。在短短一年里，我从他身上学到了很多。然后，我去繁忙的儿童医院里工作了三年。他曾教给我最重要的一课。我记得他对我说："梅格，如果一个母亲带着她的孩子来找你，说有什么东西不对劲的话，你要留在房间里，直到找到它是什么为止。母亲比谁都了解自己的孩子，所以你得听她们的。"

当时，作为一个年轻的母亲，我很重视他的意见。结果，我一次又一次地发现他是对的。如果母亲坚持认为孩子有不对劲的地方，那么她通常是正确的。在我的实践中，我不仅听从母亲的意见，也帮助她们更好地了解自己的孩子。因为作为一名儿科医生，我能对孩子做的最好的事情，就是帮助他或她的母亲和父亲。我可以给孩子开抗生素或哮喘药物，告诉他们吸烟的可怕危害。然而，尽管我有"医生"的权威，但那些小不点真正服从的还是他们的爸爸妈妈。

认识到父母在孩子生活中的影响力，是我职业生涯的一个转折点，因为它转移了我的注意力。儿科医生接受的培训是：要专注于孩子，尤其是

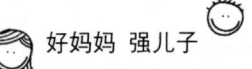
好妈妈 强儿子

与青少年打交道时，我们或许能说服孩子，而父母不一定能；我们被训练成为孩子的盟友。如果一个15岁的女孩要避孕，我们最好给她一张口服避孕药的处方，因为她的父母不理解她。然而，虽然这可能会帮助她避免意外怀孕（这当然是很重要的），但女孩真正需要的是一个支持体系——她需要父母坦诚地与她讨论性的问题，她需要他们帮助她明白，她可以通过健康和危险性较小的方式来满足自己对男性的关爱需求。换句话说，她需要情感上的支持，并通过成人（一般是父母）的帮助解除性的压力和同侪压力。虽然我可以在父母不知情的前提下给孩子做了治疗，但从长远来看，这并不会对他产生什么帮助，因为他需要与父母的情感联结。感谢我在儿科办公室的那位同事，他让我学会了一定要与孩子的父母交流。我会告诉你，我接触过的99％的孩子都愿意我联系他们的父母，因为他们希望靠近父母，不想与他们有隔阂。帮助父母与孩子拉近关系是我在工作中能给孩子的最好礼物和最好的医疗保健计划。

在家里，母亲们有时必须扮演与我类似的角色——将父亲引入谈话。如果你爱你的孩子，想给他们最好的东西，请一定记住，尽量与他们的父亲合作。你的孩子愿意和他的父亲建立亲密关系。有时候，这对男孩子来说特别困难，而你是使其变得简单的关键因素。男孩需要亲密的父子关系，但由于他们往往不知道如何推动这种关系，所以你必须帮助他们。正如我所说的，我能为我的儿童患者提供的最好帮助就是帮助他们的父母。因为父母健康，孩子就会健康。在你的家里也是如此。如果你帮助儿子和父亲搞好关系，就是送他一份最好的礼物。而且，如果他们的关系很牢固，你将减少很多后顾之忧。

母亲们听到这些之后，或许会感到为难。我完全理解，但我的工作并不是要让你的生活更轻松，而是要使它变得更好。我相信，如果你的孩子是快乐的，那么你也会更快乐。所以我要硬起心肠告诉你：你不能为儿子提供一切。即使你是世界上最好的妈妈，也只能给他母亲能给的东西。这不是批评，只是真相而已。你儿子需要稳固的父子关系，因为他需要他的父亲。你可以做很多事来帮助他们更亲近。如果你希望你的儿子长大后成为一个好男人，那么，请先让他与一个好男人建立良好的关系，他需要体会好男人是如何说话做事、如何与家人互动的。当他看到他的父亲恭敬地对你说话，就会明白自己应该尊重女性。男孩是高度视觉化的动物，亲眼见到好男人的行为举止，对他学习做人更有帮助。

如果你是一个单身母亲，或许会很担心，特别是当你的儿子无法见到他的父亲，或者他的父亲不是一个好榜样的话。请不要着急，你可以做很多事来帮助他，请继续往下读。我坚定地相信，如果你和他的父亲能够各自尽到本分，努力帮助你们的儿子，将会改变他的生命历程。对男孩来说，没有什么比拥有良好的父子关系更好的事了。先不要管什么体育比赛、大学和分数，我们已经花了太多时间帮助孩子改善这些方面，却忘记了什么是迄今为止对他们来说更重要的事——爱自己、爱生活。幸运的是，在需要坚忍不拔的时候，母亲们表现得非常出色。

女性希望配偶做些什么？

大多数男人根本没有给予他们生活中的女性（和孩子）足够的重视。他们会倾听同事、男性友人、父辈的意见，但却不善于倾听身边最亲近的人的话语。以我的丈夫为例，他是一个内科医生，热爱自己的工作，善良且富有耐心。多年来，他会倾听女病人的抱怨，但回家后却没有余力听我说话。所以，我不得不说，也许你是幸运的。你的丈夫下班回家，会给你倒杯酒，问问你今天过得怎么样，一边看着你一边听着你的回答。如果你的丈夫就是这样，那么他是个非常难得的人，你是一个幸运的女人。而其余的母亲们，却不得不对着丈夫唠叨，有时甚至追着他们，想让他们听听自己说话。很多人天生不善于倾听。但在家庭中，男性能够倾听亲人的话尤其重要，因为妻子和丈夫需要联结，孩子和父亲也需要联结。

作为妻子，我们需要配偶的倾听，因为它使我们感到自己受重视。我

好妈妈 强儿子

们天生渴望与亲人密切联结，我们通过对话交流思想，这就是我们培养亲密关系的方式。有些婚姻破裂的原因是，夫妻的一方不善于倾听。这是有充分理由的。如果一方就是听不进去另一方的话，那么他（她）其实是在说："你的话语和你的感受并不重要，因此你这个人也不重要。"而因为男人不像女人那样需要倾听，因此他们很难理解它对我们有多么重要。

儿子也和我们一样有此需要。是的，他们是男性，但是当他们年轻时，他们需要父亲的关注、认可和批准。如果他们得到了这些东西，在成年后就会拥有健康的自我评价和自尊心。否则，他们可能会面临许多麻烦。有时麻烦很严重，需要我们为他们出头。每一位父亲在年轻时，也都需要同样的联结，但他们忘记了自己曾经多么需要得到父亲的倾听。如果男孩从来没有得到父亲的关注，将极有可能成长为一个无法关注自己儿子的父亲，因为他根本不懂得应该如何去做。

作为母亲，你可能很想知道自己能做些什么来影响你儿子的父亲。我们被教导说，我们不能改变别人，必须接受他们的本质。在某种程度上，这是事实，但也有一些非常重要的事情不应被忽略：我们可以而且必须做些什么来帮助我们的丈夫和儿子。这可能有点棘手，但只需进行一些调整，拿出一点洞察力，任何母亲都能够帮助她的丈夫（包括她的前夫）成为儿子的慈父。谁不希望这样呢？所以，要了解如何能够帮助自己的丈夫和儿子，我们首先要认识到：儿子需要从父亲那里得到什么。

儿子需要父亲做些什么？

认识祝福

数年前，加里·斯莫利写了一本书，叫做《祝福》(*The Blessing*)。在书中，他指出，儿子需要接受父亲的祝福。而关注就是一种祝福。请仔细观察一下你的儿子是怎么和他父亲说话的。当他考试得了 A 或者入选足

第 7 章
你是他与父亲之间的纽带

球队的时候,看着他脸上的表情,那意思仿佛是说:"爸爸,你难道不觉得我很棒吗?"无论你的儿子是 8 岁或 18 岁,内心深处的东西都会驱使他想要知道父亲的想法、感觉以及对他的看法。他需要知道父亲是否尊重他,视他为一个男人。当一个男孩小的时候(2～7岁),他可能会觉得自己只需要母亲,因为母亲可以关爱、养育、安慰和管理他,暂时有这些就已经足够了。但是,一旦男孩到了十一二岁,就会把母亲视为敌人;母亲不仅不能满足他,在某种程度上甚至成了最不理解他的人。那时,他不希望亲近女人(暂时地),因为他要弄清楚雄性是怎么一回事。他不希望母亲帮他去弄清,而是希望他的爸爸帮忙。

还有一个原因。男孩是视觉动物,需要看到行动。他们需要看到父亲如何谈话、打球、工作或与朋友交流。男孩想看到父亲生活在自己面前,以便能够内化父亲的行为,从本质上"体验"男子气概。而父亲看到儿子模仿他的时候,会加以注意,并给予认可(或否决)。换句话说,他要么会给予儿子祝福,要么不给。当然,最幸运的事就是你的儿子得到父亲的祝福。虽然我们不能一厢情愿地实现这个目标,但可以帮助儿子实现,或者在他事与愿违时治愈他受到的伤害。我们需要伺机而动,以帮助儿子与他的父亲处理好这种有些微妙的情况。

那些已经自立门户、得到父亲祝福的儿子,更有可能拥有光明的未来。从他们身上,你能迅速察觉到这一点:他们浑身散发着自信,相信自己的能力,享受生活;他们可以大踏步跨越生活的障碍,重新站稳;他们知道,他们很强大,因为他们的父亲一直这样告诉他们。

而那些离家时没有得到父亲祝福的男孩更有可能受苦。很多人不知道自己是否有任何价值可言,即使他们在某些领域有所建树,也会怀疑自己的能力。我见过一些优秀的运动员,他们大学毕业后就参加超级联赛,却仍然提不起自信,因为他们觉得自己从未得到父亲的认可。这一类男孩甚至很多年都无法摆脱没有得到父亲认可的痛苦。

幸运的是,父亲能够以非常简单的方法给予儿子祝福。保罗就是这样

好妈妈 强儿子

对待他的儿子弗雷迪的。弗雷迪12岁时，有过一段挣扎的生活。他的朋友很少允许他和他们一起玩；他不喜欢他的老师，因此经常不会注意老师在说什么；他不想做功课，成绩很糟糕，结果老师更加生气。保罗承认弗雷迪过得不容易，于是他决定帮忙，但不是直接给儿子指明问题，只是让弗雷迪在周末时和自己一起做家务。当他给汽车换机油时，会叫上弗雷迪，他说他"只是希望能和他在一起"。当保罗下班比较早时，会去学校接儿子，带他去吃晚饭。他通过更多地出现在儿子的生活中来表示对他的认可。保罗并没有就此停止，他又制定了一个更深入的计划。他开始和弗雷迪谈论一些深刻一点的话题。下面是保罗的原话：

"我告诉弗雷迪，生活会对人抛出曲线球，而现在他正在试图接住生活抛出的第一个难接的球。我告诉他，他的朋友不是很友善，但他将来会遇到更多不友善的人。我年轻的时候，就被不少人拒绝过。但不管生活丢出怎样的球，他都能够处理，因为他是一个坚强的人。不管他遇到什么困难，我都相信他能克服。无论他犯了什么错误，别人多不喜欢他，我也会永远为他感到骄傲。因为他是我的儿子，我爱他，因为他是他自己。"

对于很多男生来说，只是听到他们的父亲为他们自豪就足以让他们享受多年的祝福。

第一个礼物：接受

当你的儿子是一个小男孩的时候，他会不断测试父亲是否注意自己：爸爸是否看到他踢球，或者看到他骑着自行车成功前进了100英尺？爸爸是否注意到他交了新朋友，或者准时到图书馆还了书？如果爸爸看到了，那么爸爸是否认可他？如果认可，孩子会自我感觉良好，从而对生活富有信心。

孩子不仅会关注父亲的正面反馈，还会寻找负面反馈。如果他考试得了A，父亲只是耸耸肩，他会觉得自己还不够努力。如果他在曲棍球比赛中进了一个球，但父亲告诉他，这样虽然不错，但他本可以进两个球，那么他就会垂头丧气，觉得自己像个失败者。

父亲的话是强大的。每次和父亲相遇，儿子要么感觉更好，要么感觉更糟，这取决于父亲的反应。孩子每天都会试着理解自己和生活，他在成熟、变化，看着自己的性格展现出来，并试图找到自己的定位……这在很大程度上由父亲对他的看法决定。他的爸爸喜欢他所看到的吗？如果是的，孩子就觉得父亲接受了自己，接受了他的行为、成就，甚至他的感情。父亲的认可是非常重要的，因为一旦相信父亲认可了自己，他的自尊和自信都会扶摇直上。

遗憾的是，当一个儿子感到被父亲拒绝了，在未来的几年中，他都会有负面的情绪。当然，父亲不可能喜欢儿子的一切。他也许不喜欢儿子的发型，不同意他选择的朋友，或不赞成他的学术路径。这是否意味着，父亲会因此伤害儿子？一点也不。父亲可以与儿子有意见分歧，但他需要让儿子知道，他认可的是他这个人，他是一个独特的、不可替代的个体。关键在于父亲要教导儿子了解自我价值的深刻意义。如果一个父亲教导他的儿子，他的存在是上帝的礼物，作为父亲，他关心和爱护这份礼物，那么，无论他多么不同意儿子的选择，都不会给儿子心上留下任何疤痕。

做到这一点的最好办法是，父亲要在儿子失败的时候鼓励他。比如，当儿子的代数没考好，足球比赛输掉了，或者被女友甩了，父亲可以让他知道，尽管有这些所谓的"失败"，他仍然相信儿子是出色的，一切都会好起来的。这种时候是父亲向儿子显示无条件的爱的最好时机，这会给父子关系打下爱和尊重的深厚基础。从儿子很小的时候，父亲就可以这样做，并且将这个课程保留到儿子成年。

第二个礼物：钦佩

即使是很小的男孩，也需要感觉自己能做不平凡的事。3岁的孩子也渴望得到敬佩。认可和钦佩的区别尽管细微，却非常重要。男孩需要确认自己能够向周围的人提供有价值的东西。当我们的孩子还很小的时候，妈

好妈妈 强儿子

妈就可以帮助他们实现这个目标。你只需告诉他们，他们可以做某些事，而我们不可以。比如，看到他们拿起蠕虫或青蛙，并把它们放在一个盒子里时，我们就可以趁机表达钦佩："哎，我可受不了蠕动的虫子，你真是太棒了，不像我那么害怕。"

但是，当儿子长大一些，我们惯常的赞美却不再能满足他们的需要。因为我们是女性，儿子觉得跟我们之间没有竞争关系。但他们觉得自己可以和爸爸竞争，认为那是男人之间的事：一个Y染色体需要与另一个Y染色体进行全面的比较。如果儿子意识到父亲也钦佩自己的行为、感受或者信仰，他会觉得这比什么都重要。因为在他眼里，他的父亲是聪明、坚强和明智的代表；如果他得到了父亲的尊重，就不再需要任何人的赞同。

正如我前面所说，认可和钦佩的区别是很重要的。当儿子认为父亲钦佩他，他会感到，父亲尊重和赞赏他的决定和行为。而认可则是父亲同意他的行动，但不一定觉得那有多么好。但这两者对儿子都很重要。

第三个礼物：关注

我们知道，男人很难注意周围的人，包括他们的妻子和女友。我们变得很容易被他们错过，因为他们熟悉我们。一天又一天，我们都在那里，他们很容易把我们的存在视为理所当然。这个事实可能使我们觉得很生气，但我们是成年人，可以理解他们的心理。然而我们年幼的儿子却不能理解。他们希望得到父亲的关注，不明白父亲因为太忙或者心事重重而不得不忽视自己，他会感到被拒绝。当儿子跑到他的父亲面前问一个问题，如果父亲走开或者没有回应的话，他会觉得自己做错了什么，或者认为他的问题是愚蠢的，甚至会觉得自己也是愚蠢的。而且，由于他认为自己是愚蠢的，就会放弃争取父亲的认可。

把你的注意力放到其他人身上，是把你的爱传达给他们的主要形式。你不能一边吻别人，一边心不在焉。母亲不能一边拥抱儿子，一边干别

第7章
你是他与父亲之间的纽带

的。对你的儿子来说,拥有父母的关注,意味着他被认可和喜爱。孩子们非常渴望获得关注,会想尽一切办法得到它。如果爸爸不给予儿子足够的重视,没有向儿子表达自己的爱,男孩们往往会采取极端手段引起父亲的注意。

一个17岁的男孩曾告诉我,在不被关注的情况下他是什么感觉。几年前,他父母离婚了,母亲和另一个男人开始新的生活,因为她和这个男人很少争吵,相处融洽。这个男孩明白父母离婚的原因,但却难以接受。他平时和母亲住在一起,周末时会去找他的父亲。但是,他觉得自己好像没有家,自己的情感也没有扎根之处。

因为他对现状不满,所以经常和父亲吵架。他在父亲住的镇上交了新朋友,但父亲不喜欢他们。他一到父亲家,就和朋友出去玩。他承认这样做是为了惹父亲生气。有一次,他因为醉酒驾车被关进监狱。他的越野车翻车了,他被送进急诊室。他来见我的目的是进行车祸的后续检查。我问他关于事故的事,而他回答问题的方式吸引了我。他没有描述可怕事件的细节,而是不停地告诉我,他的父亲是如何回应此事的。

"你是因为醉驾发生车祸的吗?"我问。

"这有什么关系呢?"他说,"我家离事故现场并不远。警察来到现场,给我爸爸打电话,他却没有来。"

他去医院做了检查,幸好伤势并不严重。当我告诉他,他很幸运时,他瞪了我一眼。"谁在乎?我活着有什么意义吗?我妈在南边住,我爸忙于自己的工作,他们都不管我。"他盯着墙角说。

当一个男孩得不到父亲的关注(不论他的年龄多大),他的生活就失去了重心和平衡。他弄不明白自己擅长什么,想要什么,更不知道自己该做什么。他只知道如何引起父亲的注意,在他看来,即使是不好的注意,也总比没有要好。如果父亲没有关注他,他甚至会以伤害自己的方式来获得父亲的回应。

作为真正的好母亲,我们需要承认自己能做的和不能做的。我们不能

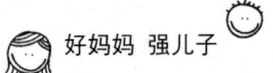 好妈妈 强儿子

替代孩子的父亲,也不能改变他们的父亲。但是,这并不意味着我们不能影响我们的丈夫(或儿子的父亲)。我们可以告诉他们如何给予儿子认可、钦佩和关注,并解释为什么它们如此重要。如果我们能尊重父子之间的男性互动,就可以促使他们建立更紧密、更健康的关系。做到这一点的最好办法是,永远不对孩子说父亲的坏话,不去破坏他们的关系。我们必须记住,儿子需要他的父亲,即使他们的关系紧张。我们可能会因为丈夫和儿子保持距离而生气,但我们的儿子却有着不同的想法。我们不应该让自己的感受影响儿子。我们应该帮助儿子承认他对父亲的感情,并帮助他们建立一种更好、更强有力的关系。

帮助与鼓励他的父亲

在男孩生命初期,父母往往是非常繁忙的,他们可能会建立事业、养家糊口、照顾孩子、看顾年迈父母……以致经常有生活失控的感觉。由于我们被教导说,女性擅长同时做许多件事,所以经常需要比男性多出力(即使我们并不擅长),我们学会了更迅速地照应孩子的需求。我们无法安睡,因为我们得在夜间照顾孩子。在操场上,我们很容易听到孩子叫"妈妈"的声音。我们知道他悲伤的哭泣和疯狂的呐喊之间的差异。我们倾听孩子从汽车后座上对我们讲的话,因为女性是语言导向的生物,我们自然会花更多的时间倾听。

即使在工作中,我们也会挂念家庭。我曾和丈夫合伙行医多年。那时候,我会抽空准备好大量的饭菜,去商店买一大堆日用品,以备不时之需。为了工作,我经常不吃午饭,这样才有时间在下班时去杂货店购买晚餐的食材。大多数妈妈都会面临这样的处境。我觉得这无可厚非。我的丈夫不是一个好厨师,我却喜欢花时间与孩子们在厨房里共处。那时,我们会一边做饭,一边聊天,讨论男友、选择大学等问题;我们会争吵又和好;我们会一起给复活节鸡蛋染色、准备姜饼屋或晚餐的意大利面。我们

第 7 章
你是他与父亲之间的纽带

的生活大多是在厨房中度过的。

母亲比父亲更容易做出有意识的决定，特别是在孩子还小的时候。因为父亲知道母亲会在家照顾孩子，觉得很放心，所以就一头钻进了工作里。而母亲的空闲时间不多，无法同时做很多件事情，但由于通常是母亲放弃工作，全职照顾孩子，所以父亲们可以继续忙他们的事业。父亲越专注工作，就越忽略家庭。这是生活中常见的模式。

有的母亲会因此嫉妒丈夫，因为他们在工作上花更多的时间，而且无需照顾尖叫的孩子。妻子经常感觉被丈夫忽视，也经常为被忽视的孩子鸣不平。当我的孩子们都还小的时候，我的丈夫就是个工作狂，他试图建立自己的诊所，结果给家人带来很多负担。不过，我做儿科住院医生时，也曾终日忙得焦头烂额，而那时是我的丈夫留在家里照顾孩子。现在，我不会放弃任何与孩子相处的时间，哪怕一个小时都不行。是的，我意识到了自己过去的错误。如果你需要出门工作，结果发现自己忽视了家庭。请面对现实，做出一些弥补，因为你正在错过宝贵的东西。工作让我们赚钱，并提升我们的自尊，但是家庭关系给予我们生命。

有工作的父母会在实现工作与家庭的平衡方面存在困难。他们每天拖着疲惫的身子回家，脑子却在高速运转，想着工作的事。我们必须学会如何把注意力转到家里。当我们走进门，孩子们跑过来迎接的时候，我们应该学着全神贯注地对待他们，虽然这很难。

为人父母的最初几年，夫妻双方都忙于构筑事业，难免对家庭怀有自责和歉疚。夫妻俩会为此吵架，争论应该怎么做，为什么要这么做等问题。父亲会批评母亲不够重视孩子，母亲也同样指责父亲，两个人都觉得自己做得比对方多。事实是，在一个繁忙的家庭里，父母双方都工作得非常努力，双方需要互相理解和体谅，即使不是为了他们自己，也要为了孩子这样做。丈夫责备妻子忘记做什么事时，她们会勃然大怒，立刻反击。丈夫受到妻子的批评时亦会如此。这些反应根本无益于婚姻或子女，真正有益的是我们能够彼此宽容。

好妈妈 强儿子

宽容是一种额外的善意。当夫妻一方承担了大部分工作，却没有埋怨另一方，这就是在宽容。当夫妻一方觉得没有获得对方的体谅，却没有发火，这就是在宽容。不妨想想你最近犯过的错误，如果你的伴侣说"我知道你搞砸了，我是来帮忙的，不是骂你的"，你会作何感想呢？当妻子看到丈夫犯了错误，却没有埋怨他，那么家庭的整个气氛都会变好。如果丈夫每天晚上八点才回家，无法亲自哄孩子睡觉，妻子一定会生气。我很理解，因为我也有过类似的经历。但是，如果我们多想想丈夫给家庭带来的好处，而不是只着眼于他的缺点，就会宽容他。这样做不仅有助于我们与丈夫建立更好的关系，也为孩子树立了榜样。不妨提醒你的丈夫，你之所以原谅他，不是他值得原谅，而是出于你的宽宏大量！

我知道，很多女性不愿意这样做。有些人可能会想："你不知道我家的日子多难过，我的丈夫是个酒鬼，我无法宽容。"或者，也许你的丈夫会辱骂你和孩子，脾气很坏。我不是要求你原谅他们的不良行为，尤其是那些有害于你或孩子的行为。我是说，在一般情况下，孩子的父亲都是不错的人，而我们可以帮他们做得更好。我们要把注意力放在他的积极而不是消极层面上。这样做需要有意识的努力，因为我们在生气的时候，会自然而然变得非常戒备。

有一个简单的练习，可以帮助我们开始这个过程。当我们觉得丈夫（或前夫）让我们失望时，我们是要说出自己的想法，抱怨他们，还是用更有建设性的想法来取代它？有时候我们别无选择。如果丈夫做了有害的事情，我们必须质问他；但在通常情况下，他不会伤害我们和孩子。我们往往因为疲惫不堪而不由自主地发出怨言，这可能会让他们不知所措，这样做只会扰乱大家的生活。当我们决定用理解和宽容善待丈夫，控制自己的负面想法时，最终的受益者将会是孩子。

如果孩子的父亲只在晚上出现，大部分时间都不在家，或者对家人心不在焉的话，孩子会觉得很迷惑。很多父亲不得不这样，因为他们工作时间长，或者他们不明白自己在家庭中应该扮演什么角色。有人不知道如何与孩子交流（也许他们的父母从未与他们好好交流），或者做父亲的感觉令他们感到不自在，这时他们就会畏缩不前。我见过这样的父亲，当女儿进入青春期后，他们经常不知道什么该做，什么不该做。因此，为了避免错误，他们什么都不做，退避三舍——他们不再和女儿谈话，不再拥抱她们。于是，已经对自己不满意的女儿感觉更糟，她们会觉得爸爸似乎不爱自己了。事情很快变得乱七八糟，一切都因为爸爸在需要前进的时候后退。这个道理同样适用于初为人父的爸爸。许多爸爸根本不明白孩子多么需要他们，也不理解母亲，甚至会妒忌孩子的母亲。

我接触过很多父亲，他们希望自己和孩子的关系能像自己的妻子与孩子一样好。他们是可以做到的！我们需要认识到，爸爸经常不参与，不是因为他们不想，而是因为他们没有意识到他们是多么重要，因为很多爸爸根本不知道该怎么和孩子打交道。所以，为了帮助丈夫更好地与儿子相处，主动了解他们的不安全感、犹豫不决，甚至他们过去的经历是非常重要的。许多父亲想要改善父子关系，但却不敢对孩子表达温暖和亲情，生怕那样会显得自己很软弱。有的父亲想和儿子聊聊，却不知如何开口。有的父亲不知道怎么和孩子互动，是因为他们的父亲从未与他们进行过有意义的互动。因此，母亲可以通过指点和鼓励帮助父亲。

每一个父亲都有父亲

我们知道了孩子需要从父亲那里得到什么，才能在感情上成为一个整体。你或许也开始理解丈夫的行为，如果他从未得到父亲的祝福，他可能会感到极大的不安。如果他觉得被父亲排斥，又将如何对待自己的儿子呢？他可能经常批评别人，尤其是你们的儿子，因为他让他想起小时候的自己。他可能会拼命工作，试图证明自己是成功的。没有得到父亲足够重视的人，可能会过度渴望亲情（无论是来自身体还是情感），以填补他的空虚。对于许多男人而言，来自父子关系的痛苦会从侧面流露出来。他们

好妈妈 强儿子

可能不知道自己为何发怒，但你也许能看出它是来自一种根深蒂固的恐惧——害怕有一天你也会拒绝他。你可能会注意到，他在老年男性面前会吹嘘自己，努力博取赞誉，因为他觉得需要来自长辈的认可。密切关注你的丈夫，你将会看到他的很多行为后面的动机，并找到一些修补他的旧日伤痕的好方法。

很多时候，我们会觉得丈夫的行为是以他自己为中心的。接着，我们会把他的恶劣行为归咎于我们自己。然而，很多时候，它与我们无关。这同样适用于我们的儿子。当我们的丈夫对儿子态度严厉，或者批评他，儿子会觉得是自己惹恼了父亲。但事实上，这正是他的祖父对待他父亲的方式。作为母亲，你应该观察丈夫是如何对待儿子的，从中了解他的童年经历，继而领悟怎样做好父母。当然，这并不意味着你得成为家中的心理警察，但是，你可以借此定位自己，以帮助你的丈夫成为更好的爸爸。如果你观察与倾听，并努力去了解你的丈夫与儿子的关系，你会惊奇地发现，你已经看出了你丈夫父亲的行为模式对你丈夫教育儿子的影响。

不妨和丈夫谈谈他与他父亲的关系。如果他们的关系糟糕，你必须敏感和谨慎，因为他们可能因此变得自我隔绝。你可以提一些简单而不具威胁性的问题，比如"你小时候，你的爸爸对你怎么样"，或"你爸爸会花很多时间和你在一起吗"。你会从丈夫的回答中听出他的感受，它也可能反映在他的行为中。如果他的父亲从来没有关注过他，你会从他脸上看到受伤的表情。密切关注他的表情，以此判断你是否应该继续说下去。让丈夫谈论他的父亲的最大价值在于，它不仅可以让你了解他的经历，更重要的是让你知道他会以怎样的方式对待你的儿子。

爱丽丝是一个精明的母亲。一天，她带着14岁的儿子凯尔来见我，她说，她担心儿子可能得了抑郁症。当凯尔进入高中，发现学校的人数是初中时的三倍时，他的学习成绩下降了，而且开始和一拨新朋友混在一起。他在脚踝上文了身，虽然父母不让他文身。他脱下了原来的卡其裤，穿上超大牛仔裤，裤腰很低，露出大半个臀部。

第 7 章
你是他与父亲之间的纽带

"我不知道我的孩子怎么了,"她哭着说,"我觉得他一夜之间改变了。他直到深夜才回家,也不做功课。每当我问他出了什么问题,他只是盯着我,好像我是恐怖电影里面的东西。"

我看着凯尔,他面无表情地坐在母亲旁边,显然很不自在,而且有点激动。当我让他告诉我发生了什么事,他也不回答。整整45分钟里,他拒绝说话,即使我请他的妈妈离开了房间,他也不开口。在谈话结束时,我让爱丽丝做一些侦查工作,比如学校发生了什么事?他是否交了女友?还是他开始服用药物?总之,我劝爱丽丝在家以外的地方寻找线索来解释凯尔的行为。我猜想的罪魁祸首可能是他的朋友,可能他受到了骚扰或欺凌。我设想了各种可能性。

幸运的是,爱丽丝比我更能够跳出思维定势。几周后,她又带着凯尔来找我,告诉我她的发现。凯尔在课堂上表现不错,老师们认为他除了无精打采之外,没有其他反常的地方。他们向爱丽丝表示,很多男孩都有同样的问题,所以不用担心。他的几个朋友有的吸大麻,有的不吸。凯尔没有吸毒或饮酒,没有女友,也没人欺负他,也没受过任何虐待,无论最近还是过去。但她注意到了别的东西。"凯尔的父亲卡尔,最近一直不正常。"她告诉我。卡尔的父亲几个月前去世了,他对此没说什么。但是,他过去从不喝酒,最近却会在下班回家后带回几瓶啤酒。虽然他从未喝醉过,但是喝过酒后,他的脾气就变坏了。

她说话时,我看着凯尔,他的眼里全是泪水。我问爱丽丝这是怎么回事。"晚上我们三个人都在家的时候,卡尔会斥责凯尔,说他永远不会有出息,因为他不会做他的功课。当凯尔晚归,卡尔会进入他的房间,指责他嗑药或乱搞男女关系。我只是不明白,以前他从来没有这样过。"

这个时候,凯尔的眼泪已经流了下来,落在他的黑色宽松裤上,他并没有去擦。突然间,他看上去像是只有6岁。

"凯尔,你的爸爸经常骂你吗?"我问。

"我不知道。"他回答。

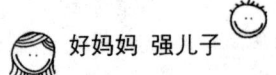 好妈妈 强儿子

我问他是否想让母亲离开房间，他摇了摇头。

"你以前和你爸爸玩什么？"我问。

听到这个轻松的问题，他似乎松了一口气："很多东西，没有什么了不起的。但有时我们会在周末去赛马场，会在车棚里修车，还在一起做很多事。"

我问他现在和父亲一起干什么，他盯着墙不说话。

"什么都不干，他无法忍受我。"他简短地说。

"你为什么认为你爸爸不喜欢你了？"我问。

"他为什么要喜欢我？"

"你做了什么？"我追问。

"我不知道。这不要紧。反正我做什么都是错的。我的意思是，他不喜欢我，我也没必要做什么了。"

实际上，我发现，凯尔真的没有做错什么。问题在于，他的父亲因为他祖父去世受到了伤害。这次来我办公室之前，爱丽丝曾经给她的小姑打电话，问卡尔为什么难以接受他父亲的去世。爱丽丝得知，她丈夫小的时候，他父亲会无情地批评他。他是个好孩子，但他的父亲从未鼓励过他。相反，他百般挑剔卡尔的每一个错误，告诉他，除非他更加努力，否则永远不会有出息。他们的关系是如此痛苦，所以卡尔和父亲疏远了。事实上，直到父亲去世，卡尔很少和爱丽丝提到他。

"卡尔会不会把他受到的伤害全部发泄到凯尔身上？"爱丽丝问。

"我猜是的。你觉得你能和卡尔谈谈这件事吗？"我问。

爱丽丝回家找了卡尔。后来，她向我描述，她小心翼翼地询问他如何看待父亲的去世。她告诉他，如果他愿意，她任何时候都可以和他谈谈。她的方法最有利的地方在于，她没有纠结于卡尔对凯尔的恶劣态度，而是首先承认丈夫很痛苦。接着，她轻轻撬开了丈夫的话匣子，得知他因为父亲的死感到非常内疚。他觉得自己过去从未尝试与父亲和解，现在再也没有机会了。他也没有在经济上帮助父亲，他认为自己应该去做的。接下来

第 7 章
你是他与父亲之间的纽带

的几个星期，爱丽丝一直在听卡尔倾诉。她还告诉他，凯尔也受到了他的伤害。凯尔并不需要更好的老师、不同的朋友或参加别的运动，他只是需要他的爸爸。卡尔意识到自己把愤怒发泄到了儿子身上，所以连忙去和儿子解释。

你可以自己补全这个故事。凯尔的成绩提高了，他的言行举止几乎是一夜之间就改变了，他的忧郁也解除了。有时候，孩子所有问题的答案都写在他们的脸上。除非我们足够敏锐，一直睁大眼睛，否则就会错过。幸运的是，很多时候他们的问题比我们想象得更容易解决。凯尔并不需要一个心理医生或辅导员，他只是需要他的爸爸恢复原样，而他的妈妈帮他实现了目标。

有很多事情可能成为父子之间的隔阂。通常情况下，他们都不会马上意识到原因。母亲看到的东西，父亲经常看不到。我们并不需要有心理学博士学位，但我们要虚心，这是最困难的部分。我们倾向于发现丈夫的缺点，希望他能改正，这样生活才会更好。但是，我们不能奢望他们真的会改，这不是我们要关注的，我们只需退后一步，做出对孩子最有益的选择。当涉及儿子，我们必须把他们的需求放在第一位，并帮助他们加强与父亲的关系。当我们使之成为一个优先事项，大家的生活自然会变好。这就是我们的起始点。

母亲需要做什么？

包容他的父亲

从孩子还是个婴儿开始，我们的责任就是为孩子提供一切美好的东西。但是，假设你没有做到至少用母乳喂养孩子一年，难道就说明你不是个好母亲吗？无论是朋友还是好心的医生们都表示，好母亲会为孩子提供最好的一切。如果他们哭，就把他们抱起来，因为满足孩子的所有情感需求至关重要。我们要提供24小时服务。当他们2岁,开始提出不合理要求时,我们不能说"不",而必须改变他们的注意力,这样他们就听不到我们说出的任何负面信息。我们要不断增强他们的自尊,为他们提供精心准备的餐点(当然是有机食品),并确保他们在二年级时进入快班(如果他们做不到,就给他们找个优秀的家教)。我们努力工作甚至兼职,以便为他们购买昂贵的鞋子和牛仔裤。我们要做很酷的妈妈,欢迎儿子的所有同学到家里玩,并确保孩子和我们随时沟通。我们是快乐的警察,尽一切努力让我们的孩子快乐。如果他们需要在国外待一年,我们会为他们付钱。如果他们需要隆鼻,我们会付钱。如果他们想尝试新的运动装备,哪怕只是为了看看自己是否喜欢,我们也会付钱。

如果这一切听起来很过分,那是因为它们真的很过分。我们是那么希望孩子高兴,以致跳上了一列疯狂的火车。我之所以明白这一点,是因为我和其他人一起跳了上来。但我累了,我敢打赌,你也有同感。现在是时候认识到了,我们做不到这一切,我们不可能为孩子提供一切。

我们需要健康地看待孩子的需求。孩子是家庭的一分子,而不只属于我们,也属于其他人,比如他的父亲、祖父母、叔叔阿姨、兄弟姐妹、表兄弟姐妹等。他需要他们的方式和需要我们的不同。如果我们不关心那些人,就会把孩子其他影响力和爱的重要来源切断,这会导致孩子的损失。如果我们换位思考,学习做包容的父母,就会为儿子赢得更多的爱。

包容的父母是什么样的?不妨想想孩子1岁的时候,你可以决定喂母乳,辅以瓶装奶。这样的话,你的丈夫可以帮助你在白天或晚上给孩子喂奶,这也给了他们父子相处的机会。你和丈夫可以改变工作日程。你工作时,他可以在家陪孩子。你需要独处的时间,而你的儿子也需要更多的时间与你的丈夫待在一起,不妨让他们两个出去尽情地玩一晚上。而当涉及重要的决定时,不要忽视别人的建议,虽然你知道怎样对孩子最好。换句话说,母亲应该更放开一些,不要过度控制孩子的生活。我们不应只按照自己的方式安排孩子的活动,也要信任别人,尤其是他的父亲。

第7章
你是他与父亲之间的纽带

很多妈妈可能会说,她们固然希望这样做,但似乎和丈夫沟通得不好。我自己就犯过这样的错误。我曾经告诉我的丈夫,他需要花更多时间陪伴孩子,但是我说话的方式似乎是在埋怨他没有担负起父亲的责任。然后,当他带着孩子出去玩,我会评价他们的穿着、他们做的事,以及他的安排是否合理。为了不和我对抗,我的丈夫会简单地举起手,摇摇头。我意识到,虽然我希望丈夫更多地参与养育孩子的事务,但我其实觉得自己是唯一知道如何对孩子做正确的事的人。结果,他又怎么会愿意与我合作呢?

我相信,女性比男性更容易指手画脚,而且控制欲更强。当然,这是因为我们希望一切都完美。但我们必须认识到,我们的方式并不一定是最好的。有时候,母亲以更好的家长自居,是因为觉得自己受到了威胁。我们担心,儿子长大后会更接近他的父亲,我们会失去他。我们担心他们俩会把我们排除在外。然而,如果儿子和他的父亲发展出健康的关系,那么唯一会发生的是,他也将会和母亲发展出健康的关系。所以,我们不必与他的父亲竞争。母爱和父爱给孩子的感觉非常不同,他会以不同的方式爱父母。其实,你从来没有真正受到威胁。当一个男孩与他的父亲建立了稳固的关系时,他会热爱生活,也会与你更亲近,因为他更快乐。当他的父亲满足了他必须由父亲满足的需求,儿子就不会来勉强你。这将给你自由,让你专注于单纯地做好他的母亲。

从儿子小的时候,你就要想到你们组成了社会的一个单位。所以,孩子想和全部家人在一起,无论你怎么看待他的父亲,他都需要父亲。如果你满足他的愿望,你们的生活会更多彩。有时候,更具包容性的方式是主动退后,在做育儿决策时,确保考虑到孩子父亲的意见。让儿子看到,你关注和尊重他父亲的想法和感受。

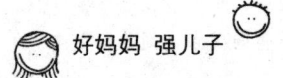
好妈妈 强儿子

教他亲近父亲

许多好心的母亲都会破坏儿子与父亲的关系，因为她们试图接管一切。我发现，当丈夫和儿子谈论重要问题时，我会打断他们，因为我不满意丈夫说的话。我会介入他们的谈话，我的所有肢体语言都表达着一个意思，"我比你明白，我知道怎么处理得比你更好"。

你是否也打断过你的丈夫和儿子之间本来很好的谈话？或者希望控制儿子一切重要的决策，比如选择学校，约会该注意什么，如何对待饮酒或性行为等？教导孩子是美好的，我不是说母亲不应该这样做，但很多时候我们夺取了丈夫的影响力，试图回答孩子的所有疑问。如果我们想帮助孩子和父亲更亲近，有时就需要忍耐，并告诉他去寻求父亲的意见。

这样做可以完成三个非常重要的目标。

首先，它告诉你的儿子，他的父亲是非常重要的、值得信赖的，并且会有很多好的建议给他。当他得知这一点，就会崇拜父亲，觉得更有安全感。

其次，它促进父子间的沟通。通过交流问题，父亲与儿子会更加亲密，为将来的关系打好基础。

第三，它使父亲感到被孩子需要，这样会使他对育儿更有信心，成为更好的家长。在母亲比较倔强的情况下，许多父亲会觉得自己和孩子交流得不够。以我的经验，当父亲感觉没有安全感，怕搞砸或做错事，他们宁愿消失在背景中。这种胆怯很容易被你的儿子误认为是他的父亲缺乏爱心。你肯定不希望儿子这么想。

那么，当父亲不在孩子身边时，你又该怎么做？很多妈妈根本没有选择，只好把自己的意见强行灌输到孩子脑子里。当你的儿子开始成熟，并希望有个父亲般的人可以帮助他时，你不妨告诉他："我敢打赌，你想要父亲来帮助你。很遗憾，你没法实现这个愿望。"但是，如果你能找到其他成年男人帮助你的儿子，他一定会感激你。你可以找儿子的叔叔、爷爷、拉比、牧师、青年团契领袖、朋友等，他们应该具有良好坚实的性格。询问他们是否愿意花时间陪陪你的儿子。你可能会觉得尴尬，但请鼓起勇气。你可以简单地询问你的儿子是否愿意和他们去看电影。如果对方有孩子，问问你的儿子能否和他们一起郊游，或者帮他家做家务。要有创意！许多男人非常愿意答应这样的要求，因为他们知道你重视他们，觉得他们有价值。

赞赏他的父亲

很多母亲不善于表扬自己的丈夫。我知道，母亲们往往太辛苦、太疲倦，并且得不到太多帮助，所以心情不好。单身母亲更是觉得自己好像每天都在挨打一样。如果丈夫不工作或者工作太多，外出上班的母亲就会感到不满。我们很容易就会生气、伤心和烦恼，这一切都是正常的。不幸的是，我们的亲人要为此付出代价。我们不能骂同事，只好回家骂孩子。我们不能批评朋友迟到，但可以朝丈夫发泄，就因为他们让我们等他吃晚饭。亲人需要忍受我们好与坏两个方面，因为在家里，我们才是我们真正的自己。

大多数母亲，虽然会努力让孩子远离沮丧，但自己却忍不住发脾气。假如丈夫粗枝大叶，我们会更恼火。比如，他们忘了把马桶座圈放下来，他们给孩子洗澡不干净，他们逃避做家务，等等。抱怨对疲劳的女性来说，简直像呼吸一样正常。事实上，我们已经把数落丈夫变成了风靡全国的休闲活动。很多流传在互联网上的笑话都是关于懒惰、愚蠢、爱喝酒的男人的。至于父亲节的卡片上，写的要么是公式化的祝福，要么是对霸占遥控器、从不修剪草坪、只知道看比赛的父亲的夸张描述。看到这些，孩子只会加深对父亲的刻板印象。

如果你看到关于母亲的此类笑话，会作何感想？如果我看到母亲节卡片上充斥着疯狂购物、煲电话粥、看肥皂剧的女性卡通人物，我会觉得很恐怖、很愤怒！给予赞扬，而不是批评，会使我们成为更快乐的女性。试

好妈妈 强儿子

试看吧。如果你更积极,就会更乐观。改变我们说话的方式,可以改变我们的感觉。不妨挑战自我,实验两个星期,看看你会不会感觉更好。当你准备批评你的丈夫时,停下来,说些夸他的话,并且利用各种机会赞美他。如果你真的被他惹火了,可以和朋友倾诉。我敢保证,随着时间的推移,你的丈夫会成为更好的父亲。

当迪尔德丽尝试这种方法,她的生活改变了。结婚15年的她,有三个孩子,从事全职邮递员的工作。从40岁出头开始,她觉得自己就开始了悲惨的生活。她发现自己会做白日梦,幻想着离婚。有时候,她想象自己买张机票,去阳光明媚的加州独自生活。当她有这些想法时,也会感到内疚。

我们聊了一整天她的抑郁症,我询问她的孩子和她的婚姻情况。"每个人都很好,他们似乎都做得很好。孩子们的成绩都不错,体育也很好。马特有个好工作,但他只是没有真正融入家庭生活,你明白我的意思吗?"

"当然。"我告诉她,"你们周末干什么?有时间在一起吗?"

"我希望!"她呻吟着,满面疲惫,"他会和朋友出去钓一整天鱼,他是那么自私。我只好自己开车送孩子参加足球比赛、到朋友家玩。"

"你会对马特诉苦吗?"我质疑。

"诉苦?我们经常吵架,就为了他钓鱼的破事。他根本不听我的,大呼小叫不起作用,威胁要离开也不起作用。我甚至试着告诉孩子们,让他们问马特是否愿意周末和他们出去。"

我同情迪尔德丽。她是个辛勤工作的女人和好母亲。我也认识马特,不知道为什么他表现得如此自私。他为什么宁愿钓一天鱼,也不愿搭理孩子们?难道他是个混蛋吗?喝完咖啡,我建议迪尔德丽请心理医生帮助她治疗抑郁症。我知道她的生活会变得更糟,如果她不采取行动的话。

"你现在很郁闷。我认识你很长时间了,你从来不曾这么消极地看待生活、孩子或马特,你看不到生活中还有很多美好的东西。是的,马特是

第7章
你是他与父亲之间的纽带

令人难以置信地自私,但你无法改变他。有几件事情,你可以试着做:你需要一些帮助,药物治疗不错;也有一些非常好的咨询师,可以帮助你选择合适的治疗方式。在此期间,为了快乐地度过每一天,我觉得你每天可以专注去想一些美好的事情,不妨列个清单。比如:你的孩子都是好学生;你有一座美好的房子;你的狗喜欢你……"

迪尔德丽笑了,她抓住了重点。我们的关系很好,可以跨越时间和距离,所以没有必要经常见面。几个月后,我们接着上次的话题开始谈。

"好吧,"她开始说,"我觉得我的抑郁症好了很多。"

"很好。"我问,"怎么会这样?"

"我听了你的意见,去找咨询师。我和我的医生商量了该吃什么药,这对我有帮助。但最令人惊奇的是马特,我想,他意识到我受到了伤害。我试着写下所有美好的事,看看是否会奏效。而且,我决定再进一步,回顾马特有什么优点,然后每天或每两天夸奖他一遍。比如,我告诉他,他是一个很好的倾听者。周六的足球赛结束后,我希望他和我们去吃冰淇淋,你知道,我的语气非常认真,而且不是为了让他感到内疚。他似乎有所触动,所以我坚持了一个星期,然后又坚持了无数个星期。"

迪尔德丽赞扬了马特,尽管她怨恨他周末不陪家人。我很钦佩她的耐心。"这一定很难做到。"我告诉她,"我的意思是,在生他的气时,还要说好话给他听。"

"是的,这真的很难,但也是很酷的事情。我没有什么可失去的。我已经尝试过争吵,但没用。所以我决定去想他的优点,他是一个善良、有耐心、非常慈祥的爸爸。于是我告诉他这一点。其实,一旦我开始了,就发现它并不难。我开始更喜欢他了。你相信吗?"

"是的,我相信。"

"不知怎么,我们的关系都改善了。你不会相信的,大约六周后,一个星期六的早晨,当我们醒来,发现马特竟然在家。他在车库里摆弄他的车。当一个孩子问他为什么不去钓鱼,我听到他说:'哦,我只是今天没有感觉了。'告诉你实话,我甚至觉得有点生气,因为我已经习惯了他的消失,很难适应他在周围晃悠!起初我还想:'他周六在家干什么?'"

当我们改变了说话的方式,也会改变自己的感觉。不仅如此,我们也会改变别人对待我们的方式。我敢打赌,马特周末不在家的原因,不是因为他是个自私的混蛋,他可能觉得家人不需要他。我不确定。但我知道,迪尔德丽改变了全家人的关系,通过专注于生活中积极的东西,包括丈夫的优点,并且赞扬了他。

给丈夫掌声能够改变他们,觉得受到鼓励的男人更容易成为好父亲。是的,虽然我们是天生的沟通者,但调整沟通方式会对我们所爱的人产生很大影响。我们可以给儿子的最好礼物就是赞美他的父亲,因为爸爸快乐,儿子也会高兴。这是母亲们的终极目标。

我也知道很多母亲要接受特殊挑战。有的母亲独自抚养自己的儿子。有的母亲,她们的前夫不负责任。也有的母亲不认同前夫的生活方式,不希望他来干涉孩子的生活。还有的母亲,因为孩子的父亲虐待孩子而离开他。母亲们会不顾一切地让儿子远离坏影响。以下部分是我给这些母亲的建议。

给单身母亲的建议

很多母亲和儿子的父亲有切实的矛盾,比如他不负责任或者行为不端。如果是这样的话,请放心,你并不孤单,你可以做几件事来帮助你的儿子。

1. 不要单打独斗

你很可能试图既当爹又当妈,你只能做一个真正的好母亲,这足以让你的儿子变得很好。许多伟人都出身单亲家庭。关键是你得接受"你不是万能的"这个事实。无论你是多好的母亲,你的儿子都需要与男性互动,

第7章
你是他与父亲之间的纽带

需要观察成年男子的行为。所以,不妨拜托他的爷爷、叔叔、教练、牧师,或者你信任的老师做他的榜样。你一定要了解对方,因为你不希望儿子受到任何伤害。然后,想方设法让你的儿子与他相处,比如请他吃饭,请他带你的儿子去露营等。之后,和儿子谈谈他,让他的形象深入儿子的心。当困难来了,问问你的儿子,那个人会怎么做?他会怎么说?以此帮助你的儿子培养正直、勇敢、善良和奉献的人格,以及你相信好男人应该具备的其他品格。当你的儿子成熟后,他可以根据心中的榜样行事为人。

大多数单身母亲都会因为儿子没有父亲而感到歉疚。所以,你要尽力为他寻找男性榜样。但是,如果你找不到一个男人来帮助你的儿子,也不要否认孩子的需要。男人是视觉动物,他们需要建立好男人的心理意象。和他探讨一下好男人应该是什么样的,比如具备聪明、勇敢、耐心等品质,特别是在特定的情况下。比如,假设他的朋友请他参加派对,大家都在那里喝酒,他知道自己不该喝,你可以问问他勇敢的人会怎么做。假设女友和他分手了,可以问问他宽容的人会怎么做。抓住每一个机会帮他建立人格榜样的心理意象,你会发现,生活中到处都有原型。

你也可以选择一个英雄人物来作为孩子的榜样。如果他喜欢读总统传记,或者喜欢小说里的某个人物,那么当他遇到困难时,你就可以问他,他认为这些人会怎么做。请谨慎选择,因为孩子崇拜的人不一定是你希望他效仿的人。比如,许多男孩崇拜一些演员、运动员和艺术家,但你不一定尊重他们,所以要避免让你的儿子将他们作为榜样。如果他们不愿放弃,你可以给他讲品格更高尚的人的故事,同时也无需批评他的偶像。当你选择的人物打动了他,自然会获得他的敬仰。

2. 别在他面前发泄你对男性的愤怒

许多女性因为受到丈夫、男友或其他男性的伤害,对男性心怀芥蒂。这很正常。但你必须记住,你的儿子会照搬很多你的想法和信念。如果他听到你说他父亲或其他男人不好,他也会对他们产生负面看法。更重要的

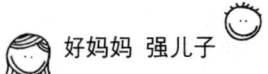

是，他可能会开始讨厌自己的男人身份或男子气概，而这会扰乱他的思维。所以，请尽量不要当着儿子的面发泄你对男性的愤怒。

3. 承认儿子需要父亲

单亲妈妈绝对不能告诉儿子，他能依靠的人只有你自己。因为他们打心底向往着父爱，如果听了你的话，他会觉得这种向往是不对的。妈妈是成人，所以在孩子的眼里，妈妈的看法是不容置疑的。因此，当你说他不需要父亲，只需要你的时候，他会认为，自己需要父亲关注和爱是愚蠢的、错误的。

告诉你的儿子，你知道他需要他的爸爸。告诉他，你很抱歉，因为他得不到爸爸的陪伴；告诉他，如果爸爸在他身边会怎么样。不要害怕他把更深层次的需求爆发出来，因为这样做会帮助他面对它们，让他的伤口开始愈合。隐藏自己的感情和需要会使他陷入麻烦，甚至使他抑郁。好母亲应该帮助儿子了解自己的需求，确认它们。如果它们得不到满足，帮他纾解悲伤；还要帮他看到，虽然他的父亲不在身边，但他有叔叔、牧师、教练和祖父。告诉他，虽然上述男性不是他的父亲，但他们仍然是喜欢并照顾他的男人。

前夫行为不端的单亲妈妈

1. 选择你的战斗

和行为不端的丈夫一起养育孩子，对母亲来说很艰难。但她仍然可以有所行动，这将有助于她顺利脱身。我的一个好友的前夫赌博，还会带女人回家过夜。因为她无法阻止这些行为，所以决定离婚。法院判给她前夫部分抚养权。于是，她努力寻找和前夫共同抚养孩子的方式。

虽然她很生前夫的气，但还是决定对他以礼相待，看能否协商出一个对孩子有利的结果，尽量不让孩子受到不良影响。她尊重地询问前夫，在抚养孩子时，是否需要她做什么事情。因为她知道儿子和父亲在一起时，她无法掌控局势。她告诉前夫，她知道他希望获得儿子的尊重，也知道他对儿子寄予期望。她表示自己愿意帮助前夫得到孩子的尊重。她也告诉他，她这么做的条件是，他也要为她做一些事。比如，儿子在前夫家时，他的女友不能去过夜，他也不能去赌场。这种以尊重为前提的谈判，可以让夹在中间的孩子感到较少的压力。关键在于，战争的形式由你选择。你可以提出自己的条件，比如当着孩子的面，前夫不能酗酒，不能带女人回家过夜，不能指责儿子或带他去赌场，等等。给他看看你的清单，与他分担照顾孩子的责任，让他知道你最关心哪些事项，告诉他你会与他合作，因为你尊重儿子的父亲。

2. 尊重他对父亲的需要

你的前夫可能从未与你的儿子打过交道，或者从未对儿子投入过感情。无论如何，儿子都需要知道，你明白他对父亲的需要。无论父亲多么过分，孩子也会想念他。即使他想要恨他的父亲——也许是因为他父亲待你不好，但他也恨不起来，因为他需要父亲的爱。他可能永远不会得到他所需要的，但如果他从你那里听到的只是对他父亲的批评，或者你不承认他的需要，他的苦恼就永远得不到解决。你的儿子知道你的前夫做了什么坏事，你不必特意告诉他。他可能只想告诉你，他有多么失望。如果你和他谈论你的感受，他就会为父亲辩护，而不会坦然面对自己的伤痕。

3. 对事不对人

这是非常艰难的，但你要训练自己。让你的儿子知道，他父亲的行为是不好的，但不代表他这个人不好。当负面事件发生时，和你的儿子谈谈，告诉他，他父亲的行为是完全不合适的；同时，也让你的儿子知道，他无需为父亲的做法负责。

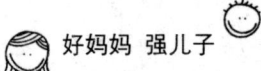 好妈妈 强儿子

比如，当前夫离家出走，或者带女友回家过夜，你儿子很可能不高兴，这对青少年来说很正常。你可以这样说："你父亲的做法是不健康的。这伤害了他，也伤害了你，我也不会同意。他是个好人，但我不认为他的行为是对的。"然后结束这个话题。如果你的儿子感觉到他的父亲厌恶你，他会为他辩护，说他父亲是对的。所以，你要尽量尊重他的父亲，不和他起冲突。

帮助儿子成长为伟大的男人，不是懦弱的妈妈能完成的任务。幸运的是，为了儿子，我们大多数人都会变得勇敢、坚韧，还要有点放肆，这样才能培养出强大的男人。这也是做母亲的乐趣所在。我们能为儿子做的最勇敢的事情，是承认他们需要他们的父亲（或其他好男人），并帮助他们与其建立关系。

Chapter 8
Sex on the Brain and What My Mom Says

第 8 章
培养他健康的性观念

所有母亲都需要明白，儿子在形成自己对性的看法时，总是会借鉴你的意见和教诲。

第 8 章
培养他健康的性观念

你可能会觉得，作为母亲的你无法影响十几岁的儿子，改变他对于性的决定？请再想想。事实上，你对性的看法，对他的影响要比你想象得大得多。所有母亲都需要明白，儿子在形成自己对性的看法时，总是会借鉴你的意见和教诲。实际上，他的性观念的形成，也在很大程度上取决于你对他的价值和男子气概的认可。

男孩与性

男孩性观念的发展是个复杂而精密的过程。然而，我们却可能将其简单化。就像健康的心理发展一样，男人性能力的成熟受到遗传、亲人态度、社会压力、生活经验（包括负面的因素，比如虐待）等许多因素的影响。

博学睿智的哈佛医学院教授阿尔芒·尼克里博士是《哈佛精神病学指南》(*The Harvard Guide to Psychiatry*)一书的作者。他认为，直到青春期结束，一个人的性观念才会完全形成。因为性是一个美丽而复杂的过程，它涉及一个人性格的很多方面。根据我多年与十几岁男孩打交道的经验，我也非常赞同尼克里博士的说法。

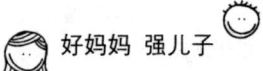
好妈妈 强儿子

一个人的性身份是由他认为自己是怎样的性存在而定义的。这与他的个人身份有点不同,因为一个人的性趣味与他的伴侣的情感、体力和智力水平相关。作为男人,他更主要的身份是人类,它包括多重要素。比如,他是他父亲的儿子,是一个工程师,是一个慈爱的父亲和丈夫。在这些背景下,他又是一个通过其性能力与他的妻子紧密联系的男人。假如这个人患有无法进行性行为的疾病,甚至降低了他发生性关系的意愿,那么他作为一个男人的身份会被削弱吗?因为他的性能力出现了残缺?不会。他的父亲、丈夫、工程师等身份仍然会赋予他作为男人的价值。以牧师为例,他的身份感很强:他是上帝的儿子,有爱心,关心他的教区居民,并深深致力于服侍上帝、服务于上帝的子民。每个人都有自己的性身份,它包含在其广义的个体身份之内,但他可以选择不依照自己的性欲望行事。我们可以看到,一个人的性身份是他作为一个男人身份核心的一部分,但并不是全部。

十几岁的男孩逐渐感觉自己是男人,但他们的性观念仍处于发展之中。其实,大多数青少年每天都在努力弄清楚自己的性身份,这是正常的。性身份就像男孩的个体身份一样,需要时间才能完全形成。最重要的是,一个男孩的性观念与他信任和爱别人、自我表达以及自我评价的能力有关。这涉及他性格的各个方面。如果他有耐心,他在性方面也会有耐心。如果他很友善,他在性行为中也会表达善良。如果他受到愤怒的折磨,就很有可能在性活动中表现出愤怒。男人的性自信取决于他的整体个性。举个例子,性自信会让他觉得自己在其他方面更勇敢。因此,为了让儿子健康成长,母亲需要明白,培养儿子健康的性观念极为重要。对我们来说,艰巨的问题是,如何才能做到这一点?

首先,必须承认,无论我们是否喜欢,母亲的角色意味着我们将会影响儿子的性观念。所以,我们应该学会对他们产生健康和积极的影响力。好消息是,做到这点比人们想象得简单。比起他的父亲,我们和儿子谈论性的时候会更自然,因为他永远不会与我们比较阳刚之气。我们是女人,

第 8 章
培养他健康的性观念

所以儿子不会视我们为"竞争对手",从而会更加接受我们的观点。我们的工作很简单:爱他、引导他、挑战他,在各个方面培养他的阳刚之气。我们都可以做到。

这个过程开始于儿子出生的时候。一旦他进入我们的世界,他会立刻知道我们是否喜欢和接受他。当我们抱起他,他会闻到我们的气味,也会知道这个气味意味着妈妈。妈妈的气味让他觉得舒服,意味着他是安全的。因为当他哭闹时,妈妈会立刻过来安抚他。当他学会走路后,他会故意藏起来,如果我们能找到他,就说明我们一直在关注他。他每跑到一个角落,都会希望听到我们叫他的名字。如果我们这样做,他会觉得被爱(有时取决于他的心情或性格)。然后,他们要么跑远一点,继续测试我们,要么回来找我们寻求安抚。他需要知道的只是我们一直在关注他,这会让他觉得自己有价值。

儿子上小学后,他的世界出现了变化。比如,他会知道,他再也不能和我们一起上女厕所。对许多母亲来说,这可能是一个可怕的时刻。当我的儿子上小学二年级时,我和他前往波士顿。我们曾在底特律机场短暂停留。我恳求他在降落前去一下飞机上的卫生间,但他说他并不需要。但我们下了飞机之后,他又想去。他委婉地拒绝和我一起进入女厕所,并坚持要进男厕所。我绞着手,非常紧张。我告诉他,如果陌生人对他说奇怪的话,不要上当。于是,他第一次独自走进了男厕所。他运动鞋后面会发光的小灯冲着我一闪一闪,我站得尽可能靠近男厕入口,并问他:"怎么样了?"十秒钟后,我又问:"需要帮忙吗?"又过了十秒钟,我忍不住说:"哦,我不是故意的,但……嗯,我在这里等你,你慢慢来。"这是一个奇迹,他竟然学会一个人撒尿了。当他从男厕所走出来,我做了个鬼脸,问他洗没洗手。他摇摇头。唉,我需要让他回去洗手,再难熬地等待?还是拉着他的脏手往外走?好在我很快就找到湿巾帮他擦拭干净了。

等他长大后,我问他是否还记得小时候我苦恼地目送他进入男厕所一事。他告诉我,他当然记得,而且能想起每一个细节。他告诉我,我确实

让他很难堪，但他还记得我向他解释了自己害怕的原因。现在，他能理解我的想法。我是否无可挽回地损害了他的独立性和阳刚之气？没有。至少，他现在是这么告诉我的，我们甚至可以取笑这件事。

塑造儿子的阳刚气概，绝对不是和他坐下来谈谈，告诉他我们的看法那么简单。它来自于日常的经验。他需要看到我们针对不同情况的不同处理方式，比如何时、如何让他们使用公共男浴室。这让他们认识到自己的性身份。我儿子8岁时，已经非常清晰地感觉到，他是男性，不再和女生一样，因为他用小便器，女生使用厕所。他需要把自己和我区分开，我相信他的独立能力。当他成熟后，就知道和我有所分别是一件好事，这使他觉得自己强大，有男性气概。我没有处理好他第一次使用男厕所的情况，因为我担忧可能会发生什么事情。这破坏了我的儿子对我的信任。但随着时间的推移，我学会了放心地让他进入男厕所。开始，他很自然，而我却表现得不自然。最终，我学会了接受事实，自如对待。

无论感情还是身体上，我们的儿子都会经过不同的成长阶段。我们必须让他们按照自己的节奏发展，逐渐形成男子气概。在适当的时候，我们必须放下恐惧，让他们做最适合自己的事。如果我们不这样做，就相当于告诉儿子，作为男性是可怕的，甚至可能是危险的。如果我们把这个消息发送给他，他的健康就有可能会受到威胁。所以，当他们以自己的方式进入成年男性的世界时，我们所能做的就是站在一旁，以健康的方式——支持他们，爱他们，相信他们的能力——对他们的表现做出反应。

避免他受到侵犯

我要承认，当我的孩子们上了高中之后，比起儿子，我更担心女儿们。我担心有人会在她们的饮料中下药，对她们性骚扰，或者摆布她们。我的女儿们虽然很能干、有主见，但我认为她们比我的儿子更脆弱。当儿子升入高中时，他6.1英尺的身高让我觉得他有能力保证自己的安全。但

第8章
培养他健康的性观念

我还是会密切注视他，生怕他被那些天天轰炸的不健康消息所影响，很多消息可能会改变他的性观念。

举个例子来，有很多将纵欲影像与暴力结合的视频游戏。十几岁的男孩喜欢玩这种类型的游戏。色情内容已经够糟糕了，而色情加上暴力，就会使男孩觉得奴役女人无所谓。我知道，很多孩子甚至家长可能会说，视频游戏只是游戏，他们知道屏幕上的内容是不真实的，所以玩游戏不会影响他们。但我不相信这种说法。

男孩天生是视觉动物，当他们看到性感的形象，就很难移开眼神。这就是为什么色情作品如此强烈地影响了很多人。色情作品、R级电影和成人视频游戏中的色情和暴力可以撩拨男生到成瘾的地步，因为它们是高度可视化的。男生会接触到各种形式的性图像，比如电视广告、MTV的片段、电影和互联网上出现的衣着暴露的人。大多数12岁的男孩都可以很方便地找到色情内容，甚至只需点击一两下鼠标即可。然后，他们会不知不觉地上瘾。

当我向美国各地的十几岁男孩演讲时，我坦率地告诉他们，他们天生容易对色情上瘾，所以应该极为谨慎地观看性图像。听到这里，你可能会猜测，那些十七八岁的男孩会朝我翻白眼。然而，大多数人并没有，他们正襟危坐地听我讲话，因为很少有成年人会像我这样诚恳地与他们谈论对性与媒体的看法。我告诉他们，男孩为什么天生会对色情上瘾，为什么会因此走上一条非常黑暗的道路。

结束这个话题之前，我想补充一个有趣的对话，它最近发生在我和我的朋友兼同事詹姆斯·多布森博士之间。他是儿童心理学家，在电台一个叫做《家庭讲座》（Family Talk）的节目做主持人。他告诉我，多年前，他曾采访过连环杀手、强奸犯特德·邦迪，后者1979年被判处死刑。邦迪服刑前，多布森博士被批准与他见面。他说他永远不会忘记邦迪说的那些令人毛骨悚然的有关色情的话。他告诉多布森，他认为色情是引发他做出病态和残暴行为的导火索。

显然，邦迪患有精神疾病。色情片会让大多数男生变成他那样吗？不会。但我们无法回避它将对孩子造成的黑暗影响，无论其表现形式多么委婉。无论是否存在色情内容，男孩都有可能会迷上电子游戏。如果游戏点缀着性内容，则更有可能让人上瘾。因为男生都是视觉导向，会逐渐被其吸引。他们从学校回家，往往会玩一两个小时的游戏，只是为了放松。然后，两小时变成三四个小时。如果家长不小心，儿子可能会不知不觉地玩上八九个小时。

我已经看到越来越多的青少年男孩沉迷于电子游戏，越来越多的研究机构都以真实数据支持着我的经验。一项研究发现，近十分之一的儿童和青少年玩视频游戏上瘾。这意味着他们需要更多时间才会感到满意。如果家长没收游戏，他们就会变得非常激动。很多人会玩到深夜，因为他们说自己根本停不下来。是图像、声音、暴力，或只是玩的行为吸引了他们吗？我们不知道。但各地的医生都看到，越来越多的青少年男孩比以往任何时候都难以远离屏幕和游戏机。由于母亲不一定能理解个中原因，所以更需要谨慎关注，并采取措施加以预防。

帮助他顺利度过前青春期

到了10岁左右，大多数男孩都会非常好奇自己的身体。他们开始勃起，感到性冲动，但不知道它们是什么。而且，在没有人看到的时候，男生会叫朋友触摸或亲吻自己的阴茎，这相当常见。因为男孩之间进行性实验的情况并不少见，所以母亲需要知道如何处理这样的情况。我们的话语和应对方式会对儿子产生巨大的影响。

为什么应该是母亲，而不是父亲来处理这种情况？首先，母亲很有可能首先接到生气的老师或别人母亲打来的电话。其次，与我们讨论这种情况时，儿子很可能会觉得不太尴尬，因为我们和他们的身体是如此不同。

如果你的儿子出现这种情况，不要惊慌，也不要急于下结论，认为这

第8章
培养他健康的性观念

是不合理的。男孩好奇自己的身体是正常的，在双方都同意的前提下，互相实验并非不健康，也不构成性虐待。它只是意味着，这两个男孩在玩弄自己的身体。如果你的反应冷静，对你的儿子使用积极的、理解的语气，他就会听从你说的话。如果你生气或哭泣，他就会感到羞愧。性兴趣被羞辱的孩子，不会得到好的引导。所以，我鼓励母亲告诉自己的儿子，你知道发生了什么事，他们可能觉得不错，好奇心是一件好事。然后，你可以告诉他，他的身体是私有的，他必须保护它。告诉他，他生来就有能力享受美好的性和身体，但现在还不是与其他男生或女生分享感受的时候。

如果母亲反应积极，富有爱心，能够表示理解，这些探索性的行为一般不会再出现。但随着男孩年龄的增长，会出现涉及色情的许多其他问题。所以，母亲很有必要跟儿子好好谈谈，抓住所有机会培养他健康的性观念。这一点很重要，千万不要低估你在儿子小时候向他传达的信息的重要性。比如，你是坚强的、有能力的、独立的，等等。因为这些信息将开始塑造他的性别认同。

我认为，在性方面，10～12岁的男孩要比稍大一点的男孩安全一些，因为他们还没有长高，不用刮胡子。即使他们的声音还没有成熟，有时他们可能认为自己听起来像女孩，但他们觉得自己已经足够成熟，不想被母亲看到自己的身体。不过，他们仍然喜欢花时间与妈妈在一起，因为感觉安全和熟悉。

人生是可怕的，妈妈却不是。更重要的是，这个世界会给这个年龄段的孩子造成毒害，让他们觉得混乱和恶心。比如，他们从广告、电视、电影中看到的性信息和图像，都会令他们浮想联翩，使他们觉得陌生和困惑。儿子明白，他们代表一种性别，但并不知道这意味着什么。因为他没有做好性成熟的准备，他的睾丸激素水平仍然较低，以至于他还不会被欲望所淹没。然而，如果他对性没有兴趣，就会自责，因为他知道自己应该感兴趣。

在这个年龄段，男生也会接触暴力，虽然此前他可能就喜欢玩牛仔、印第安人或其他战争游戏；但当暴力事件变得更加具体和直观，比如出现在电影或视频游戏中，就会让他们烦躁不安，而在内心深处却又有些享受这种体验。"知道什么对自己不好"与"我偏要做"这两者之间的斗争已经开始。他知道你不喜欢他在电视上看到或在歌曲中听到的此类内容，但他很喜欢它们，这让他觉得自己是个坏孩子。他也知道，你不能真正理解他的感受，因为你是女人。突然之间，你成为了他的敌人。但是，这也令他感觉不对，因为当他还小的时候，你不是敌人，你只是妈妈，他喜欢为你跑腿。

如果我们的家里没有电视、iPod 和 iPhone，那么帮助儿子顺利度过前青春期和青春期将简单得多。这些设备是"反妈妈"的，我们要随时小心，防止孩子被其毒害。就某些方面而言，这些东西并不坏，但它们却可以摧毁我们试图教导孩子的重要课程。它们是强大的，但是我们更强大。我们绝不能忘记这一点。我们必须做的是针对家庭中使用的电子设备建立非常明确的规定。我主张让所有手机成为"家庭手机"，即手机被父母和兄弟姐妹共享，直到孩子们升入高一或高三为止。这让孩子们知道，他们有手机，但没有隐私。其次，家长应该有权查看所有手机上的信息。这不是因为你不信任儿子，而是为了帮他远离麻烦。

当涉及视频游戏、电视或任何其他"屏幕时间"的活动，要建立明确的时间限制，比如每天只能娱乐两小时。很多孩子必须在计算机上做功课，但是玩乐时应限制他的使用。我保证，以后他会感谢你的。最后，我强烈地感到，如果男孩拥有电脑，他们应该只在你的陪同下使用它们。不要让你的儿子把他的笔记本电脑带进卧室，关上门，然后待好几个小时。这对任何男孩来说，诱惑都很大。

许多男孩会根据他们所看的电影分级来衡量自己的成熟度和"酷"的程度。很多青春期前年龄段的孩子都想看限制级电影，认为 PG-13 级以下级别的电影是给小孩子看的。他们觉得，如果自己快满 13 岁了，就能看限制级电影，因为孩子都希望自己尽快成熟。但是，想想那些限制级电

第 8 章
培养他健康的性观念

影里面可能有什么吧：不仅是暴力和色情，而且是没有内疚的暴力，以及没有爱的色情。视频游戏亦是如此。10 岁时，你的儿子就可能开始玩带有一些暴力和色情内容的游戏了。但当他们十二三岁时，暴力和色情对他们的影响会更大，所有这些视觉图像会刺激他们的大脑，留存在记忆之中，进而影响他们的性发育。而他们只有自己消化这些内容，而不会和朋友们谈起。他独自一人体验各种感受，而这一切就像漩涡一样，让他陷入迷茫，扰乱他的头脑。

我建议，母亲要定期地告诉儿子，以他的年龄，他会接触很多包含性内容的电影，那些图像会在他们毫无察觉的情况下影响他们。不要用贬义的口气说出来，而要用理解的腔调。我相信，你不想让他听出你话语背后隐含着指责，比如："你们这些孩子不学好，看有性的坏电影。"你更想表达的是："我知道有这样的电影，我想帮助你知道，它们会如何对你产生负面影响。"

向孩子解释，它们为何会如此吸引他，因为他是视觉动物。你可以问他对电影的内容有什么看法，是否认为它们会影响他自己和他的男性朋友们？会如何影响？尽管如此，许多 13 岁的男生不会马上对你开诚布公。你的儿子不愿意和你谈性，所以不要指望他能立刻做出回应。但是，你可以告诉他你的感受，他会与你产生共鸣，即使他什么都不说。告诉他你不喜欢他看性图像，因为你觉得它伤害了他，使他错误地认为性与情感无关。而他是一个高度敏感的、有思想的年轻人，但传播色情图片的媒体却认为他没有大脑。即使他什么都不说，也要确保他接收到你的信息。

到了五年级，大多数男孩会上性教育课。作为一名儿科医生和青少年辅导员，我观摩过全国各类学校的性教育课，经常有学校请我帮他们审核课程内容。我得说，在一般情况下，很多性教育的材料已经过时，尤其是在那些公立学校。在当今世界，围绕性活动的统计数据每年都在改变，多数学校根本无法跟上。不过，即使他们可以，家长和教育工作者之间的论战也难以避免。有人认为，未成年人只能禁欲；有人则认为，孩子应该得

好妈妈 强儿子

到全面的性教育,比如学习如何使用安全套、节育等。由于儿子知道成人之间存在这些分歧,因而更想知道性为什么会得到这么多的关注。所以,我们教育他们的内容和方式比他们在课堂学到的东西重要得多。

就个人而言,我认为,性教育应该是简单而有趣的。什么会真正影响男孩的性决定?母亲和父亲拥有全部主导权。话虽这么说,但你必须知道孩子在学校里学了什么,在老师教他们之前,你可以要求看看他们的教材。许多老师也不愿意教学生这些,他们只是奉命行事。课程的内容,你可能部分同意,部分不同意。但既然这是你的工作,请告诉你的孩子你相信什么。你的儿子在这个年龄段学习性知识是非常重要的,所以要仔细研究课程的内容,然后据此调整你教育他的内容。

我见过的大多数母亲或父亲,都不愿和孩子谈论性,无论孩子有多大。他们经常问我该如何开口,比如是否应该父亲和儿子说,母亲和女儿说?还是两人一起说?父母双方都认为这件事是对方的责任。因为父母两人中总有一个更不情愿的,所以我建议另外一个人承担任务。你应该毫无压力地和孩子谈论性,无论谈话的内容是什么。如果家长表现出不好意思、居高临下或者自卫的态度,那么孩子就会觉得性是一件消极、尴尬的事情,或者觉得性体验是不好的,至少是父母不愿讨论的问题。

以我的经验,可能母亲更擅长与孩子谈论此事。所以,请深呼吸,放松下来,让你的儿子知道,在学校里,他会听到各种关于性的信息,可能会看到同龄人互相亲吻,甚至做爱。他也会在电视上和电脑上接触色情内容,看到、读到和听到有关性的东西。但那些不一定是真实的情况,如果他有疑问,就尽管来找你。告诉他,你可以防止他感到困惑,你可以和他在任何时间谈论性。所以,你要始终做好告诉他真相的准备。虽然你可能会尴尬,但也要假装不尴尬。这是非常重要的,因为如果你们俩都觉得不好意思,那么所有的谈话都会停止,你需要使谈话不断继续下去。10~13岁的孩子更容易听进去你说的话,因为他觉得自己还没有无所不知,特别是在性方面。此后几年,你的儿子会渐渐觉得他比你聪明,而且

第8章
培养他健康的性观念

你的想法都过时了。所以,你最好在此之前尽快与他对话。

希瑟的儿子肖恩12岁时,和13岁的胡里奥成了最好的朋友。而希瑟和胡里奥的母亲杰西卡,也是非常亲密的朋友。作为单身母亲,她们在育儿过程中互相扶持。肖恩和胡里奥关系很好,他们更像是兄弟而不是朋友。希瑟在医院值夜班的时候,肖恩就经常到杰西卡家,与胡里奥和他的两个弟妹一起过夜。作为独生子,肖恩告诉他的母亲,他喜欢去杰西卡家,因为那里热闹。两个女人很珍惜她们的友谊,因为两人互相安慰和鼓励,她们一起存钱,也共同担忧孩子会在自己工作时被陌生人带坏。因此,这样的安排几乎好得令人难以置信。

七年级的春假期间,希瑟带着肖恩开车出去玩,两人都很兴奋,因为能够远离工作、学习和生活的枯燥循环。他们是星期六早上出发的,打算去附近的一个城市。希瑟打算去那里的餐馆吃饭,去博物馆参观,去剧院欣赏戏剧,并拜访一些朋友。她告诉我,乘车进城很有趣。接着,他们来到酒店,开始享用美妙的晚餐。晚餐时,她注意到肖恩举止怪异。他很安静,态度冷淡,她觉得一定是出了什么事。晚饭后,她试探肖恩。起初,肖恩否认自己不对劲,但他越否认,她越怀疑。结果,肖恩恼羞成怒,但她不知道原因是什么。

希瑟认为,她当时最好不要追问下去。于是,她改变了话题。到了晚上,肖恩主动开了口。希瑟告诉我,他结结巴巴地说,虽然他担心一件事,但他不想谈论它。尴尬了几分钟后,她让他不妨直说。肖恩表示,他和胡里奥有过四次性接触。他不想说细节,但他显然需要谈论这件事。希瑟的明智之处在于,她不逼迫肖恩说他不愿说的事情,她只是保持镇定,听儿子说他为什么担心。肖恩告诉他的母亲,两个男孩互相触碰,并做了一些"其他事情"。她说,当时肖恩最担心的是他会受到身体上的伤害,他担心自己可能无法生孩子,或者会得上性病。

"我的心脏开始怦怦直跳。"她告诉我,"许多想法在我脑子里纠缠。胡里奥是否曾强迫肖恩?肖恩是否感到羞愧、恐惧和受伤?我应该怎么对

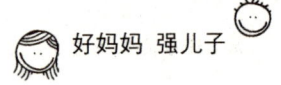

好妈妈 强儿子

他说?"

"那么,他告诉你之后,你是怎么说的?"我问。

"起初,我什么都没说,"她回答,"我只是盯着他。我气坏了,觉得自己像一个完全失败的母亲。我也不想多说什么,因为他可能会停止说话。但我觉得他能主动告诉我就已经是个奇迹了。所以,我只是听着,并试图表现出理解。不过,内心深处,我觉得自己好像被一拳打在了肚子上。"

虽然他们的谈话发生在两个月前,但在对我讲述时,希瑟的表情仍然很痛苦。和孩子谈论性本来就很难,而与他谈论一次带来创伤的性接触更是难上加难。我赞扬了希瑟的处理方式和冷静的态度。我又详细问了她当时的反应,不仅包括第一次谈话,还有她和肖恩的整个假期。

"好吧,"她说,"就像我说的,我听了很多。肖恩告诉我他和胡里奥做了什么。我问他当时是否害怕,他说不。然后我问,他们是否都同意做这件事,或者只有一个人想这样做。起初,他告诉我,所有的爱抚都是胡里奥的想法。但过了一段时间,他承认,他也表示同意,因为他感觉很好。在整个谈话中,我主要担心他是否感觉受到侵犯,或者这是否是双方自愿的。"

希瑟的担心是完全正确的,她也有权询问孩子,并且以温柔的方式弄清儿子的感觉,或者他是否自愿。她得出结论,这场性游戏是两个男孩自愿的,他们没有强迫对方。这是非常重要的,因为很多小男孩如果在这个年龄遇到这种事,很可能觉得自己的身心受到了严重的威胁。比如,小男孩被大男孩胁迫进行性行为,他会遭受严重的精神创伤。如果这样的事件发生,很多男生不会告诉任何人(甚至他们的母亲),因为太令人耻辱。就算骚扰并不严重,比如只是被迫脱下裤子,而不做实质性接触,他们也可能出现遭受性虐待之后的所有症状。如果孩子知道,他们是在彼此平等的基础上,出于心理上和身体上的自愿,就不会感到被虐待。但是,如果他觉得对方占主导地位,无论该行为的严重程度,他都会觉得被虐待。希

第 8 章
培养他健康的性观念

瑟观察过儿子是否有受虐的迹象，比如退缩、悲伤、抑郁、成绩下降、愤怒爆发等。谢天谢地，她没有发现，而肖恩也没有表现出反感胡里奥。所以希瑟认为，肖恩说他们是自愿的，这是真的。

希瑟还做对了一件事，那就是她保持了冷静，不带预判地和肖恩交谈。否则，肖恩很可能会立即停止说话，而且还会感到羞愧。这种感觉可能影响他很长时间。希瑟意识到这一点，于是她尽量从容应对，态度和蔼。她说，肖恩说完之后，就开始抽泣。"听到他这么说之后，我的心碎了。"她告诉我，"他抽泣着，看起来像个小孩子。我就坐过去抱住了他。"

希瑟来找我，是因为她担心，肖恩可能出现持续性的忧虑和混乱。她想要跟一个专业人士讨论一下自己的忧虑，想知道自己是否处理得正确。事实上，她处理得很漂亮，我对她说。有几件事她做得很好。

首先，希瑟为肖恩提供了倾诉的时间和空间。很多时候，因为我们很忙，所以可能会错过一些重要的东西。我们需要时间来和儿子面对面，看看他们有什么样的感觉，跟他们谈心。我们需要确保自己确实参与到了与他们的谈话中，放松且准备好去倾听。希瑟很幸运，她的春假"逍遥游"计划，让肖恩有机会与她促膝长谈。不过，就算不在假期里，妈妈也可以和儿子出去转转，面对面聊聊，这样做的收获可能会是硕果累累。

其次，多年来，希瑟已经向肖恩证明，她是值得信赖的。他在不开心的时候主动找她倾诉，而且说出了很多小男孩难以对母亲启齿的事情。这和希瑟平时的努力有关。有些男孩很容易开口，但大多数男孩不会。因此，当务之急是，从孩子幼年时期开始，母亲就有必要让他们知道，可以随时找妈妈倾诉。

当肖恩开始诉说，希瑟冷静地倾听，并问他感觉如何，而不是告诉他应该或不应该做什么。她鼓励儿子表达自己的感情，以便把他从困境中引导出来。所以，谈话的重点一直是肖恩，而非希瑟。否则，交流可能中断。

最后，希瑟向儿子保证，他并没有受到身体伤害。家长有时为了吓唬孩子，会告诉他们，如果让别的孩子抚摸亲吻他的生殖器，他将来就无法生育。孩子很容易相信这些传言。有的孩子相信，手淫会损害自己的阴茎；另一些孩子认为，手淫会让他们下地狱。所以，孩子很有必要掌握相关的医学知识，它不仅能缓解他们的耻辱感，还能减轻不必要的担心。我不是一个神学家，但我需要告诉孩子，他们不会因为自慰而下地狱。我告诉每一个孩子，梦遗是性成熟的标志，因为上帝创造了男孩和他们的性功能。

青春期男孩与性

孩子进入青春期后，激素的增加、心理的成熟和认知的变化会使得男孩开始躲着母亲，因为他们试图同化他们迅速发展的精神和身体。正如前面所提到的，关于性的谈话在青春期前开始非常重要，那样孩子会觉得妈妈很开明。但是，如果你的儿子已经是个青春期男孩，那么我可以毫不含糊地说，他无意与你谈论女孩、性或他的性观念。但请不要担心，你可以通过做一些事情来打动他，我们将在稍后讨论这些。

首先，让我们来看看性在现代生活中的一些令人惊讶的事实。疾病控制和预防中心的最新数据如下：

- ◎ 在美国，每年有 2000 万人感染性病。
- ◎ 这些感染性病的人中，50% 是 15～24 岁的青年人。
- ◎ 15～24 岁的人感染衣原体疾病的几率是其他年龄人口的 5 倍。
- ◎ 男性感染梅毒的几率是女性的 5.6 倍。
- ◎ 15～19 岁的男孩感染淋病的几率为美国第二。
- ◎ 在美国，五分之一 12 岁以上的人患有生殖器疱疹。
- ◎ 每年有 600 万 25 岁以下的人患上生殖器疱疹。

这些数字是可怕的，但我们需要知道它们，因为这是孩子生活的现实。当我们帮助儿子度过青春期时，你需要知道他们可能在性方面遇到什么问题。而且我们是唯一会告诉他们一切的人。他们无法从性教育课、朋友、电视、电影或色情作品中了解全部真相。

青少年与性是一个沉重的话题。我知道这有多么复杂，因为我审查过学校的课程，参加过预防性病主题的国会听证会，并阅读和撰写了大量相关文章。我亲自和成千上万的青少年谈论过性，并听取了他们的想法和感受。悲哀的是，大部分成年人没有与青少年谈论过性。我明白这是为什么，因为性是一个复杂的问题，大多数成年人不想处理它。因为如果我们真正开始处理与孩子健康严重相关的性问题，就将被迫面对各种与性相关的商品；如果我们查处生产商（就像我们惩罚推销香烟给孩子的烟草公司那样），他们可能会失去数十亿美元。可悲的是，比起孩子的健康，我们更在乎赚钱。

以 A&F 这个服装品牌的广告为例，和很多面向年轻人的时尚品牌类似，它的卖点是性感（它的许多海报上都是裸体男子），它的客户是青少年。好莱坞知道他们需要在电影中加入性内容，才会吸引孩子（和成人）观看，以便增加票房。视频游戏用性来做噱头，将产品推向市场，其顾客以男孩为主。因为商家认识到，男性是视觉动物，如果让他们在屏幕上扮演性感人物、模拟色情和暴力行为，观众就可能会上瘾。

性与男孩的心理感受

每当我对青少年群体（通常是混合性别的人群）发言，我总会谈论他们的感受。我会问孩子们是否喜欢做爱，他们感觉如何？我也发现了一个特别的现象：每当我开始问这些问题时，所有年龄段的女孩和男孩都会坐直身体。通常情况下，大男孩往往愿意坐在观众席后排，当我谈到男孩可能会对性有不好的感觉，我可以看到他们滑向自己的座位边缘。我给他们讲性交时激素的释放过程，这些激素改变了性伴侣之间的关系。我还告诉男孩为什么当他们拥有多个性伴侣时，感觉却很糟糕。我给他们描述抑郁症的产生过程，告诉他们拥有多个性伙伴可能导致年轻人患上抑郁症。我看到，在座的年轻人身体纷纷前倾，一副恍然大悟的样子。其中很多人从未听过别人讨论他们的感受和性活动。

当我结束发言时,很多初高中男生都来找我,表示他们以前从未听过任何人探讨他们的性感受。他们脸上的释然,让我觉得过去似乎没人把他们当做会思考的个体来对待。孩子需要谈论他们的感受,他们对性的感触很深,他们也渴望爱情,然而他们担心自己在性和感情方面做出错误的决定。他们会坠入爱河,会感到后悔。分手之后,很多男孩会和女孩一样难过,甚至更难过。

在《上瘾》(*Hooked*)这本书中,产科医生乔伊·S.麦伊尼和福瑞达·麦金斯克·布什博士生动地描述了性爱过程中,大脑中的某些激素激增的现象。他们引用的研究资料表明,在性活动中,激素即神经化学物质在男孩大脑中释放,直接影响到他的性体验。多巴胺——俗称"快乐"激素——激增,让他觉得愉快。这种激素与男孩考试得到A或赢得足球比赛时大脑释放的激素是一致的。有时候,多巴胺激增会导致人体反复产生兴奋的感觉。

另一种激素,垂体后叶素,也是在性交时产生的。垂体后叶素告诉男孩,当他和性伙伴相结合,两种激素混合时,男孩会觉得这种结合具有身心两方面的重要性。当性交结束时,头脑告诉他,这种体验可以重复。有的科学家相信,这些激素能够确保人类存续,因为它们让男性愿意与同一个人再次结合,增加怀孕的几率。神经科学确认了母亲们早已相信的东西:我们的儿子是敏感而情绪化的人,在涉及性时也不例外。

有人可能会认为,在性交中,由于激素激增,男孩事后可能不会觉得抑郁。然而,研究表明,性活跃的男孩得抑郁症的几率较高。一个令人吃惊的统计数字显示,性活跃的男生得抑郁症的几率是不活跃者的两倍,其自杀可能性是不活跃者的八倍。这个结果符合我自己的医疗实践。而且,抑郁症是复杂的,遑论它还与性活动有关。我来解释一下它是如何发生在男孩身上的。

从根本上说,抑郁是指人产生的一种巨大的失败感。久而久之,这些失败的感觉会沉淀在孩子的情绪中，慢慢累积。许多男孩在性活动中会经历失败感。比如，如果男孩和一个女孩做爱，事后女孩当着他的朋友取笑他，他就会觉得受到伤害，失去自尊。很多男孩相信，性应该是某种特定的方式或特定的感觉。他们甚至会拿自己与布拉德·皮特或其他他们认为真正有阳刚气概的明星相比。如果男孩觉得性交体验不如预期（基于某种想象的期望），他们就会责备自己"不够好"。他们的自我感觉会变糟。

以我的经验，分手给男孩造成的打击可能比女孩要大。如果他们有过性体验的话，大脑会告诉他们，他们是重要的、优秀的。男孩可能非常爱他的性伙伴（尤其是他的初恋），如果两人经常做爱，然后分手，他可能会感到深刻的损失。比如，相互间的信任可能在分手时破裂。不过，因为他们是男生，他们很少谈及自己的情绪。根据同龄人看待性的方式，十多岁的男孩并不知道性会引发负面的情绪，他认为这是不自然的。所以，他隐藏了自己的感情，但这些被压抑的感情最终会导致抑郁症。

那么，母亲要怎么做呢？研究表明，愿意和父母交流的男孩更倾向于推迟初次性行为，减少最终性伴侣的数目。同样地，和父母亲近的男孩参与高危行为的可能性较低，比如性交、吸毒或饮酒等。很多父母相信，如果孩子使用安全套，性活动就没有风险。然而并非如此。医学界指出，青少年参与的任何性活动都具有高风险，因为安全套不能同时防止各种感染。关于此问题的详细探讨，可以参考我的书《你的孩子有危险》(*Your Kids at Risk*)。当涉及性问题时，你有必要弄清楚你的儿子会做什么，不会做什么；也要弄清楚你会如何对待儿子，你对他有什么想法。你与他的谈话非常重要。我们不能总是遇到问题就耸耸肩，而不采取实际行动。因为如果出了问题，你的儿子可能留下情感的创伤，或者患上性病。

坦然地与他讨论性

首先，你需要下定决心与儿子讨论性的问题。你一定要有实际行动，虽然最终决定权取决于他自己，但你会找出如何影响他思考的最好方式。你要问自己，如果性活动是"安全"的，我是否应该鼓励他发生性关系？我是否应该鼓励他推迟初次性行为？

从纯医学的角度来看，孩子等待的时间越长，染上性病的风险越小。我们知道，16岁之后才发生性关系的青少年，拥有多个性伴侣的可能性较低，感染性病的几率也较低。所以，从预防疾病的角度来看，要注意两个重点：尽可能长时间地等待，并限制你的性伴侣的数量。当然，决定权在你的孩子手中，但你给予他的事实会影响他的想法。

至少在某种程度上，十几岁的男孩会意识到危险的存在。他们都听说过艾滋病毒/艾滋病，并被告知要始终使用安全套。根据美国儿科学会的建议，儿科医生会给9～26岁的男性注射抗HPV（人乳头瘤病毒）疫苗。但我个人觉得，这是不道德的，因为年轻人完全有能力自己预防这种疾病。但我们却要在不告诉他们这是什么样的感染的前提下给他们接种疫苗。医学界之所以同意这样做，是因为医生接受培训后相信，大多数男性会在结婚前就进入性活跃状态，所以最好保护他们及其性伙伴免受病毒感染。我理解这一点，因为作为医生，我们在帮助十几岁的男孩注意性卫生方面的能力是有限的。而且像很多父母一样，许多医生也认为"男孩就是男孩"，他们有权参与性活动。但是，我们需要告诉他们这样做有哪些风险，以便他们能够做出更明智的决策来规避风险。

我想告诉你，我是怎样对待自己的病人的。我会坦然地与男孩们谈性，把上述研究数据给他们看（虽然几个数字并不能轻易说服孩子）。然后，我会询问他们的想法，比如他们对性怎么看？他们想要什么？他们有什么困难和忧虑？通常，孩子们会回答我的问题。许多孩子说，他们不知道自己对性有什么期许，也不太相信自己的所有朋友都在从事性活动。他们担心感染性病，也在互联网上对其有所了解，但仍然有疑问。一般来说，他们会告诉我，没有人真正愿意回答他们的问题，因为很多成年人不愿意谈论性。所以，我总是鼓励他们的家长在家中与孩子沟通这方面的问

第 8 章
培养他健康的性观念

题。至于家长的性别则无所谓,因为总要有人指点孩子,否则他们会自行寻找答案。

尽早开始,坚持下去

一旦你决心搞定性这个严峻的问题,你需要知道,可以采取一些简单可靠的办法帮助你的儿子。比如,当你和 5 岁的儿子去海滩玩,你让他穿泳裤,但他把衣服全脱下来,因为他喜欢裸体。你要告诉他,他需要把衣服穿上,因为身体具有私密性。他应该在小的时候就知道,在公共场所,某些身体部位是不能被别人看到的。接受了这样的教育,他会对自己有良好的感觉,意识到他需要拥有一些"身体界限"。这是开始对孩子进行性教育的最好方法。描述他的身体时,你不需要使用精确的医学术语,但如果你愿意使用,尽管去用吧。关键在于,确保他意识到,庄重和隐私很重要。他的身体是好的、健康的,也是他自己的,它并不会令人尴尬或感觉糟糕。

当他长大一些,你要继续教他关于身体的知识。当他上了幼儿园,你要提醒他,他应该自己去洗手间;而且,只有爸爸妈妈和医生才能看他的隐私部位。但如果他在上厕所时需要帮助,应该只请老师帮忙,不要找朋友。这让他更加明白,其他孩子不能看到他的私密部位。如果你知道他可能需要帮助,请提醒他的老师,让你的儿子知道,他/她可以提供帮助。

在小学二年级时,男生可能会听到关于性交的信息。如果你的儿子有哥哥姐姐,他可能更早地听说。母亲们经常问我,孩子到了什么年龄,父母才可以和他们讨论性知识。最佳时机是在孩子经常问一些关于性的问题时。因为他可能已经听说了某些答案,所以我鼓励你深究细察。要镇定地与他交流,听到孩子问你性问题,也许会让你松一口气,但也让你有种措手不及的感觉。这是好消息也是坏消息。好消息是,这说明你对孩子有很大的影响力;坏消息是,这意味着你将是那个负责和孩子讨论性问题的人。但是,不要担心,情况可能与你期望的有很大不同。

好妈妈 强儿子

如果是我，我会这样开始："汤米，你可能在学校里听说过，爸爸妈妈相爱的时候会做一些事，比如我们会接吻。当你听到不明白的东西，一定要来问我，我可以给你解释。我知道所有关于长大的秘密，希望你从我这里得到答案，因为有时候孩子会搞错答案。你说好不好？"这样既允许你的儿子听别的孩子讨论，也提醒他，这些话题可能让他感到困扰。那么，到时候他就不会特别吃惊。请记住，每个班里都会有这样的孩子，他们有哥哥姐姐，又喜欢惊吓他们的朋友。更重要的是，这样做明确了你是他可以在性问题方面求助的人。

通常情况下，当小男孩听到他们一直好奇的性问题的细节时，他们会做鬼脸或者假装恶心。你的儿子可能就会这样做，他还会跑出去，或者让你别说了。这些都很正常，并不表示他不喜欢性，或者你正在做的事情是错误的，他只是觉得有点不知所措。没关系，女孩也会有同样的表现。当他做鬼脸时，你可以说："汤米，我知道你觉得不自在。在你这么大时，我也觉得不自在。别担心，你可以只听我说，如果你非常不舒服，我们可以停下来，以后再说。"

当他进入小学三年级，请保持攻势。你要告诉他，他在学校、足球场或操场上很可能会不断听到有关性的奇怪事情。不要指望他会主动告诉你他听到了什么，大多数男生根本做不到这一点。你可以通过观察探听来了解孩子是否经常接收这样的信息，视情况发起对话。他需要你的教导，即使你认为他年龄太小，不适合了解细节。

小学中年级时，请定期问他，他的朋友们在做什么。比如，当他上五年级时，随口问他："汤米，你的朋友里面有对女孩感兴趣的吗？"如果他说没有，并且改变了话题，不要追问。如果他说有，而你估计他或许对女孩感兴趣时，不妨试探一下："你的朋友们和女孩约会时，会做什么？他们会在学校聊天，还是到对方家里？"这里的重点是，每个孩子选择的约会方式不一定一样。有的五年级男生认为，约会就是给女孩写情书，对其他人可能意味着看电影。如果你的儿子看起来对约会感兴趣，不妨建议

第 8 章
培养他健康的性观念

他在约会之前先和女孩做朋友，这样会更好地互相了解。

　　在初高中阶段，孩子的朋友里面可能会出现性活跃的人，但同时有些孩子还会停留在简单约会的阶段。这个年龄的孩子，对性的兴趣有巨大差异，所以你要始终以一种盟友的姿态和你的儿子谈论他的朋友、约会和性。换句话说，要确保你的语气、语调和肢体语言，不会让他感觉你是在兴师问罪，而是在表达你对他的理解。告诉他，虽然生活很艰难，但你会在他的身边。让他知道你同意什么，不同意什么，但要始终确保你不是在批评他。这是很多母亲容易犯的错误，她们和孩子说话的口气，就像是掌握了孩子的犯罪证据一样。

　　当男孩到了十一二岁时，会突然与母亲保持距离，不会再像过去那样愿意和你谈论他的生活。这么做是因为进入青春期的他们需要独自弄清楚男子汉气概是怎么回事。不要觉得这是针对你个人的，也不要退到一边去。你的儿子在十多岁时做出的有关性的选择，在许多层面上与他的健康息息相关，所以你需要找到一种方法来密切关注他的生活动向。最好的办法是看他的朋友都在做什么，因为如果他们没在约会，你的儿子很可能也没和女孩交往。反之亦然。男孩总是喜欢跟随朋友的脚步，所以你可以经常询问他的朋友们在做些什么，喜欢什么。注意不要有否定或贬低的语气，表现出你是真诚地感兴趣。

　　由于多数十五六岁的男孩不愿意跟他们的母亲谈性，所以当你的儿子处于这个年龄，你需要采取不同的方式来提问。如果你以前没有跟他谈论过性，现在开始也不晚，只要你掌握有效的方法。你能做的最好事情是继续问他的朋友和女性友人在干什么。然后，当你们俩心情都不错的时候，告诉他你对他寄予的希望和祝福。他可能不会响应，甚至可能假装没听见，但无论如何你都要说出你想说的。当孩子看到自己的母亲仍有兴趣以健康的方式养育和保护他，他们会感受到爱，也会记住你的话。在电影《弱点》(*The Blind Side*)的最后一幕里，迈克开始了大一生活。很显然，他的妈妈雷·安·图伊很爱他，希望在他离家上大学后也能继续帮助他。高

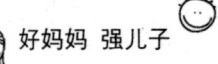
好妈妈 强儿子

大阳刚的迈克和母亲告别时,她大胆地宣称:"迈克,如果你让女孩怀孕了,我就过去找你,切断你的阴茎。"这有点戏剧化和夸张,但你能明白她的意思。雷·安是告诉她的儿子,为了让他守规矩,她为他准备了粗鲁而有效的方法,她不想让他因为无法控制自己的性行为而丢了前途。迈克笑了,他知道她的意思是:"你的生活和你将拥有的未来对我来说也很重要。我相信,你有能力走正路,远离麻烦。"

可以看出,迈克从母亲的话语里感到自己被她爱着。他可以肯定,母亲在乎他。当你对儿子温柔坚定地说出你的祝福时,他会感受到。因此,即使当他已经18岁了,或者已经上了大学,也要让他知道你的感受。不要当着他朋友的面这样做,要选择他愿意听你讲话的私下时机。他一定会听的,因为母亲发自肺腑的话语总是会让儿子感觉更好。

引导他理智行事

想象一下,你是一个17岁的年轻人。

你努力学习,在校篮球队打球,你的成绩还不错,和家人关系也很好。放学后,你先去练球,然后回家吃晚饭,接着拿出笔记本电脑做功课。打开电脑,你会先浏览一些音乐网站,屏幕上弹出了麦当娜和Lady Gaga扭来扭去的图片。你决定在写作业之前玩一会儿电子游戏。你一边玩一边听iPod,游戏的内容是在战场上射击敌人,拯救胸部丰满、穿着暴露的女人质。你正听着的歌曲提醒你:"性感的,你知道吧。"15分钟后,你决定开始做功课。

在刚才那15分钟里,你接收了很多信息:性感是很重要的;性是一件很棒的事情。这让你感觉很好。你开始和代数作业较量。你的数学不怎么好,老师已经告诉过你很多次,如果你更加努力的话,可以在数学上获得改善。在内心深处,你相信她。你的教练也一直鼓励你,他认为你可能会被球探发掘,如果你继续努力的话。你的父母相信你,当你往外出门时,他们会告诉你,你是个好孩子,你和你的很多朋友不一样,你不抽大

第8章
培养他健康的性观念

麻和香烟,只是偶尔喝点啤酒。你和母亲特别亲近,你不想因为喝酒让她担心。

成人们经常告诉你,你可以对自己负责。比如,你可以开车,在球场上发挥出色,在学业上取得成功,并远离毒品、香烟、酒精。他们相信你,这可以帮助你更相信自己。但是,当涉及性,你听到了什么?你身边的大众文化似乎表明,性很伟大。那成人们怎么说?他们会说性是伟大的吗?他们会不会担心你?他们觉得你可以做爱还是不希望你有性行为?在这方面没人告诉过你什么,除了歌手、演员和电子游戏。他们说性很好。然而,你不清楚你的父母会怎么想。事实上,你觉得成人的意思是,在性方面,你真的无法控制自己,因为性是"所有青少年男孩都想要的"。至少,这是你的很多成年人榜样想要表达的意思。如果你是这个17岁的年轻人,你会不会被各种相互矛盾的消息弄得心烦意乱?我想我会的。这就是为什么你的儿子需要你的帮助。当涉及性,男孩得到的信息是,他们的性驱动力将超越他们的控制力,不管他们怎么做。

几年前,在参加一个面向全国的电视节目时,我从比尔·奥赖利口中了解到这些事实。当时,我在他的晚间节目中讨论青少年和性。他告诉我,如果我(一个与青少年打了20多年交道的人)希望十几岁的男孩不参与性活动,那简直是在做梦(我猜他就是这个意思)。他暗示,当涉及性,青少年男孩会不由自主地失去控制。

如果你是一个十几岁的男孩,你是否希望听到这样的信息?当你听到有人宣称,你能够控制你生活的方方面面,但惟独性行为是你无法控制的,你会不会觉得十分幻灭?我相信,这条信息从好几个层次上嘲弄了青少年。

首先,为了使孩子在心理上发展成为一个健康的人,他必须从依赖过渡到独立。当这个重要的过渡发生时,他将学会自我控制,而且并不是他生活中的某些方面,而是在所有方面。如果我们告诉他,他生活中的重要方面——性——是不受他控制的,就会使他迷惑不解,并阻碍他的心理发

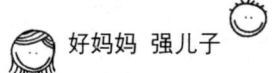

展。诚然，我们见过一些有影响力的人无法在性上控制自己（如比尔·克林顿、泰格·伍兹、大卫·彼得雷乌斯），以致伤害了他们的声誉和家庭，甚至失去了工作。但这样教导一个年轻人是非常武断的。

其次，当谈到是否要尽早有性行为时，许多十几岁的男孩只是觉得自己别无选择。30年前，这是不正确的。那时候，男孩被教导，他们可以选择和女朋友做爱，但如果不做爱也没关系。如今，全美国的高中生早就不这么想了。许多十几岁的男孩认为，性是他们越早尝试越好的东西，因为这样可以培养自己的阳刚气概；而性体验的好坏并不重要，重要的是参与性行为。

所以，母亲们要发出理智的声音，告诉你的儿子，他在性方面的决定是他一个人的事，与别人无关。我们会经常这样教导女儿，为何不能告诉儿子呢？也许，在内心深处，我们都害怕他们真的无法控制自己，但我们必须克服这种恐惧。不要让他觉得做爱好像是一桩交易，否则他会随身携带15个安全套。当你跟他谈论与性有关的决定时，让他知道，他能够自控。是的，他会有非常强烈的性感受，这些感受是美好的，但他的生活不会被它们左右。

作为母亲，你是孩子的世界中一束积极而明亮的光线。你可以教他对抗不良的环境，在性方面证明他的自控能力；你要给他足够的权利，让他觉得自己很强大。我敢保证，他将成为令你骄傲的儿子。几年前，曾经对青少年进行的最大规模研究之一的ADD健康研究（研究对象是约90000名儿童）的目标是，寻找那些能够影响青少年的使他们远离色情、毒品和酒精的因素。研究结果发现，其中最关键的因素就是让他们感到与父母产生深深的联结。

为他提供有效的信息

很多母亲觉得自己没有足够的资源与儿子进行交谈。但请记住，儿子想知道自己母亲的想法，因为在内心深处，他们想要取悦母亲，在一定程

第8章
培养他健康的性观念

度上变得像母亲一样。你并不需要了解所有关于生殖感染、安全套、节育等方面的知识。你的儿子并不希望你成为一个"性专家"。

当我鼓励父母与儿子谈论性时，他们问我的最常见问题就是："我真的拿青春期的男孩没办法，怎么才能和儿子分享我的经验？"我的答案总是一样的："首先，这个问题不是关于你的，而是关于他的。其次，你可以尝试告诉你的儿子你做了什么，但他很可能不希望听到你的性经验。在他的心中，世界上有两个人永远不会处于性活跃状态，其中一个就是他的母亲。"

你的儿子想从你那里知道的是，你相信他，以及你喜欢他正在成为的那个男人。你希望自己能给出明确和积极的回答。告诉他，你相信他足够强大，他的情感和身体都值得保护。教他知道他的性取向是美好和复杂的，需要时间来培养。让他知道，他应该关心他的身体，它甚至比他的车还需要悉心照顾。告诉他，你希望他在性方面做到健康。这意味着，你不希望他感染性病。让他知道，如果他十几岁开始有性生活，那么感染的几率是较高的，因为他将被暴露在性病的危险中。你的任务是帮助他有一个完整、长期和良好的性生活，这意味着你需要在他年轻的时候帮他踩刹车。不管他是异性恋或同性恋，都没什么区别。他需要等待，因为威胁到他身心健康的毒害过于猛烈。

同样重要的是，要告诉他关于安全套的知识。虽然他在学校里会学到关于安全套的很多事，但其中一些信息可能有误。举个例子，如果你仔细聆听医学界对疾病风险和安全套的看法，就不会听到那个常见的词"安全性行为"，医生们只会说"比较安全的性行为"。事实是，安全套有助于降低感染性病的风险，但效果取决于病菌的种类。十几岁的男孩常常觉得，那些不好的事情不会发生在自己身上。此时，如果有人告诉他安全套的作用，他们就更会觉得，只要戴上安全套做爱，就会万事大吉。但这根本不是真的。

一个非常有趣的研究发现，男孩保持一段性关系越长，做爱时就越不太可能使用安全套。想想也有道理，他和一个性伴侣相处时间越长，就越随意，因为他没发现自己有任何感染（可能有些性病的症状只是不明显而已），就觉得用不用安全套无所谓。我经常见到这样的青少年。在《你的孩子有危险》当中，我专门讨论了使用安全套对于青少年的利弊。我们的底线是，孩子应该知道，即使作用有限，使用安全套远比不使用要好。

我强烈认为，年龄足够实施性行为的男孩需要了解这些信息。这并不意味着性是耻辱或肮脏的，相反，我们是为了给孩子提供有用的信息。如果他们选择参与性行为，就应该知道自己将面临哪些风险。如果他们选择推迟性行为，就要知道自己应该回避什么。

然而，没有人告诉我的朋友杰克这一点。十几岁的时候，他有点疯狂。他喜欢女孩，他说自己在15岁至18岁的时候，和大约10个不同的女孩做过爱。他没有吸毒或酗酒的习惯，他只喜欢做爱。而当他20出头的时候，却放弃了这种随心所欲的性习惯。杰克25岁时遇到了莫妮卡——他梦想中的女人。幸运的是，她也很爱杰克，两人交往一年后结了婚。

婚后，莫妮卡打电话给我。我们已经相识多年，因为她从上小学开始就一直是我的病人。她说，她需要向我倾诉，于是我们就在咖啡馆里见面了。她告诉我杰克的性史，说她真的爱他，但又怕自己会退缩。我告诉她，他们都应该进行体检；而且，拥有健康婚姻的唯一办法是完全忠于彼此。他们照做了，一时间相安无事。

两年后，杰克和莫妮卡外出旅行时，莫妮卡哭着给我打电话。她感觉外阴部位十分疼痛，不知道怎么回事。她描述的症状听起来像是疱疹，所以我告诉她去紧急护理诊所。果然，她得了疱疹。用药之后，她感觉好多了。当他们回到家，杰克打来电话，问我是否可以出来聊聊。我和他见了面，他泣不成声。他深爱他的妻子。我也为他感到心疼。

"我知道这是艰难的，"我告诉他，"但你可以解决它。你只需要确保自己得到非常好的治疗，莫妮卡也需要，尤其是当你们决定要孩子之前。"

"该死！"他喊道，"为什么我会这么愚蠢？我的意思是，我可以接受治疗，但莫妮卡怎么办？最让我难受的是，是我把她置于这种境地的。"

杰克的故事并不鲜见。事实上，他比受到疱疹折磨的妻子更难受，因为他为自己伤害了两人的婚姻而感到内疚。我想知道的是，如果他的母亲能够早些介入，会不会帮他避免这样的情况？

"杰克，"我说，"我想请你诚实地回答我一个问题，如果你不介意的话。你和你母亲关系一直很密切，对不对？如果你母亲当年鼓励你推迟性行为的年龄，甚至到结婚后才开始做爱，情况会不会有所不同？"

他立刻说："是的。我深爱我的母亲，现在也是。但是，我们并没有谈论过性。我的意思是，她告诉过我，不要让女孩怀孕，仅此而已。她是一个单亲妈妈，老实说，她不知道性的危害有多大。她真的不知道该怎么和我谈这些东西。除此之外，我们无话不谈。"

杰克母亲的问题在于，她不知道性可能会给儿子带来多少危险，虽然她告诉他要使用安全套。然而，有时安全套无法有效预防疱疹。安全套的功效是一个复杂的问题。总有青少年问我："安全套有用吗？"答案取决于以下几点。

首先，安全套对预防由体液传播的疾病最有效，比如艾滋病、淋病和衣原体感染。如果男性每次都会使用安全套（但很多青少年做不到），而且使用方法正确的话（它们经常会滑落），那么就能起到很好的保护作用。对于其他感染，如疱疹和HPV，安全套的防御性并不强，因为这些感染是通过皮肤接触传播的。

其次，我们知道，年轻人性活跃时间越长，越少使用安全套。如果一个长期性活跃的年轻人并没有让女孩怀孕，也没有感染性病，他就会觉得自己是不可战胜的，就会倾向于不使用安全套。觉得自己不会感染是一种危险的想法，也是一种幻想。因为许多感染并没有明显症状，他可能染上了性病，只是自己不知道而已。

所以，孩子们绝对应该戴安全套。除此之外，我们需要教给他们更多知识，而不是只用"安全性行为"一个词来概括。正如我之前所说的，保

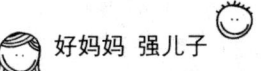 好妈妈 强儿子

持性健康的唯一方法就是做两件事：延迟初次性行为的时间和减少性伙伴的数量。

保持轻松的心态

阅读完上述沉重的东西之后，你一定会对自己说："怎么能保持轻松？你一定是在开玩笑吧？"但你可以做到这一点。你和儿子谈论性、约会、爱情等话题的过程，都应该是乐趣无穷的。那些严重的问题固然不能否认，我们的儿子的确生活在一个有害信息满天飞的环境中，但是我们决不能被这一切吓倒，因为对儿子进行性教育是作为妈妈最重要的职责之一。只要你和他多聊几次，摆脱最初的尴尬，慢慢就会觉得自在，这时候的谈话可以更轻松。

青少年总是希望听到关于性的内容。但他们不希望像听讲座那样，看一些枯燥的统计数据，他们想谈论自己的生活和未来，希望知道自己长大后可能拥有怎样的美好生活。让我告诉你，很多男孩相信，他们最美好的一次性爱将发生在25岁之前，一旦错过了这个年龄，就会走下坡路。这就是为什么我一定要和所有的病人谈到他们的性寿命，这会给予他们希望。

我发现，如果你告诉儿子，一切与性有关的麻烦都是真实的，但是他们没有任何理由沾染这些麻烦，他就会更同意你接下来说的话。如果他在青春期前问你一些难以回答的问题，你应该做到包容和响应，即使你觉得问题来得太快。如果你不知道某个问题的答案，就对他承认。告诉他，你会找到答案，你们不妨以后再谈。如果你能够保持谈话的轻松和简单，孩子就会更愿意和你多聊。但是，如果他认为话题总是太沉重，就不会想去接近它们。

记得有一次，在我的女儿高三春假时，我和她们班一起去加勒比海玩，同行的还有另外两对父母。因为班里孩子不多，我们几个父母可以和

第8章
培养他健康的性观念

他们坐一辆巴士到处观光。我认识她们班的大部分同学，他们很多人也知道我是干什么的，比如我经常到处乱转，跟孩子们聊性问题。一天，在乘巴士去吃饭的路上，一个调皮的孩子决定问我几个问题。我听到他在后排叫道："那么，梅格医生，为什么男孩比女孩更容易得淋病？"

所有人都笑起来，开始等待我的答案，于是我回答了。他们又问了很多问题，一些孩子的问题傻乎乎的，把我们逗得哈哈大笑。我们到达餐馆时，每个人都很开心。我们聊了一些非常严肃的话题，但谈话气氛是令人振奋的。大家越来越活跃，最初是一问一答，过了一会，孩子们和我开始互相聊起了性话题。

我经常遇到这样的情况。几年前，我去洛杉矶附近的一所高中演讲，那里女生的怀孕率很高。许多学生来自离婚家庭，吸毒者也很多。我去那里的一周前，有两个男孩被校园黑帮杀死了。我承认自己有点被吓到了，担心那些孩子不愿意听我这个穿海军蓝衬衫、帆布鞋的中年女医生讲话。然而，当我开始问孩子们问题，想知道他们的想法和感受时，他们就停不下来了。一个年轻人说了他和朋友们对某些"野女孩"的看法，突然很多女孩跳起来反驳他，质问这些男孩怎么能这么看她们？当他们开始唇枪舌剑时，气氛立刻活跃起来，每个人都真正地参与了进来。与孩子谈论性话题时，活跃气氛的唯一办法是尽早和他对话，然后定期讨论。如果他熟悉这个话题，性的神秘感就消失了，就更容易讨论。请记住，最好在他11岁之前开始，因为一旦他进入青春期，让他谈论性会变得更难。

你儿子的性倾向是他拥有的最宝贵的财富之一。现在，你应该知道你的任务是多么重要了吧！我鼓励你像我当时在洛杉矶的那个高中一样。一开始，我觉得害怕，感觉自己落伍了（之前我从未接触过帮派），以为孩子们会拒绝听我说话。但我还是走进房间，结果和他们交流的经历让我们彼此都感觉非常好，至今难忘。所以，你也要走进房间，和儿子谈谈。让他知道你会陪他打持久战，一直支持他。问问你自己、你的丈夫、兄弟等亲人，如果没有他们的母亲在性方面对他们的教诲，他们现在会是什么

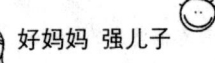

样？你有多少女性朋友，因为丈夫婚前或婚后在性方面缺乏控制，结果导致她们经历了很多情绪上的痛苦？不要让你的儿子长大后经历这些问题。

　　我认为，你已经开始了艰难的征程。因为你读完了这一章，而其中的很多内容是你不愿意看到或谈论的。但现在你知道了儿子的世界会发生什么，也知道你能让他的未来变得更好。如果你还是有点紧张，不妨想一下：如果你没有和他讨论性的严肃和美妙的一面，他将会怎么样？所以，你需要成为那个传达积极信息的人。我保证，当他25岁时，他会为此更爱你的。

Chapter 9
Wisdom and Responsibility

第9章
赋予他智慧与责任

听从你的内心和直觉，因为你将从那里找到做母亲的大智慧。

第9章
赋予他智慧与责任

智慧是一件奇怪的东西,它不是知识、判断力、洞察力或做正确事情的意愿,也不是由上帝赋予的单纯的精神,而是所有这些的组合。智慧对为人父母而言至关重要,因为每一个家长都渴望成为明智的人,然后将智慧传给子女。作为母亲,当我们教给孩子智慧,就能帮他们处理生活向他们提出的各种难题。智慧使他们能利用诸如毅力、耐心和自信等品质克服挑战。然而,把智慧传递给儿子看起来似乎是一个可望而不可及的甚至令人恐惧的任务。我们想知道,如何才能做到?我们可能会怀疑自己的智慧,不知道自己是否具备足够的能力把智慧传递给孩子。但是,多年以来与成千上万母亲的交流让我相信,当涉及孩子时,母亲们会本能地知道什么是正确的,什么对孩子有好处。母亲的智慧是一种天生的、具有直观感觉的认识。我们可以选择培养这种智慧,为它提供饲料和水,或者忽略它,让它慢慢萎缩。这一切都取决于我们是否具有学习、倾听和关注母性本能的意愿。

对于大多数妈妈而言,恐惧是智慧的最大敌人。恐惧能够限制伟大的父母,尤其是当我们不敢遵循内心意愿去做的时候。当我们有了随大流的心态,就会不断地与其他母亲比较。我们努力工作,给儿子买更好的东西,让他们进入更好的学校,为他们准备更精细和更健康的食品。我们在

好妈妈 强儿子

头脑里创造了一份清单，上面写着所有"好"妈妈应该做的事，然后拼命按照清单上说的去做。二年级男生的母亲的清单可能是这样的：保证他准时到校；确保他进入快班，否则就给他找个家教；让他每学期至少参加两项运动，确保他的才华得到充分的发展；陪他做功课，看他是否集中精力，如果他有多动症，你一定是第一个发现的；给他煮好吃的饭菜，最好用有机食材；教导他保持自己的房间整洁，否则就聘请清洁工；让他准时上床睡觉，保证健康睡眠。当你完成了以上事项，还需要把没完成的工作做完，和你的丈夫度过一些有品质的时间。顺便说一句，如果你需要出门上班，你可能会经常为此感到内疚。

这是一种疯狂的生活模式。每一个母亲脑海中都有一张完美妈妈的画像，她每天都想成为画像上的人。但问题是，完美是无法实现的。所有这些要求只会让我们在上床睡觉之前感到沮丧和自责，因为我们没有成为"应该"成为的那种妈妈。这不是明智的生活，而是基于恐惧的生活。那么，为什么我们还要这样做？因为社会文化已经确立了一个高不可攀的完美母亲形象，很多育儿书和有关为人父母的文章都在宣扬这种形象，甚至我们的朋友和家人也拿它来要求我们，但他们自己都无法做到。就像我们一样，完美是他们的目标，但失败是难免的。你是否觉得上面的清单十分熟悉？如果是的，不妨问问自己，你为什么会跳上这辆疯狂的列车？你为了儿子大包大揽，事无巨细，是否因为你害怕如果不这样做，他就会生你的气，认为你是个可怕的母亲？

我希望你再看一遍你的清单，想想它是否真的对你和你的儿子有效。如果它利大于弊，也不影响你享受生活，那当然很好。如果你做不到——大多数人都做不到——你就应该意识到还有更好的方法，然后做出某些改变。生活在疯狂列车上对母亲来说是可悲的，而且对你的儿子也不好。告诉你关于男孩的一个秘密：如果母亲按照清单上的项目去做，他们会恨这张清单。他们希望你为他们少做一点，他们更需要的是你本人，就是这么简单。

第9章
赋予他智慧与责任

不要去想你应该做什么，听从你的内心和直觉，因为你将从那里找到做母亲的大智慧。每个母亲都觉得自己应该跟从孩子的引导，但如果你感到焦虑、沮丧和疲惫，将无法觉察到这种引导。如果你慢下来，认真聆听，就能够将母亲和女人的直觉、道德基础、判断力与你的心结合起来，也就会发现一条正确的育儿道路。

一个女人可能非常聪明，但并不明智。一位母亲可能得到很好的教育，有一份很好的工作，但并不明智。相反，明智的母亲不必有优厚的工作、较高的学历、高于平均水平的智商或是世俗的经验。明智的母亲能够利用她的信念、直觉以及对儿子的感情，建立和维护一个为孩子提供培育和支持的家庭环境。明智意味着母亲深切关心她的孩子，能够客观地看待自己和周围的世界，并且愿意践行自己的信念。明智也意味着愿意敞开心扉，祈求上帝的帮助。因为母亲经常有智穷力竭的时候，我们可能不知道该怎么做，可能无法为儿子做出的决定负责，所以我们需要从超越自己的力量那里寻求帮助。明智的母亲不懦弱、不从众，她知道自己是谁，致力于保证自己及家人的健康快乐。明智的母亲知道，照顾家人的最好方法是确保自己在情绪和心理上的稳定和幸福。

我们能够给予孩子的伟大礼物之一，就是运用我们的智慧把儿子教导成明智的人。但是，如果在某些特定情况下，我们自己并不明智，该怎么办？当我们怒火中烧的时刻，如何利用直觉和智慧？诀窍是，采取明智的行为，智慧将随之而来。如果你与朋友或家人产生了意见分歧，是高声叫骂，还是考虑对方的意见，然后做出冷静的回应呢？如果你选择了后者，你的儿子也会模仿你的行为。如果你对他这样做，那么将来他有机会也会对你这样做，而不是一味地反对你。

我提到过男孩的角色发展和演变。他们看着自己的母亲，审视我们的一举一动，包括我们的声音、语调和身体语言，以学习如何做人。如果我们和他们的关系稳固，他们会模仿我们的行为，并将其内化。换言之，他们会把从我们身上观察到的东西转化为自己的一部分，孩子天生会被智

好妈妈 强儿子

慧吸引。他们明白，聪明也许是一个受人尊敬的属性，但没有明智那么重要。如果儿子看到我们表现出恐惧，他们就会觉得，人生需要他们害怕。孩子从很小的时候就会模仿我们，直到他们长大成人。当他们花那么多时间和我们共处时，模仿成了他们的本能。如果他们看到我们冷静地反思，对别人采取开放的态度，他们就会学到这些属性，并将其应用于自己的生活。

除了从我们这里获得智慧，我们的孩子也需要了解他的责任。智慧与责任的融合，可以造就一个非常健康、快乐、成功的人生。

责任通常是孩子在家庭中学到的。在学校，他们学到的是如何竞争，比如获得最好的成绩，击败其他队伍等。事实上，学校有时会强调以别人的失败为代价的自我完善。所以，作为母亲，我们应该正确地教导孩子如何承担责任。比如，乘车时，确保孩子系好安全带；骑车时，坚持让他戴头盔；遵守各种时间表；为他参加学校活动提供交通工具；确保他完成作业。换言之，我们要以身作则，告诉孩子如何承担日常生活中的责任。

现在的文化却经常不支持个人责任感。小学老师们告诉我，当孩子犯了错误，他们给家长打电话，父母却常会给孩子找借口或者朝老师发火，他们从不责备孩子。孩子很快学会踩着别人前进，让别人为他们的错误负责都是无可厚非的。电视和电影上演的似乎都是如何操纵别人达到自己目的的剧情。我的许多青少年病人告诉我，他们朝父母大喊大叫时，都是不能控制自己的。一个母亲曾对我说，她13岁的儿子有"愤怒"问题。她拿走他的iPhone，他就踢门，尖声叫骂，在卧室里搞破坏。她还告诉我，孩子似乎不能帮助他自己。但是，他确实能够帮助自己，而你必须告诉他如何帮助自己。

互联网的匿名性更加使人缺乏责任感，甚至加剧了欺凌现象（正如我在第6章中提到的）。通过网络，欺凌者更容易找到欺负对象；而且他们明白，成年人不会知道他们做了什么，他们觉得自己可以随时对别的孩子说他们想说的话。某些艺术家们也没起到好作用，他们写的暴力歌词鼓励孩子残忍对待他人。媒体和一些名人们告诉我们的孩子，比起自我批评，批评别人更容易，自我辩护比承认错误更容易。结果，孩子很少会诚挚地道歉。这不完全是他们的错，这是一种流行趋势，我们的文化似乎已经成为一种提倡相互指责的文化。所以，母亲们必须以身作则，让孩子效仿我们，学会承担责任。要帮他们理解，意识和承认自己的错误，会给心灵带来自由。我们必须教导儿子在陷入困境时如何感受和反应，以及如何对随之而来的尴尬和耻辱做出适当的回应。决不能让儿子成长为不会承认过错的男人，虽然这样的人有很多。"对不起"是英语中最能令人感到释然的话，你要教儿子学会去说。

智慧与责任的强大组合

智慧和责任感是一个强大的"二人组"。明智的母亲总是负责任的，而负责任的母亲是明智的。然而，将这些品质教给孩子确实有难度，尤其是在如何处理具体事情上。比如，我们教导孩子要乐于助人，伸张正义。但是，当他们真的面对欺凌时，我们却不想让他们惹上麻烦。我们期待他们和朋友其乐融融，然而在朋友饮酒或吸毒的时候，我们则希望他不能屈服于同侪压力。我们鼓励孩子向同学们看齐，却不希望他们与同学攀比物质，不要屈服于同伴的压力。

如果你自己也无法理解这个问题，那么你的孩子更不能理解。所以，我的建议是，我们只是教儿子如何采取明智的行动。这意味着，及早地在生活中教导他们什么是正确的和错误的，什么是健康的和不健康的。智慧的美妙之处在于，它迫使你停止观望。在感到进退两难时，一个母亲将无法采取明智的行动。智慧能以奇妙的方式消除生活的灰色地带，让我们看清最重要的问题。因此，你需要在儿子一出生就开始教他们学习智慧。

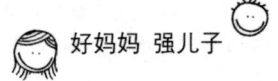好妈妈 强儿子

坚持你的信念

如果我们想提高儿子的智慧,需要从他们蹒跚学步的时候就开始。只有当我们自己的行为是明智的,才能让儿子学会明智。那么,行为明智包括哪些要求?让我们来分析一下。

智慧是多种力量混合在一起的产物。首先,智慧来自于生活中的经验、情感、知识、直觉和判断的混合。我们刚做母亲的时候,没有任何育儿经验。但母爱是没有实习期的。当第一次抱起我们的小宝贝时,我们会意识到,自己根本不了解他,无论他是我们十月怀胎生下来的,还是从另一个国家收养的。在最初的几个月,我们需要弄清楚他是谁,他需要什么。我们应该只喂母乳,还是偶尔给他一只奶瓶?橡皮奶嘴到底好不好?我们想和他依偎在自己的床上,但这样安全吗?我们真想问问孩子究竟需要什么。当他哭的时候,他是有什么想说的还是吓坏了?是生气了还只是累了?往往书本上是一个说法,朋友们又是另一个说法。

随着儿子的长大,我们逐渐知道什么能使他快乐。我们学会了解他的需要、他的欲望、他的恐惧和他的创伤。我们尽自己所能满足他的需求,尽量减少他的伤害。但有些时候,我们知道,他一定要学会自我安慰,这将对他以后的生活大有裨益。做一个好母亲有时意味着伤害,因为除了要对他做让我们感觉好的事,还要对他做让我们感觉不好的事。举个例子,很多时候婴儿觉得很累,以致于无法入睡。他睡着15分钟后,就会惊醒,然后哭泣。我们会把他抱起来哄一会儿,然后试着把他放下。但过一会儿,他又会惊醒,我们只得反复哄他。最后,我们别无选择,只能把他放回床上,任他哭闹。这感觉太可怕了。

我的一个女儿入睡特别困难,我知道问题是什么,她由于过度疲劳而无法入睡。而且我也知道该怎么做,那就是让她哭。但我每次都觉得很可怕。幸运的是,等她哭够了,睡眠问题就消失了。只要她第一天能睡着,第二天就会睡得更好。或许这听起来很荒唐,但却是真的。我害怕听到女

第9章
赋予他智慧与责任

儿哭,但我也意识到,对此我无能为力。回想起来,我可以看出,她的哭声仅仅是表达无奈的方式。这并不是说我没有满足她的需求,而是说明她正在考虑如何安抚自己。只要我每天晚上依照本能行事,让她平静下来,然后抱她几个小时,她就不会再哭。但我意识到,我需要更多。我需要当一个聪明的母亲,这意味着需要做一些对我来说很难的事情。这是智慧的要求,但并不好玩。不过,一旦我做到了,我的女儿会过得更好。这是个转折点,她从此建立起健康得多的睡眠模式。

拉娜是一个了不起的母亲。经过一番波折,她明白了如何成为明智母亲,相信母性直觉的重要性。她的儿子皮特9岁时,被邀请到朋友家中过夜。皮特来到他的新学校才几个月,所以拉娜听说此事以后很欣慰,很高兴儿子没有被伙伴们排斥。因为在以前的学校,皮特经常受欺负。所以拉娜决心做任何她需要做的事,以确保皮特不会再受欺负。这是母亲的使命。

拉娜给邀请皮特的朋友的母亲打了电话,介绍了自己,然后问她孩子们打算做什么。对方回答,他们会到当地的一个棒球场玩,然后回家吃饭、看电影、睡觉。那位母亲说,她希望所有孩子在晚上11点前睡觉,拉娜觉得很满意。接下来的几天里,皮特在学校中得知,那位邀请他的男孩问过妈妈,他们是否能看兰博系列的电影。那些片子是限制级的,皮特知道拉娜从来不让他看限制级电影,但因为他真的很想去参加聚会,所以他决定不告诉母亲。聚会的前一天,皮特很紧张。他害怕暴力电影,但他又不想让任何人知道自己很害怕。最后,他觉得应该告诉母亲有关电影的事,因为他感到越来越焦虑。

拉娜得知后很震惊,她不明白为什么会有人允许自己的孩子看暴力电影,那一点也不符合他们的年龄。我可以回答她的疑问,这是因为每个母亲都认为她的儿子比他的朋友们成熟,他对诱惑的抵抗力很强。还有,每个母亲都想邀请其他小朋友来自己家。为了做到这一点,她们会提供其他家长不会提供的东西。我经常观察到青少年的家长这么做。

拉娜不知如何是好,最后还是决定让皮特去。她想给那个母亲打电话，问她能否给孩子们看不那么暴力的电影，但皮特哀求她不要这么做。他告诉她，那样做会让他感到难堪，其他孩子会认为他是个窝囊废。她当然不希望这样的事情发生，所以，她并没有打电话。按照计划，男生打完棒球，吃过晚饭，开始看兰博的电影。皮特非常害怕，他大部分时间都是闭着眼睛的。但是就算这样，他也看到了不少暴力场面。第二天早上回家后，他告诉拉娜，他过得很有趣，与其他男孩也相处得很好。

然而，在接下来的两个月里，皮特经常做噩梦，无法入睡。每天晚上，他都来到母亲的房间，挨着母亲睡。又过了两个月，母子俩来找我，请我帮忙解决皮特的睡眠问题。皮特在学校总是感到疲劳，成绩也下降了。他无法集中精神，脾气也变得暴躁。显然，疲劳会击垮哪怕最健康的9岁男孩。拉娜终于体会到自己因为恐惧而不是直觉行事的后果。她担心如果不让皮特去看电影，他的朋友们会认为他是一个失败者，皮特会生她的气。皮特怕看那个电影，但更怕说出来，他担心被朋友们视为娘娘腔。

如果拉娜相信她的直觉，告诉皮特他不能去参加聚会，就相当于以三种非常重要的方式帮助了皮特。

首先，他不会有那么多不眠之夜。作为他的母亲，她知道儿子很敏感，不能处理暴力问题。事实上，大多数9岁男孩都不能，但没人会承认这一点。她的直觉告诉她要保护儿子免受创伤，阻止他去看暴力电影，因为他年纪太小了。她并不缺乏集经验和直觉为一体的智慧，但却没能采取行动。为什么呢？因为她害怕在其他母亲行事愚蠢时表现出明智。

其次，她应该让儿子了解如何依照智慧行事和思考。当然，如果她不让儿子去，皮特开始会非常不理解，也可能会大发脾气。她将不得不忍受几天儿子的闷气，但生活总会继续。

最后，她应该告诉皮特遵循自己的本能，不去看他不想看的电影。皮特告诉她电影的事，潜意识里是希望母亲帮助自己做出正确的决定。也许直到他年纪足够大的时候才会想通，但最终他会感谢母亲的。儿子对母亲的回报总是发生在他们长大之后。到那时，皮特会认识到，他的妈妈是明

第 9 章
赋予他智慧与责任

智的,他会仿效和内化她的行为,学会依照本能拒绝做不该做的事。

如果拉娜当时阻止了皮特,他可能会被同学轻视,其他男孩可能会嘲笑他是窝囊废。当然,这些话会伤人,但拉娜可以给皮特支持,帮助他忽略它们。这将是艰难的,但要比一直做噩梦强得多。如果拉娜能够坚持己见,可能会发生很奇妙的事情。其他男孩的母亲会看到她的勇气,也许会在类似情况下做同样的事。因为很多母亲也不希望自己的孩子看暴力电影,但她们没有足够的勇气说出来。拉娜可以为她们做出榜样,这样做能够帮助大家免除更多后顾之忧。

有不少年轻母亲在类似的情况下询问我的意见。比如她们的孩子受邀参加一些涉及不适当的电影、饮酒,甚至性的聚会。但让我困惑的是,有时这些活动是由其他家长赞助的。当你儿子的同学和朋友的父母违背自己的直觉,向孩子提供不适当的东西时,你一定要遵从自己的直觉,进行明智的处理。智慧往往是符合直觉的,从长远来看,智慧可以帮助你的孩子度过各种艰难和障碍。

你能成为你儿子的妈妈,其实不是偶然的。你一定比其他人更了解你的儿子,和他心有灵犀。你的问题(作为他的母亲,如果你有问题的话)并不是你不知道该怎么做,而是你不相信自己,你觉得歉疚或犹豫。所以你需要学会当机立断。马修的母亲就做到了,她也因此成了更好、更幸福的妈妈。

当我问马修能否谈谈他的母亲时,他很兴奋。他是七个兄弟中的老四,他崇拜母亲,认为她是一个聪明坚强的女人。听到他的语气很欢快,我很想知道他的母亲做了什么而获得了儿子的尊重。

"她就像个开拓者。她很坚强,不在乎别人怎么想。"他告诉我。

"你怎么知道她不在乎别人怎么想?"我问他。因为虽然他现在是成年男人,但当时的他是一个小男孩,他怎么可能真正知道他的母亲并没有在意别人的看法?

"这很简单。"他回答,"我母亲是全职妈妈,她能感受到来自那些上

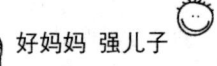
好妈妈 强儿子

班族母亲的压力,比如当她看到其他妇女通过工作提高了家庭收入。我许多朋友的妈妈都有工作,但我妈妈不会因为自己没有家庭之外的事业而感到抱歉。她为自己的职业是'母亲'而感到自豪,她是如此肯定,她比任何人都相信自己的直觉和决定。她说,她永远不会改变这些想法。我记得有一次,她允许我在家里学习,不去学校,因为我发现自己在学校无法集中注意力。她给学校写了张假条,说我那天需要留在家里。校长打电话给她,问她为什么我需要留在家里。很显然,我妈觉得没有必要告诉他原因。所以,等下一次我留在家里学习时,她就又写了一张便条说:'马修今天不上学了,因为他有个脚指甲长到肉里了。'想起这件事,他笑了,仿佛他的母亲昨天刚写了那纸条。"

我问马修,母亲给他的最伟大礼物是什么。他说:"她让我知道她是谁。对于自己是谁,她从来没有动摇过。她告诉我,生活要有原则,要知道自己是谁,然后追求那些对自己来说最重要的东西。"马修的母亲是一个真正聪明的女人,她的智慧改变了她的儿子。母亲花了这么多精力去做各种事,但却经常忘记塑造儿子的性格,以及自己的性格。聪明的妈妈都知道,我们需要少为儿子做事,多陪伴他们。

实践你的信念

我曾受邀给一个城市某个富裕社区的父母做演讲。这个社区跻身美国青少年吸毒和酗酒率最高的社区之列。

我去演讲前的几个月前,那里有三个青少年自杀。大家很震惊,教师、家长和牧师都希望得到帮助和鼓励。我的工作不是告诉他们什么地方做错了,而是帮助他们退后一步,看清什么力量能够挽救他们的孩子。我告诉他们,父母可以如何判断孩子是否饮酒或者吸毒,以及如何帮助他们摆脱这些不良习惯。

当时,一位40多岁的母亲举起了手,她穿得很漂亮,非常善于表达。"米克医生,"她说,"我有一个15岁的女儿,在上高一。如果周末

第 9 章
赋予他智慧与责任

时她想要去参加派对,而我知道孩子们在派对上会大量饮酒,我应该怎么办?"

我反问道:"你想怎么办呢?"

"我认为,喝酒是不好的。我想她不应该喝酒,但我还能做什么?"她显得无可奈何。

"让她回家,带她去看电影、逛街、吃晚饭。"我回答道。

"不,这样做不会成功的。她会恨我,朝我尖叫,不理睬我。我觉得和她保持沟通是非常重要的。我应该在她去上大学之前告诉她,喝酒可以,但要为自己负责,她需要学会正确对待饮酒,以及同龄人给她的压力。我不想让她喝酒,但在我们的城市,每一个家长在周末都会给十几岁的孩子酒喝。因为他们和我想的一样,希望孩子自己学会处理现实世界中的问题。"她显然有些沮丧。

"我完全理解你的想法和你的恐惧,因为我自己就有四个孩子。但你要明白,她是 15 岁的孩子,她不可能对喝酒负起责任。她没有这个能力,她的大脑还没有发育好,她的认知还没有发展到必要的水平。因此,你所做的只能让她更纵容自己喝酒。虽然她现在喝两杯就会醉,但如果她继续喝,等到了上大学的时候,就得喝四五杯才能醉。最终,她会放弃啤酒,开始喝烈性酒。很多孩子都是这样。最后,你的默许是在告诉她,法律是无所谓的。她虽然不能在餐馆喝酒,却能在家里喝。你真的希望她这么想吗?"我说道。

"当然不,但我没有选择。这是我们社区的常态。孩子去别人家参加聚会、喝酒,如果想住在那里,就在那里睡觉。"她回答。

我似乎说服不了她。她的女儿虽然没有驾照,但却开车去参加聚会。对此,她的妈妈投降了。这个 15 岁的女孩在美国最好的高中之一就读,但也要面对这样的问题:在父母同意的前提下,周末去朋友家喝酒。我被邀请来的原因是,这个社区存在青少年吸毒和酗酒的问题,而且严重程度在美国屈指可数。即便如此,家长还要给孩子提供酒精!这是一种多么扭

好妈妈 强儿子

曲的状态。家长们知道问题的严重性，知道什么对孩子不好，然而他们完全违背自己的直觉行事。我和这位母亲说话时，也在观察其他家长。他们专注地听着，很明显，他们和她的感受一致。他们都坐在那辆每个家长都想下去的疯狂列车上，但谁也不想当第一个下车的人。这确实难以做到，因为它需要足够的勇气与恐惧抗衡，需要明确自己的信念，按照正确的观念行事。他们的直觉告诉他们，不应该让孩子喝酒，而他们却听从了自己的恐惧——如果他们对孩子说"不"，就会失去他们。其实，当他们投降时，也就真正失去了他们。

那天晚上，我躺在床上，忧心忡忡，觉得自己是在浪费时间。那个社区不会有什么改变，父母会继续纵容孩子喝酒，因为他们害怕去阻止他们。他们不相信自己的直觉，所以无法对孩子做正确的事情。我感到非常难过。第二天，我专门和几百名妇女一起吃早餐，但我不确定是否应该说出前一天没说的话。我有点垂头丧气，但还是开始谈论"恐惧育儿"和"力量育儿"的差异。可以看出，很多妈妈听得很仔细。

一个女人举起手说："我完全同意，我感到巨大的压力，因为我不相信我让儿子做的事情是正确的。所以，我问了其他四个母亲，她们的儿子和我的儿子是朋友，她们也有同感。她们不希望自己的孩子在周末喝酒，所以我们组成了'妈妈别动队'，决定互相负责。当孩子抱怨他不能去喝酒时，我们就指出，他的朋友（他的妈妈也加入了我们）也不能。这样孩子就不会觉得孤立。"

我的眼睛一亮，赶紧请她继续说下去。"我们做的另一件事是，在周末带孩子去看职业足球或橄榄球比赛，或者让他们的爸爸带他们去钓鱼或看电影。总之，我们希望用有意义的活动替代饮酒，使他们觉得自己不会因为没有去派对喝酒而成为班里的怪胎。关键是，这样做确实有效。其他妈妈也在做同样的事情。我知道，总有人会在周末喝酒，但至少我们的孩子知道他们不能去。我认为这是一件好事。"

是的，这是一件好事。这位母亲很坚强。她意识到，她可以很容易屈从于外界的压力，但她听从了她本能，决不参与自己认为不正确的事情。喝酒对她的儿子很不好，她怎么能笑得出来？所以，她做了明智的母亲都会做的事，那就是寻找支持。她觉察到，她需要其他母亲共同坚持她们的原则，这样也许就能改变社区的风气。后来，我心情愉快地离开了那里，因为我找到了一个新的英雄，希望其他母亲会以她为榜样。现在我仍然不时关注着那个社区，想知道那些母亲的努力是否让孩子们的饮酒问题发生了改观。

约翰·弥尔顿在《失乐园》里探讨了智慧的问题，而这位母亲的行为让我想起他的诗句。她知道凭智慧行事离不开坚韧不拔与脚踏实地：

> 可是那思绪或幻觉总要游荡，
> 不受羁绊，荡悠悠没个尽头。
> 她要等受告诫，由经验得教训，
> 才懂得别深究扑朔迷离、渺渺茫茫的事物，
> 只求知道日常生活展现在眼前的事物。
> 这才是绝顶聪明，
> 此外是过眼云烟。

负责任地生活

女孩经常指责自己的兄弟弄洒了食物；男孩常怪自己的姐妹打破了他的窗户。孩子的天性促使他或她爱将矛头指向别人，找到替罪羊，从而不让自己惹上麻烦。母亲所面临的挑战是，要弄清楚谁说的是真话。我们已经习惯了孩子互相指责，或许我们会选择惩罚双方，因为找出有错的一方太难了。但是，这是一个错误的做法。在儿子很小的时候，他们就需要学会承担责任。这对母亲来说是个艰巨任务，因为它和社会文化的观点相悖，而且儿子的朋友们也没有受过同样的教导。所以，我们不仅是在让儿子做他不愿做的事，还可能会使他不同于自己的朋友。

好妈妈 强儿子

我得承认，有些男孩与生俱来比女孩要任性和自私，更喜欢使用身体暴力。有时候，他们觉得内疚的时候，就会为自己的行为编造理由。比如，被抓到拉妹妹的头发，他会说是妹妹让他帮忙做个新发型，可是因为他的手上有果酱，所以头发黏在了一起。他坚称自己只是想把手指拿下来，可妹妹却喊起来。如果男孩养成了这种习惯，母亲们该怎么办？我们如何才能让他们学会承担责任，同时不打击他的积极性？如果你知道一些技巧的话，这并不难。

几年前，我到商店的 ATM 机上取钱。那时我儿子 8 岁左右，他和我一起去。我想取 60 美元，输入金额后，我儿子问我，他能不能替我数钱。因为出来的钱都是 20 美元一张，很好数。我觉得这可以锻炼他，就同意了。但当现金出来后，我们发现一共是 80 美元。儿子兴奋地大叫："妈妈，你中奖了！你问机器要 60 元，它却给了你 80 元！我可以拿额外的 20 美元吗？"

最初，我很高兴看到多出来 20 美元，感觉自己似乎刚在老虎机上赢了钱。我推断，这些钱可能是属于我的，因为它是从 ATM 机里出来的，可能是我账户上的钱。所以，我给了儿子额外的 20 美元，然后我们就进店里去买零食。但在那一刻，我对自己的行为感到深深的内疚。我决定把钱还给店员，让他问问是谁丢的。于是，我想把钱从儿子那里要回来。

他哭道："妈妈，你说我可以拿着的！"我再次觉得内疚，我把自己的小宝贝弄哭了，我是什么样的妈妈啊？他想朝店外跑，因为我丈夫在那等我们。

但我抓住他的胳膊说："不，我很抱歉。我犯了个错误，我想留下这张钱，把它给你，但那是不对的，它不属于我或者你，我们要把它还给店员。"

他大叫起来。店里的人都看向我们，他们可能觉得我弄疼了他的胳膊，因为他叫得那么大声。更糟的是，当我把钱给店员，解释了原委之后，店员笑了。因为他也不知道 ATM 机属于谁，但他感谢我"还回"了钱。当我们离开时，我转头看到店员把钱放进了自己的口袋，我儿子也看到了。"妈妈，这不公平。"他说道。

虽然店员拿了钱，但我相信自己所做的是正确的事情。最重要的一点是，母亲需要立场坚定，要做正确的事，并对自己的行为负责。谚语说，批评孩子一次相当于七次赞扬。我们需要用七倍的行动来告诉儿子，应该为每一个错误负责任。孩子更容易记住我们的错误，不信的话你可以问问儿子，你每一次犯错的细节。如果我们想让他们长成正直诚实的男人，就必须从自己做起。我们为儿子做了什么，对他们说了什么，都不重要，重要的是我们在他们面前是怎么为人处世的。请记住，我们是用自己的性格塑造他们的性格。如果他们从来没有看到我们与世界互动，就无法模仿我们的行为。

教导儿子明智和负责

当代文化往往认为，成功就是明智，提高自己的地位比负责更重要。但母亲们都知道自己的本分。教导我们的儿子明智地生活，告诉他们负责任的重要性，看起来似乎与当今的主流趋势不符。我不能否认这一点。事实是，不少育儿书告诉我们，必须教导儿子提高自尊，而做到这一点的最好办法是鼓励他击败其他人。这些书过分强调成功的作用，无论这种成功是否会伤害别人。我不同意这种观点。我见证过无数孩子的成长，其中最快乐的人是能够在作决定之前观看、倾听和考虑别人需要的人。那些为自己的行为负责的人，是拥有强大而健康的自我意识的人。智慧和责任感是良好的男性和女性的标志。

有时候，我们必须告诉儿子，他想做出的决定是错误的。我们要告诉他，我们是他的盟友，而不是敌人，我们会说出自己的看法，并为他指明正确的方向。当孩子意识到，为了站在他们一边，我们付出了很多，他们就会尊重我们制定的规则。很多妈妈不希望做出强有力的规定，因为她们

好妈妈 强儿子

觉得孩子不喜欢这些。这是不正确的。如果孩子明白,母亲执行规则的主要动机是爱他们,照顾他们,让他们变得强大,并且母亲相信他们能够成为很好的人,能够满足或超过这些标准,那么他们就会欣然遵守。而如果孩子觉得,母亲制订规则是因为怀疑他做坏事,为了惩罚他,他就会反叛。

母亲们经常会错误地相信,如果我们包容孩子,不去挑战他,他就会和我们保持密切关系和沟通。事实却往往相反,除非儿子尊重我们的权威,否则就不会信任我们。如果我们总说"是",从不去挑战他采取明智的行动,太容易满足他的要求,他就会不尊重我们,疏远我们。也许孩子的直觉也在告诉他,我们对他的容忍是危险或错误的,所以他无法相信我们能把他培养成坚强的人。

我们必须让孩子知道,母亲的责任是把他变成明智的人。如果孩子讨厌运动,但他的朋友都踢足球的话,不妨鼓励他不要从众,问他愿意做点什么别的。在某种程度上,他希望自己与众不同。男孩需要学习勇敢,才能开拓自己的独立生活。母亲通常应该最先接受自己的儿子是不同的。

教会儿子承担责任,最好的办法是向他展示你的信任,但信任必须与他的年龄相适应。找一个差事给你的儿子做。男孩有事情做时,对自己的感觉会更好。除了自我感觉良好,经常做家务,你也可以让孩子明白他是能够担当责任的。这会让他感到自己是有价值的、成熟的,所以他会继续工作,感觉良好,形成积极的循环。但如果母亲经常为孩子做他能做到的事,那就是剥夺孩子亲自担当责任与体验成就感的机会。

担当责任的最大回报是,它使男孩感觉强大。男孩喜欢力量,尤其是当它来自内部的时候。男孩从青春期过渡到成年的主题就是为自己的感情和行动负责。那些接受挑战、独立完成任务的男孩会获得控制感。自控力在青春期尤为重要,因为那时周围的一切看上去都是失控的。而当他们感到生活更易于掌控的时候,就能学会更多地依靠自己,减少对他人的依赖。他们会了解自己的长处和短处,进而学会为自己设置界限。

第9章
赋予他智慧与责任

向他提问

训练儿子成为明智的人，最简单的方法就是向他们提问。

如果你的儿子要参加童子军，但他已经参加了乐队或者球队，你可以问他是否认为加入另一项活动是明智的，让他超越自己的感觉和愿望看问题，给他几天时间考虑是否应该放弃这个想法。但不要使用评判的语气，问他觉得这个主意是聪明还是愚蠢，因为这会让他觉得自己很失败，做了"错误"的决定。问一些无所谓正确或错误答案的问题，只是让他充分考虑所有选项，然后做出决定。而你要尊重他的决定。

当他成熟后，他会知道，做明智的事不仅需要有头脑和思想，还意味着权衡自己认为什么是对的，什么是错的，需要借鉴过去的经验。他还要参考自己的直觉，甚至寻求上帝的帮助。当我为高中的儿子祈祷时，我常会告诉他，因为我希望他知道我也需要帮助。信仰是智慧的一个重要组成部分，因为在自己完全没有控制力时，孩子需要像我们一样求助于别的力量。智慧的基础是各种经验的结合，但也需要超验的因素。

假设没有直接选项，那么孩子应该怎么办？你可以提出这样的问题。比如，询问他的信仰、经历和感受。如果你的儿子没有第一批进入足球队，你可以温和地询问他的感受，然后倾听。当然，你知道他感觉很糟糕，但关键在于他要亲自说出自己的感受。再如，如果一个同学违反了法律，但没有被抓住，问问你的儿子对这件事的看法。这样做有两个原因。首先，你要帮助他学会批判性地思考；其次，帮他认清自己的观点，或者看到他头脑中还欠缺什么。提问题的复杂程度取决于儿子的年龄。

当你通过问题激发儿子的批判性思维时，我强烈建议你多听少说，给他时间去搞清楚自己的答案，抵制纠正他的冲动。你的问题可能会导致他第一次考虑到某个想法，他或许可以利用你们谈话的机会将自己的思维拼接起来。他需要时间和空间去这么做。如果你提出一个问题，而儿子给出的答案很令你困扰，请一定听他把话说完。如果你希望质疑他，可以等到

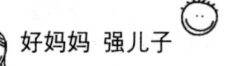

一两天后再重新开启对话。如果你在他说话时纠正他,他是不会听的。但是,如果他看到你愿意听他说,认真地权衡他的回答,然后提出相关问题,哪怕是质疑,他也会尊重你的意见,学会像你一样行动。因此,提出问题,多听少说。

与他一起工作

出于责任,母亲每天都会关心儿子的生活。所以,让儿子了解到母亲的责任是件好事。当你有工作要做时,请你的儿子帮忙。比如,折叠洗好的衣服,给垃圾分类等。起初他可能会大惊小怪,但我保证,随着时间的推移,他会感谢你的。孩子想做出贡献,既然你有工作要做,不妨请他贡献他的技能。还有一个额外的好处是不容忽视的:当你让儿子走进你的生活,你们就可以经常交流。不妨想想你和你的母亲进行的那些改变你人生的对话。这些情景一般不会发生在特殊的时刻,而更多是发生在平常的日子和日常的活动中。确保你的儿子看到你正在做的工作,然后定期请他帮忙。他需要定期做家务,你可以让他和你一起做家务。如果他开车,让他带你去商店购物。如果你在打扫,请他除尘。他会因为帮助了你而感觉良好。请记住,男性与他人建立联系的方式就是与对方共事,共同做事会让你们更接近!

这样做不仅能教你的儿子为自己的行为负责,也会让他更喜欢自己。不可避免的是,他会犯错。他可能没把草坪修剪好,可能把洗衣粉洒出来,也可能倒车时撞到了车库门。如果你在现场,可以帮他学会如何处理这些错误。无论你是朝他微笑还是大步向他走去,他都会更自在地接受自己的失败。如果你对他说"哎呀,一盒洗衣粉都洒了,真可惜",然后帮助他清理,他会意识到,为自己的错误负责并没有那么难。很多时候,孩子不承认错误是因为他们害怕父母的反应,担心父母会生气,或者认为他们是失败者。当孩子犯错时,如果父母的态度很糟糕,那么他们将永远不想承担责任或承认错误。因此,当你的儿子和你一起工作时,请教他不要

第 9 章
赋予他智慧与责任

害怕失败。一旦他看到你接受他的错误,他也会学着承认与改正错误,并继续前进。

邀他祷告

祷告与教导儿子责任和明智之间有什么联系呢?可以说,联系非常密切。

柏拉图写道,智慧是一种美德。事实上,他认为智慧是四大美德——智慧、节制、勇气和正义——中最重要的美德。苏格拉底告诉他的学生,没有人是明智的。他说:"雅典人啊,只有上帝是明智的。"从这些智者的言论中,我们可以看出,智慧是个神秘的东西,但随处可以发现它的踪影。智慧可以分为两种。一是实践智慧,它从各种经验而来;二是超验智慧,哲学家们说它来自上帝,所以它自然蕴含着精神因素。

孩子需要知道,他们是被支持的。诚然,父母是他们稳固的支持。然而,孩子也看到,父母犯过很多错误,有时父母的失败会影响他们。儿子可能听到他的母亲朝父亲尖叫,或者看到他的父亲由于工作失误被解雇。由父母的失败而引发的困惑,会让儿子暂时不信任我们。但这对我们和他们都有好处。我们需要承认错误,需要告诉他们,我们虽然很努力,但有时也需要帮助。告诉他们,我们都需要请上帝指导方向,告诉自己如何生活得更好,如何成为更好的父母。然后,请儿子为我们祈祷,就像我们为他祈祷一样。

这是一个可以改变人生的时刻。许多时候,当母亲向孩子承认,她已经尽了全力却没有实现目标,所以她需要帮助时,儿子会意识到母亲也是一个凡人。当他将母亲视为需要帮助的对象时,他也会承认自己需要帮助。更重要的是,他会在母亲向他寻求帮助时发掘自己的力量,他不会担心自己无法帮助她,因为他将学会倚靠上帝。

本章为作者个人对信仰的看法,并非出版者观点,但为读者更全面地了解本书的积极方面,故对此部分内容进行保留。——编者注

好妈妈 强儿子

很多母亲不愿意和儿子一起祷告，觉得不自在，这是正常的。你只需请他为你祷告即可，你也可以具体谈谈你的要求。如果你想要变得更有耐心、更少烦躁，甚至想知道该怎么说或怎么做，就告诉你的儿子，让他代你求问上帝。然后，静观你和儿子的关系会发生什么变化。我想，你们的关系一定会加深，他将变得更加富有同情心。在他祷告时，他会找到安慰，变得更冷静。祷告给他安静思考的机会，这样的机会在如今的生活中已经很少了。

祷告还有一种奇妙的作用。通过请儿子为你祈祷或和你一起祈祷，你将教会他如何亲近上帝，培养他的灵性力量，提升他的品格。我们通常认为女孩更容易接受信仰和灵性，但事实并非如此，男孩同样可以发展出非常深刻和坚定的信仰。一旦他喜欢上祷告，你就可以鼓励他向上帝祈求智慧，告诉他为什么伟大的哲学家、神学家和思想家都认为，智慧来自人类的自我以外。试想一下，当一个7岁、13岁或17岁的男孩，当他围绕着学校或个人问题挣扎与怀疑的时候，了解到这个想法，他会多么欢呼雀跃。因为他拥有一个充满爱心和仁慈的上帝，上帝是明智的，能够帮助他拥有智慧。

《圣经·雅各书》说："你们中间若有缺少智慧的，应常求那厚赐与众人、也不斥责人的神，主就必赐给他。"论及智慧，经文又说："惟独从上头来的智慧，先是清洁，后是和平，温良柔顺，满有怜悯，多结善果，没有偏见，没有假冒。"《箴言》告诉我们："得智慧胜似得金子。"作为一个珠宝迷，我特别喜欢这句话。这些经文切中了自古以来神学家和哲学家思想的核心：真正的智慧只能由上帝赐给我们。《圣经》中提到："敬畏耶和华是智慧的开端。""畏"是指肃然起敬，虔诚的尊重，使一个人转向上帝，不会离他而去。对于"畏"，我们通常的理解是逃跑，但对上帝的敬畏却是靠近他的意思。

即使你不是特别信仰宗教，以下这段来自托尔斯泰的巨著《战争与和平》里的话也会让你思考。这是发生在年轻的绅士皮埃尔和一个叫做"共

第 9 章
赋予他智慧与责任

济会员"的老人之间的对话。当他们谈到人是怎样获取知识的时候,老人的话引起了皮埃尔的困惑。

皮埃尔:"我不明白,人类的智慧怎么不能领悟您所说的知识?"

共济会员:"至高的智慧和真理仿佛是我们要吸收的最清洁的水分……至高的智慧的根基不光是理性,也不是理性知识所划分的世俗的物理学、历史学、化学及其他。至高的智慧是独一无二的。至高智慧包含有一门科学,即是包罗万象的科学、解释整个宇宙和人类在宇宙中所占地位的科学。为了给自己灌输这门科学,就必须洗净和刷新人的内心。因此在汲取知识之前,务必要有所信仰,对自己加以改造。为了达到这种目的,我们的灵魂中容纳了所谓良心的上帝之光。"

托尔斯泰指出,只有上帝拥有最大的智慧。邀请你的儿子拥有属灵的生命,就为他开辟了获取智慧的道路。因为在他祷告时,他会请上帝与他对话,当这种言语的交换发生时,你的儿子就建立起一个更深层次的内在自我和信仰。祈祷帮助他相信上帝,并与上帝赐予他的良心相连。祈祷将他与你更紧密地结合在一起。请你的孩子为你祷告,就是承认你是不完美的。这会让你的孩子知道他也是不完美的。

教他宽恕

我想要重申的是,母亲在育儿过程中感受到的同侪压力是非常大的。我们经常被教导说,儿子应该是干练、强势的赢家。当他们跑得快、球踢得好的时候,我们会给他发奖牌,这没错。然而,如果我们不向儿子说明,他不会永远是赢家,他有时也会失败,那就传递给他一个错觉:他永远不会犯错。如果他相信了这个错觉,就会变成怪物。谁会愿意同一个认为自己总是对的、没有错的男人交朋友或者恋爱结婚呢?反正我不愿意。

诚然,我们不希望孩子犯错时感到羞愧,希望他拥有良好的自尊。但更多的自尊来自承认错误的能力。我们的儿子总会遇到困难,不会总是正确,所以我们要么教他们如何面对错误,要么假装他们从不犯错,允许他

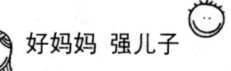

们将来为此大吃苦头。从未学会如何处理自己的错误的孩子,在受到批评时,会很容易产生逃避的心理。不会为自己的错误负责的成年人并不少见,他们总是把生活中发生的不好事情归咎于别人。

因此,虽然孩子还小,但要允许他犯错误,并教他应对自己的错误。如果他行为不端,教他承认,让他道歉,然后以仁慈和风度接受他的道歉。向他显示道歉力量的最好方法就是找个机会,让他看到你对别人道歉。或者给他讲一个有说服力的故事,比如当你由于伤害了朋友的感情而向她道歉时,你是什么感觉。

母亲常常拒绝让年轻的男孩道歉,因为她们相信,如果孩子的道歉不是发自内心的,那就没有必要。然而,我们当中有谁在承认错误时会感到100%的遗憾?我就经常一边说对不起,一边还在生气。我们学会道歉,因为这样做是正确的,不是因为它给我们什么感觉。此外,感情遵循行动,当我们做出正确的行动,最终就会有正确的感觉。为错误道歉会让我们成为更好的人。

请求原谅帮助你的孩子学习得到宽恕的同时,也可以帮助他学会原谅。这是保持快乐的一个极其重要的工具。如果儿子永远学不会原谅别人,他们就给了那些得罪他们的人力量。那些被生活打倒过的人非常清楚,伤害我们的人的生活会继续,受折磨的人是我们。我们教导儿子原谅,是因为这会使他们成为更快乐、更健康的人。

就平衡的生活而言,智慧与责任是两个最重要的组成部分。我们已经讨论过,孩子天生不具备这些属性,他们必须被教导。因为教导他们很辛苦,所以有些母亲不会去做。但强大的母亲会为儿子而战。只有你知道什么最适合你的儿子。在教导孩子智慧和责任方面,你有与生俱来的条件。如果你忘记了该怎么做,也不要担心。上帝是永远存在的,他会帮你得到那些你无法靠自己得到的东西。

Chapter 10
Letting Go

第 10 章
只有放手才能让他回来

母亲能为儿子做的最好的事就是爱他们,温柔而坚定地引导他们走上他们应该去的方向,然后一面为他们祈祷,一面过自己的生活。

第 10 章
只有放手才能让他回来

神经心理学研究告诉我们，一个人直到 20 多岁，大脑才会发育完全。这意味着，他仍然会经历延展性的认知和情绪变化，直到他 25 岁左右为止。这对母亲来说既好又坏。好处在于，如果你正在努力与意志坚强、桀骜不驯的 15 岁儿子周旋，那么你还有 10 年时间来收服他。坏处是，你还要再拼搏 10 年，任重而道远。如果你处在这个阶段，你的一部分能量已经用尽，根本不知道还能再坚持多久。我要鼓励你，你绝对可以，你只需要调整自己的步伐。热心的母亲经常有一个疑问，如果孩子很小的时候，我们都要竭尽全力才能抚养好他，那么等他进入青春期，我们岂不是要崩溃？所以，如果你在读这本书的时候，你的儿子只有 2 岁，那么不妨放松一下，因为你还有许多年的时间把事情做好。

想象一下，你的儿子 25 岁时，你希望他是什么样的？我希望我的儿子能多陪陪我。如果成年的儿子给你打电话："老妈，你今晚做什么？愿意出来吃个饭吗？"这种感觉会是多么好。实际上，你们坐在饭店里一起吃饭的时候感觉会更好。你们可以谈谈他的生活，比如他喜欢自己的工作，他有很好的朋友和新的恋情。他会征求你的意见，但可以完全自由地接受或拒绝它，因为你已经教会了他要自己决定，并放心去执行决定。当你们离开餐厅，你亲吻他的脸颊。你们俩很高兴见到彼此。说再见时，你

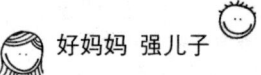

的心一沉,不是因为你渴望他回到 4 岁,而是因为你满意地看到他满足于自己的生活和感受,以至于没有回忆童年的冲动。而那些不断渴望回到过去挽回损失从而改变现状的人,往往没有完整的童年。但你的儿子不需要改变现状,因为他现在过得很好。

让我们继续想象你儿子 25 岁时的情景。你希望他尊重他的同事们,希望他善良而坚定,独立而自主,不需要向你索要经济上的帮助。你希望他觉得你完成了你的任务,并且如果将来的情势需要,他会主动帮助你。你不觉得自己对他有需要,也不觉得他对你有需要。他享受生活,社交活跃,有一些很好的男性朋友。他知道,你因为他是他自己而完全接受和欣赏他。

问题在于,无论你的儿子现在是 6 个月、10 岁还是 18 岁,你怎么才能让他在 25 岁的时候变成这样呢?相信我,你绝对可以引导他成为一个了不起的成年人,不管他现在多么难管。你还有很多时间来改善你们的关系,时间在你手中。你既要认识自己,也要相信自己。一旦你学会站在他的角度看待你,就要根据他的需要,而不是你认为他需要什么来抚育他。学会倾听你的直觉,你完全可以塑造一个好男人。但你必须掌握这个旅程中的最后一步,那就是放手让他走。

这是一个敏感的过程,需要认真的思考和计划。一定要小心,因为它很容易被误解。

为什么要放手很重要?

作为母亲,我们拥有的一个最健康的信念是:最终,我们不会再为儿子负责。说它是天意、命运、运气都可以,而我认为这是上帝的意图。总之,自有某种力量掌控着儿子的人生。我们不能决定他们何时生、何时死,只能部分地控制发生在他们身上的事情。但大多数母亲却有这样的幻觉,认为我们的控制力比实际上大得多。我相信,活得越真实,我们就越

第 10 章
只有放手才能让他回来

快乐,特别是涉及育儿的时候。

其实,放手的过程从儿子出生的那一刻就开始了。正是在那一刻,我们意识到自己的无奈:我们希望保护他们免受一切痛苦,只让好的事情发生在他们身上。但即使在最初时刻,我们也会认识到,我们需要放下最深切的愿望,承认我们不能永远保护他们,必须让他们面对这个世界。放手的过程会一直继续下去。当我们把儿子交给父亲带,让他的兄弟姐妹帮他推秋千,让邻居开车送他去学校,让保姆在我们出门的时候照顾他,让老师教他们做加减法,让其他孩子影响他们的思维,让他选择和谁成为朋友、和谁约会,让教练教他们平行泊车……他能做好吗?我们希望如此。

生儿育女意味着 10% 的控制和 90% 的放手。幸运的是,有一种温柔的、一步一步的放手方法,我们可以按照它去做,以便减少过程中的痛苦。

很多母亲都明白,男孩必须成长为男人,这需要我们将他逐渐推离自己的窝。我们还需要认识到,放手是为了我们和孩子的共同利益。当我们以健康和及时的方式放手,我们的生活会变得更加丰富,与孩子的关系也随之加深。但是,放弃我们的儿子,总会让我们觉得不舒服。我们曾被教导,贴近儿子是一件好事。但是,真的是这个意思吗?正如我们在前面的章节中讨论过的,这意味着我们必须分享彼此的感受和想法。这在一定程度上是真的,但很多时候,我们会越线,使得母子关系变得不健康。我们也被教导,好母亲会一直参与儿子生活的各个方面以及所有决策,比如学术、体育、恋爱、交友等。一定的参与是好的,但母亲不应该总是紧密地参与儿子的所有活动。我们相信,我们在孩子的生活中是如此重要,他们需要我们,所以我们必须随时待命。在他们生活中的某些阶段,这是事实;但在更多的时候,事实并非如此。

我们产生这些认识是有原因的。因为我们想成为伟大的妈妈,所以就会思索自己的父母曾犯过的错误,发誓自己不会对孩子犯下这些错误。因此,如果父母和我们疏远,我们就决定和孩子保持亲密。如果父母从来没

好妈妈 强儿子

有表现出对我们所参与活动的兴趣，我们就会不厌其烦、不计成本地对自己的孩子做相反的事。我们试图根据流行的心理学书籍和育儿指南来解决问题。这些作品有些是优秀的，有些则是可怕的。我们和朋友讨论他们的育儿方式，以便决定自己应该采取什么方式。我们希望成为开放和诚实的人，成为儿子的伟大朋友。事实上，我认为，没有比我们更好的母亲了。然而，我们所有的真诚和良好的努力却让放手这件事变得困难，使我们很难在儿子适当的年龄放手。

放手的重要性，可以用三个理由来概括。首先，如果你不放手，儿子就无法成为男人。他会变老，但他永远会是一个青少年。第二，如果你不愿放手，你就不能和他建立起健康的成年人之间的关系。最后，完成放手的过程可以让你们在情感上更健康。我相信，你见过有些朋友执意干涉孩子的生活，孩子甚至无法离开父母家。或者，你可能一直纠缠着自己的父母，深知这种令人窒息的感觉。如果你允许放手的过程继续下去，这一切就不会发生。

我们并不拥有儿子

约翰·里卡多在底特律的一个富裕郊区长大。作为一家企业 CEO 的儿子，约翰的生活令许多人羡慕。当我问及约翰的童年时，我意识到，它非同寻常。但那不是因为他家境富裕，也不是因为他有很多机会，而是因为他的母亲。

从他出生直到 7 岁，约翰的母亲一直卧病在床。她做过多次背部手术，只能长期躺在起居室的一张病床上。她的病痛让她无法以她喜欢的方式参与约翰的生活：开车送他上学，做点心给他吃，为他办生日派对等。约翰 7 岁时，他的母亲经历了奇迹。约翰的姐姐到教堂参加礼拜时，听牧师讲，有个人的背部毛病很厉害。但他告诉听众，那名妇女一定会痊愈。约翰的姐姐肯定他说的就是她的母亲。她回到家，告诉母亲牧师的话。约翰的母亲读《圣经》，她对基督有信心，但她的信心不是很强。不过，她

第10章
只有放手才能让他回来

决定相信她的女儿。约翰告诉我,一个月后,上帝施行了奇迹:他的母亲痊愈了,她甚至可以打网球了。

在接下来的14年里,他的母亲不但过着充满活力的生活,而且非常积极地参与到约翰和他姐姐,以及其他人的生活中。伟大的奇迹不仅体现在她可以毫无疼痛地行走上,她还可走在儿子的身边。在感情上,她也经历了恢复期,这使她能够和约翰互动。她喜欢帮助别人和自己的孩子。随着健康的恢复,她可以真切地生活。

我是通过约翰的神父工作认识他的。他同意回答我提出的几个关于他和母亲关系的问题。在采访开始的时候,我问他:"你能成为现在这样的人,得益于你妈妈教给你的哪些最重要的课程?"电话那头一直在沉默。我想,他的母亲教给他太多东西还是太少呢?或者他只是讲不出来?他没有直接回答我,而是开始给我讲他和母亲的生活。

"当我想到我的母亲,就会联想到一个词'品位'。她身上无处不体现着品位,她话语动听、衣着美丽,她可爱而不沉闷。我记得她坐在厨房的桌旁,每天早上都读《圣经》。有时,她会告诉我她读了哪些章节,有时不说。我家厨房桌子上总是摆放着她要读或要写的东西。她也总是欢迎别人坐在桌旁。来找她的朋友一直不断。我小的时候,经常觉得来找她的人会在我家门口踩出一条小径来。他们走进来,和她一起坐着;她会倾听他们,与他们交谈。不管他们来的时候有什么感觉,离开的时候总是很好。她有这个能力——帮助人们感到平安和快乐。我惊叹于她的所作所为。难道是她说的话或者提供的食物有什么魔力吗?我不这么认为。她只是擅长帮助各种年龄的人更热爱生活。人们可以感觉到她爱他们,真正关心他们。"

我能感觉到他在笑。他对母亲的描述深深地打动了我,让我想知道自己的孩子们会不会这样描述我。我的孩子们会觉得我对朋友有什么影响吗?会觉得我是那种帮助他们热爱生活的母亲吗?从他中年人的声线里,我能听到他对母亲的柔情与崇敬。他的语调很轻快。显然,她是个特别的

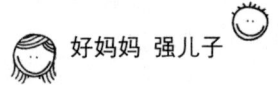 好妈妈 强儿子

女人。

"我需要告诉你一些关于我爸爸的事。"他补充道,"作为一个CEO,他经常出差。他需要在华盛顿工作很多天。令人惊奇的是,他每天晚上都会回家,即便他白天在华盛顿。"

"你是说他每天晚上飞回家?"我惊叹。

"是啊。如果他要在华盛顿工作一周,他就每天飞回家,第二天再回去。就是为了晚上和我母亲在一起。"

我在想自己的丈夫。他会为我这么做吗?我还是不要想了。

"我母亲一直有祷告的习惯。当我是一个小男孩的时候,她就告诉我,我不属于她,因为我属于上帝。我并不害怕这一点,这让我感到安全。她告诉我,她把我放在心中,不断为我祷告。当然,她也为我的四个哥哥姐姐祈祷。但我有一种感觉,她为我所作的祷告是与众不同的。"他顿了顿,"我们现在的关系亲密吗?我相信,母子之间存在着某种神秘的纽带。由于我没有妻子,所以母亲在我心里的位置是其他男人可能不会明白的。我们一直彼此代祷。如果我教区的人病了,她就为他们代祷。我们精神上是在一起的。我知道,我加快了母亲变老的速度。当我在密歇根大学时,我的生活方式可能不会让她引以为豪。但毕业后,我感到上帝非常希望我成为神父,他抓住了我的心,开始改变我。"

约翰从大学毕业后,去了神学院,成了一名神父。这时,我问了他一个我有些不敢问的问题,但我真的很想知道。

"当你去了神学院,你母亲知道你不会结婚生子,她没有感到难过吗?"

"把我送给上帝是一种献祭,她明白。她知道,一旦我成为神父,就不会回家过圣诞节,也无法参与很多家庭活动。这使她难过。但是,母亲把我交给上帝之后,我们的关系发生了巨大的变化。我们更亲密了,这是前所未有的,我无法描述。与其说把我交给上帝,不如说她给了上帝一个机会,让他看到我们的伤痛,所以他回报给我们更亲密的关系。我相信,

第 10 章
只有放手才能让他回来

我们比大多数母子更为彼此着想。我们把那种亲密一直保持到现在。她写信给我，我告诉她哪些人需要代祷，她就虔诚地为他们祷告。"

约翰这么一说，我觉得自己原来的问题显得非常陈腐。她做了什么帮助他成为今天的样子？他们把彼此放在心中，她的生命本质就成了他的本质。她不发一语，就教会他如何给人们带去平安。她的姿态和信仰，都被他看在眼里，并把他塑造成一个伟大的神父。男人和女人成群结队，来到约翰神父面前，听他讲话，询问他的意见，他的教堂经常挤满了人。我认为，在很大程度上，这是因为他的母亲。

即使不像约翰的母亲那样把他献给上帝，对儿子放手也会让他和我们之间出现一条神秘的纽带。也许这是因为放手会赶走不健康的需求关系。也许是因为我们学会了像独立的成年人那样生活——自由地彼此相爱，无需绑在一起。我能肯定的是，母亲必须找到像约翰的母亲那样的勇气。我们需要明白，归根结底，我们并不拥有儿子，我们不能成为他们的一切。在短暂的一生中，我们能做的最好事情就是爱他们，温柔而坚定地引导他们走上他们应该去的方向，然后一面为他们祈祷，一面过我们自己的生活。当他们成年之后，我们可以提供建议，鼓励他们要坚强和独立。最重要的是告诉他们，我们相信他们能靠自己成功，即使没有我们的帮助。

什么是放手？

《真正的男孩》一书作者威廉·波拉克博士也许是美国最有学问的男孩专家。他写道，男孩一生都需要母亲的爱。他断言，对母亲没有安全依恋的男孩处于巨大的劣势。"我的研究表明，缺少与慈爱母亲的密切关系的男孩处于不利地位，难以成为一个自由、自信、独立并能承担风险的人，在成年后很难与他人形成亲近的爱的关系。在幼年以及青春期，男孩会从母亲和她的朋友们创造的充满爱的环境中大大受益。"

换句话说，放开儿子并不是收回我们对他的爱，而是把我们对他的责任移到他自己的肩上。不妨想想他第一天上学的时候，如果你已经通过了这个里程碑，那么你会知道，当他去上托儿所或幼儿园，你的心会与他同去，但你的身体没有动。放手就是这么一回事。它表明，虽有生活带来的变化和分离，但爱依然坚贞。当他成熟后，这个过程会加剧，因为他去得更远——感情上、精神上、身体上——但我们对他的爱会加深。这两种现象——越来越远的距离、越来越深的爱——并行增长，这使我们感到难以放手。这两种现象似乎自相矛盾，为什么儿子远离我们，我们对他的爱还会加深？因为当他们成为独立的人，我们会看到自己的汗水和投入有了回报，收获了成果。当我们看到他们的成熟和成功，仿佛看到了生命轮回的意义。不幸的是，因为感觉如此难以割舍，很多母亲不愿意放手，这是一个非常不健康的现象。

放手主要发生在两个层面上。

首先，在心理层面上让儿子获得独立。我认为这是母亲最难处理的，因为它需要我们不再管理或控制儿子。在儿子很小的时候，这种管理是一件好事，因为他们需要这种帮助。对3岁小孩事无巨细地关心是件好事，对被欺负的孩子倍加呵护也并不是坏事。关键是要知道，什么时候我们的管理是健康的？当它逾越界限并伤害了儿子，那它就不是健康的。

幸运的是，我们还有很长时间来练习。如果我们发现自己超越界限，快要把儿子逼疯，通常还有机会后退一步，让他们自己作决策。举个例子，我的有些朋友非常担心儿子娶不到合适的女人，所以自己当起了红娘。这是一个很大的禁忌，因为它不仅很少奏效，还会导致母子的关系紧张。我不得不承认，我也不止一次想为自己的儿子做媒。但每次当我想给儿子介绍相亲对象时，我的女儿们就会给我打退堂鼓。母亲经常认为她们比儿子更了解自己（这可能是真的），所以有责任确保儿子约会的对象是非常适合他们的。但问题是，儿子反感我们干扰。作为年轻人，他们需要学会相信自己对女人的直觉。作为他们的母亲，我们的工作就是鼓励他们相信自己的直觉。如果我们自己做媒人，会让他们以为，我们比他们更擅

第10章
只有放手才能让他回来

长选择约会对象。这会让他们觉得，在作重要决定时，必须有我们的参与，否则他无法完成。

当儿子出生，看着他的小胖脸，每一位母亲都会觉得人生有了新的目标。我们开始体会到自己天生具有关心和保护孩子的能力。这种感觉太好了。然而，随着他的成长，感觉到他逐渐不再需要自己时，我们可能会感到痛苦。当13岁的儿子不再像5岁时那样需要自己时，有的母亲甚至会遭遇危机。她们不知道自己该何去何从？在儿子不同的年龄段，母亲都会有这种分离的经历。有人觉得儿子进入小学一年级的时候这种感觉最强烈；有人则说是儿子离家上大学时。但大多数母亲会在儿子人生中的一些重要时刻体验到它。

我相信，虽然放手很难，但它是育儿计划不可或缺的一部分。如果我们没有经历过分离，可能意味着我们从未与儿子真正亲近过。健康的放手最初可能会让我们悲伤，但我们会逐渐喜欢上随之而来的自由。而且，我们的儿子也能体验到这种自由。到那个时候，我们与儿子的关系也就加强了。

其次，我说的"实质的放手"，也就是依赖的转移。你的儿子学会要靠自己。他3岁时，你教他骑三轮车；他5岁时，你送他去幼儿园；他18岁时，自己离家去上大学。年复一年，你不断想办法让儿子知道，他可以自己做事情，不需要你的帮助。

对于许多母亲来说，这种转移依赖的感觉很好，因为这意味着自己的工作更少。即使如此，我们也要与内心深处那种渴望被需要的想法斗争。在潜意识里，我们也许拒绝完全转移责任。比如，有的妈妈鼓励儿子高中时打工，却不让他们约会。很多母亲都会把自己的偏见带进放手的过程中，做出奇怪的事。我的一个朋友鼓励她的儿子自己攒钱买车，并支付汽车保险，但却从来没有要求他自己铺床或者收拾房间。她不断抱怨他的不负责任和草率。但说实话，她虽然支持儿子辛勤工作，却从来没有在家务上要求他，因为她需要被儿子需要。当然，她也许没有意识到这个矛盾，因为她的养育过程受到她自己不安全感和个人经历的影响。

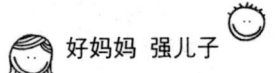
好妈妈 强儿子

放手的艺术是一种微妙的平衡。以健康的方式放手，需要我们意识到，它是强大的母子关系中自然的一部分。然后，它要求我们有意采取行动。这是艰难的，因为它迫使我们对自己各方面的育儿动机进行深刻的反省。我们为儿子做事情，是因为我们自己需要还是因为儿子需要？我得首先承认，我为儿子做的很多事都起因于我想要觉得自己是个好母亲。

当我大学放假回家时，我的母亲总是为我洗衣服。所以，当我儿子带回一堆脏衣服时，我也会全帮他洗掉。首先，我会把白色和彩色的衣服分开，因为他从来不分。洗好晾干后，我把所有衣服叠好，等他去放。虽然我儿子14岁时就开始自己洗衣服了，可我还是觉得为他洗衣服能够证明我是个更好的妈妈。你很可能也是一样，会为儿子做一些类似的事情，因为它们让你感觉很好。

无论如何，我们应该认识到，为了使儿子变成有魅力的成熟男性，我们必须面对自己的感情，询问自己（尤其是当儿子进入青春期和成年初期的时候）：我之所以这样做，是因为它让我觉得自己是个好母亲，还是因为它可以使儿子更强大？如果回答是第二个，那么就去做。相反，如果你察觉到背后存在自我满足的动机，就必须放弃。这样，你和他都会快乐很多。

如此一来，每过一段时间，我们就能完成一次心理上和实质上的放手。我们可以为儿子做最适合他们的事，同时更喜欢育儿的过程。关键在于，要始终寻找我们为儿子做事的动机。如果我们能够表现出诚实的态度，就会惊讶地发现，很多时候我们做事的动机都是成为好母亲，而不是为了让儿子成为更好的人。

什么不是放手？

很多母亲都需要在放手和保持控制之间寻找平衡。有的母亲不愿意放松对儿子的控制，有的则放手过早。有时候，丈夫由于害怕儿子对母亲过

第10章
只有放手才能让他回来

于依赖，出面干涉，结果跟妻子产生了隔阂。有个父亲对我说，他上二年级的儿子需要像个男子汉，不能为了各种小事向母亲哭诉。但这个父亲的看法是错的。

我认为，波拉克博士会同意，年轻的男孩需要在情感上与母亲保持亲密，但母亲不应该让儿子和父亲疏远。事实上，很多母亲给儿子提供的舒适和安全程度是父亲做不到的，这正是很多父亲与儿子疏远的原因。如果你发现自己处于这种情况中，我鼓励你帮助儿子和他的父亲重归于好。要做到这一点，最好的办法是告诉你的丈夫（或前夫），儿子需要他和更密切的父子关系。告诉他，虽然他可能不知道如何接近儿子，但可以尝试多陪陪他，比如一起做些事情。父亲常常感到力不从心，所以我们要提高他的自信，鼓励他们。儿子需要我们这样做，因为他们需要稳定的父子关系。

大量的研究表明，当一个男孩安全地依附于母亲时，他在心理上更健康、更强大、更勇敢，出现精神和行为障碍的几率较低。正如我们在第2章所看到的，放手并不意味着与孩子情感上分离。男孩需要知道，母亲对他们的爱是强烈的、不可动摇的、始终存在的。

我们要教导儿子辨认和坦然面对自己的情绪与感受，然后教他们恰当地处理。而不允许他们哭泣，迫使他们搞清楚自己的情绪，或者在害怕的时候放弃舒适的做法不仅是错误的，也是残酷的。让儿子拥有强大而独立的感情生活，意味着他们要有自己的情绪指令，以健康的方式处理自己的感情。放手就是要教导他们相信自己的直觉。这并非意味着拒绝告诉他们我们的感受，或否定和忽略他们的感受。

放手也意味着告诉孩子不仅要单独行动，而且要为自己的行为负责。帮助他们学会做出正确的决定，越来越少地依赖我们的引导。为了做到这一点，不要太快给他们太多的责任是很重要的。当我们给他们的责任太多，他们会难以处理。由于各种各样的原因，此类情况通常发生在青春期。当我们听到了儿子的声音变化，看到他们长出胡须，便以为既然他长成了男人，思考方式也会像男人一样。但事实并非如此。新的研究表明，

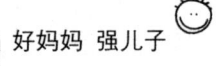 好妈妈 强儿子

男孩青春期开始的时间提早了，一些男孩9岁就开始进入青春期，那时他们才上三四年级！这些孩子不仅难以应付身体的变化，也让他们的父母很为难。所以，我们必须遵照他的大脑发展规律行事，而非他的身体发育情况。

如今，很多父母都对十几岁的儿子放弃了太多责任。我们倾向于不断地担心十几岁的女儿，但是当涉及儿子时，妈妈会认为，儿子不会怀孕，也不会像女儿那么容易被骚扰。所以，我们给他们更多自由，推迟宵禁时间。我们觉得他们看上去坚强、有责任心，就想当然地以为他们内心也是这样。然而，健康而适时的放手也意味着不要给他们过度的自由，即便我们认为他们能够处理各种情况。可悲的是，我经常看到一些善意的母亲过于相信儿子，因为他们一般都是"好孩子"，却忘记了虽然儿子可能是"好孩子"，但他可能有一两个熟人不是好孩子。

坏孩子喜欢破坏好孩子的生活。莉娜就学到了这样的一个教训。她是个单身母亲，有三个儿子，他们都踢足球。她的大儿子埃迪一直和她很亲近。当他的父亲死于胰腺癌时，埃迪8岁。自那时起，他就觉得自己是家里的男主人了，莉娜有时也这么告诉他。埃迪17岁时的一个周末，他需要在当地参加球赛，而他的两个弟弟要到别的地方参加球赛。所以，莉娜坐下来和埃迪商量。她告诉我，她不想让他一个人在家，不是因为不信任他，而是因为他的朋友们会让他为难。他们可能会趁着家里没有成人在就喝酒开派对什么的，还迫使埃迪不敢反对。不过，因为埃迪是个好学生，从未给她惹过麻烦，所以他们最终决定他可以独自留在家里过周末。他向她保证，他会没事的。

周五，埃迪邀请了一位朋友和他待在一起，他们看了一部电影。周六的球赛让埃迪很兴奋，因为他的球队赢了。这场胜利让他们有资格为国家比赛。周六晚上他回到家，把冷冻比萨放进烤箱，并邀请了另一位朋友。9点钟，两个人看一部电影时，门铃响了。两个女孩在门口，其中一人对埃迪的朋友一见倾心。女孩听说男孩独自在家，就决定进去坐坐。半小时

第10章
只有放手才能让他回来

之内,又来了5个高一和高三的学生,因为其中一个女孩发短信邀请她的朋友们过来。她知道埃迪不好意思拒绝。不到一个小时内,他的家里出现了40个孩子。他们喝啤酒,打台球,在草坪上停车。午夜时分,邻居叫了警察,结果孩子们四散而逃。警察搜查了房子,在每间卧室里都发现了孩子。他们指出了十多条违法情节,其中包括未成年藏酒。埃迪难辞其咎,虽然他只喝了一点。他也没有往家里拿啤酒,但这并不重要,因为这是他的房子。

星期天早晨,莉娜回到家时,埃迪已经清扫了房子。但客厅的沙发和地毯脏了,台球桌面破了,草坪上有很深的车辙。莉娜大怒,她给每个来过她家的孩子家长打了电话。她告诉我,绝大多数父母都为自己的孩子辩护,比如,"约翰绝不会毁了你的地毯"或"我以为艾丽西亚是在她朋友家里"等。总而言之,莉娜花了几百美元,用了很多天清理烂摊子,但却只接到埃迪5位同学和他们父母的歉意。

那么,谁该为此事负责?埃迪还是邀请朋友们过来的女孩?或者是拒绝承认自己孩子会搞破坏的父母?所有人都难辞其咎。首先,莉娜对埃迪保护不力,给了他太多自由。其次,埃迪不该让女孩进来,他知道当孩子们聚在一起,他们可能惹祸。第三,女孩不该利用埃迪的善良。第四,每个来过的孩子不该表现恶劣。即使是稳重、负责的孩子在和一群同龄人喝了啤酒之后,也会出现疯狂行为。最后,拒绝承认自己的孩子有责任的家长也有错。他们应该承认孩子的缺点,并帮助他们反省。

但是,莉娜的责任最大,因为她的决定引发了这一切。她这样做是因为想到儿子很乖,但忘记了他也很年轻。即便是善良、聪明、自觉的孩子也需要得到保护。作为明智的父母,我们应该承认自己生活在一个艰难的世界里,任何孩子都可能陷入各种麻烦。莉娜本可以找一个成人陪着埃迪度过那个周末,从而避免所有麻烦。或者,她可以锁上家门,让埃迪到朋友家借宿(对方的父母应该在家),只要一个简单的举动就可以让所有人免除痛苦。

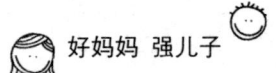 好妈妈 强儿子

与大多数父母一样，莉娜认为，她的儿子是个"好孩子"，所以她没有什么可担心的。这种情况放在我们这一代人身上可能是真的，但可悲的是，今天不是。青少年不应该被单独留在家中过周末，不管你住在哪里，或你儿子在哪里上学。因为我们生活的这个世界提供了太多诱惑，会使他和他的朋友们做出荒谬的举动和不负责任的行为。我必须再次重申，无论儿子的性格、成绩、成熟度和意图如何，都不能被单独留在家里好几天。不是因为他是不可信任的，而是因为他周围的人在寻找机会聚会。而且，经常被单独留在家中的孩子会变得非常孤独。我们经常看到的是他们的坚韧和强大，但很多孩子都会感到焦虑。

实现微妙的平衡

太早给儿子太多的自由是危险的，而过分介入他们的生活也是危险的。我们需要在给他们自由和管理他们之间寻找平衡。

一些备受尊敬的作者已经为儿子和母亲列出了很多清单，以便帮助我们了解自己是否取得了平衡。比如，《当他与母亲结婚》(*When He's Married to Mom*)的作者肯尼斯·亚当斯医生，就针对儿子提出以下几个问题：

◎ 如果你的母亲不开心，你是否经常为此感到心事重重？
◎ 你是你母亲生命中最重要的人吗？
◎ 你和你的父亲疏远吗？
◎ 你经常陪同你的母亲参加社交聚会吗？

乍一看，这些问题似乎无伤大雅。母亲和儿子参加一个活动有什么大不了的？儿子为什么不应该觉得自己是母亲生命中最重要的人？我们不是都希望儿子感到自己是如此重要吗？但是，答案是否定的。我们希望儿子觉得自己很重要，但是当他觉得自己是我们生活的中心时，就表明我们已

第10章
只有放手才能让他回来

经越过了线。

在我的办公室,我经常与男孩谈到他们的母亲,也经常发现母子关系会出现相互越界的问题。比如,儿子的情绪界限与母亲的情绪界限交叠起来,与自己的感情需求相比,儿子更担心母亲的需求。此外,他们可能会认为自己需要讨好母亲,以便让她们高兴。然而,如果母亲依靠他们太多,男孩很快会感到困扰。

在一次座谈中,当我讲完父母和子女的关系问题后,一位母亲含泪举起了她的手。"米克医生,几年前,我丈夫和我离婚了。我儿子那时7岁,女儿5岁。我很担心我的儿子,但他告诉我不要太担心,因为他将是家里的'男主人'。当我听到他这么说,我的心碎了。但接着我告诉他,他是对的,他能够成为男主人。我以为这样说他会感觉好一点,对吗?"

虽然不想造成她的痛苦,但我还是告诉她,她的意图无疑是好的,但她说错了。不能把超出儿子年龄的责任加到他的身上,因为他会有挫败感。他太年轻,还没有能力照顾家庭。即使她的儿子是自愿的,也不应该让他去尝试,这只会极大地伤害他们的关系。我告诉她,她需要拉回缰绳,并告诉她的儿子,应该由她掌管家庭,而不是他,他需要放下对母亲的责任。同样重要的是,她需要停止依靠他的支持。她的动机是对的,她无疑是一个伟大的母亲,但她需要把自己的儿子解放出来。

随着孩子的成熟,我们必须变得足够强硬,向自己提出类似亚当斯博士提出的那种尖锐的问题。

当儿子4岁时,你可以问自己:他是否与他的父亲有着密切的关系?如果不是,是你造成的吗?如果答案是肯定的,那么你就是在培养一种不健康的依赖关系,因为好母亲不会阻隔孩子发展其他正常的亲密关系。

当儿子7岁时,他是否会过于担心你?很多男孩会在一二年级时担心自己的母亲死去,这是正常的。但是,如果他们一直不能放下对你的健康或幸福的担心,你就要警惕,因为你可能下意识地助长了这个问题。当母亲完全进入孩子的生活,就会开始模糊孩子和她自己之间的界限。许多热

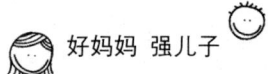

心的妈妈会奉献出所有空闲时间，陪着孩子在全国各地参加竞技项目，或者每天晚上帮助他们做作业。结果，这最终给儿子造成了巨大的负担。因为他开始觉得他是母亲的整个世界，她需要他，这样她才能快乐。

当你的儿子结了婚，你可以问自己其他一些问题：他会在询问妻子的意见之前先征求我的意见吗？如果是的话，就说明对他来说，你的意见比他妻子的意见重要。那是很危险的。他上大学或工作时，每周都会给你打三四次电话吗？与母亲关系健康的年轻男子不会对母亲依赖到这个程度。如果他们这样做，是因为他们在朋友或家庭中感到尴尬和孤立。

除了分析儿子的行为，我们还可以分析自己的行为。《如何强大到足以去爱》的作者玛格丽特·保罗博士提出以下几条出色的建议，帮助我们判断自己是否和儿子过于相互依赖。

- ◎ 你的孩子是否成功，能够直接定义你的价值。
- ◎ 你的孩子是你人生的中心，是你的人生目标。
- ◎ 你的重点是照顾孩子，而不是照顾自己。
- ◎ 你的快乐或痛苦是由你的孩子决定的。
- ◎ 你需要知道你的孩子的一切想法和行为。

保罗博士的结论是，如果你出现其中一个或多个症状，就有可能与孩子互相越界。所以，当你觉得自己过度控制，和孩子过于"亲密"，你该怎么做？你可以采取的重要一步是承认这一点。然后，你需要把重心放在自己的生活与工作上。好消息是，一旦你前进在正确的路上，你和儿子的生活就会好很多，而且更有趣。

如何健康地放手？

如何才能实现健康的放手？我列出了三条最有效的原则。

第10章
只有放手才能让他回来

与孩子的年龄相符

随着儿子的成熟,你要想方设法给他独立,但要始终确保让他做符合他年龄的事情。我经常告诉2岁男孩的母亲们,如果孩子在一天结束时还很活泼,就说明她们是成功的母亲。蹒跚学步的男孩,唯一的兴趣就是试图找到尽可能多的方法,创造性地杀死自己。比如,把湿手指捅进插座里,用窗帘绳缠住自己的头,或者摔在烧着水的炉子上。我有一个2岁的病人,他爬到家里的秋千架顶上,然后从横杆的一头爬到另一头。比起打秋千,他更喜欢爬高。幸运的是,他的母亲在他摔断胳膊之前把他弄了下来。男孩可以变成一团龙卷风,所到之处一片混乱。

当他3岁时,你可以教他骑三轮车,但不要让他独自上街。当他4岁时,让他在家里做点没有危险的杂事,比如帮你在晚饭后打扫厨房的地板,但不要让他修剪草坪。当他5岁时,你可以请他给小弟弟喂饭,但要确保你一直在旁边。

让他独立活动的关键在于,按照他的身体和认知技能水平分配给他任务,同时密切关注他。这可能是艰难的,因为你可能永远不知道什么是与他年龄相适应的自由。咨询那些有较大孩子的朋友或专业人士可能会对你有帮助。如果你不是百分之百肯定儿子能处理任务,那么我建议你小心谨慎,不妨选择风险不大的琐事。在他8岁时教他洗衣服可能是个挑战,但他就算做不好,也不会伤害自己或他人。

当他进入小学中年级,就会开始想要更多的独立性。比如,他想要去一个朋友家看电影,在朋友的父母不在家时去借宿。他正在走向一个觉得自己是不可战胜的心理阶段。

当他进入初中,这种感觉会变强。他会很肯定地认为,没有什么不好的事会发生在他身上,他将试图说服你相信同样的事情。你要记住,他不是坚不可摧。就算他12岁或15岁之前没有受过伤害,也不意味着他是无懈可击的。你知道为什么国家不会在他13岁时给他驾驶执照吗?因为

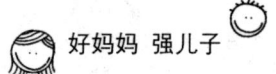
好妈妈 强儿子

即使他有一个聪明的脑袋,但仍然可能做出很愚蠢的事情。所以,当你给他自由时,一定要问自己:如果他犯了错误,可能发生什么事?如果不会危及生命或造成心理创伤,不妨让他试试。

相信你的直觉

我在整本书中都在强调这一点:母亲需要学会信任自己的直觉!听从你内心深处的小嘀咕,就是那个告诉你前方是否有麻烦的声音。

你知道儿子的哪些朋友可以信任,哪些不可以。你知道儿子是否准备好了谈恋爱、开车、骑车或借宿在朋友家。可能其他父母会告诉你不要这么害怕。他们可能会提醒你,不要太霸道或太严格。不要听他们的,听从你的内心。很多时候,即使是善意的朋友,说话也不一定安全可靠。你永远不希望自己的儿子为了这些问题付出代价,对吗?

如果你14岁的儿子想借宿在朋友家,而你知道朋友的父母不在家。那么无论别人怎么说,如果你的直觉告诉你不要让他去,就不要让他去。告诉他,你不想让他去的原因,不是因为你不信任他,而是因为别的孩子很有可能惹事。你可以开车送他和朋友去看电影,电影结束再去接他们。你也可以让他邀请一些朋友,去地下室打台球。如果你征求他的意见,你会惊奇地发现他的点子很多。你们可以找到很多创造性的方法来帮助他放弃原来的打算。

有时我们很难知道自己是否跟随的是母亲的本能。我认识的一些母亲虽然允许儿子每个周末参加曲棍球或足球比赛,但她们会全程陪同。她们表示,自己这样做只是出于热情和兴趣。但在内心深处,她们意识到自己是在掌控每一个细节,因为她们不信任何人对儿子的照顾。这些母亲可能认为这样做是顺从自己的直觉,但我不敢苟同。

直觉告诉我们何时何地做某事是正确的。有时,我们会为了所谓"正确"的原因做错误的事。但是,如果我们对自己诚实,就会很快发现,为了"正确"原因做错误的事并不能证明这些事的合理性。比如,如果我们

第10章
只有放手才能让他回来

发现儿子被他的一个朋友欺负，那么我们主动在他的社交网站上出言侮辱对方就是不对的。当然，我们可能会找借口说，对方是活该。既然我们的儿子不愿说，我们就必须说出来。但是，我们的本能很快就会出来阻止我们的行动，因为这样的反应对谁都没有好处。

在大多数情况下，母亲的直觉会告诉我们应该如何应对、如何去做。所以，当你必须对儿子的事做出决定却又感到困惑时，我鼓励你不要管好心的朋友说什么，而要听从内心的小声音。有时候这声音很微小，但你注意的时间越长，它就越响亮。很多时候，你知道该怎么做，你不会去做的原因是你怀疑自己。要避免这种情况，你就要告诉自己，你比别人更了解自己的儿子。

当儿子征求你的批准时，不要让别人的做法影响你的感觉。然后，你才能做出正确的决定。如果你征求别人的建议，却在你的问题中发现了自己的想法（比如，他要和朋友去看电影，我不想让他看这个电影，但他很想去。其他孩子的父母都让孩子去，我该怎么做？），那就无需询问，因为你已经知道了答案。真正的绊脚石是，你害怕听从自己的直觉。请保持坚强，不要在恐惧的驱动下养育孩子，要听从内心的声音。

审视你的动机

无论我们为孩子做出什么样的决定，我们始终需要确保自己的动机是纯洁的。显然，我们生活在一个提倡自私的文化中。它告诉我们，我们是年轻人，我们可以拥有一切，做喜欢做的事，成为想成为的人，为自己创造伟大的生活。我们应该着眼于找出什么东西会使我们快乐，然后追求那些东西。如果这样的东西有很多，我们应该在同一时间追求它们。

举个例子，20世纪70年代，我在一所女子学院就读。当时我们被教导说，我们将有一份苛刻而刺激的工作，每周上班60小时，养育四个孩子，同时还要维持稳定的婚姻。所以，很多人拼命尝试做到这一点却精疲力竭，因为没有人能够同时进行所有任务。职业、家庭、婚姻和勤奋工作都是了不起的事情，它们为我们带来快乐。但是，享受这些快乐并不意味着我们需要同时追求它们。我们可以努力工作并取得成功，但我们无法控制自己的命运。

我们不需要控制一切，尤其是当它涉及我们的儿子时。作为母亲，我们要明白，儿子是一份礼物，我们有权在短期内爱他，并为他提供我们能提供的所有积极的东西。为了做到这一点，我们有时必须牺牲自己的欲望和需求。许多母亲很容易就为孩子做出牺牲，但我得说，这可能是一种自私的母爱，因为表现得像殉道者一样对孩子并无帮助。

很多母亲相信，她们生活的唯一目的是照顾孩子。为了孩子，很多母亲甚至会把自己放在祭坛上，甘愿为孩子牺牲一切。但如果孩子相信自己是母亲存在的理由，他们就不能做出适当的回应。他们怎么敢与母亲分开？怎么能对母亲提出异议或者惹她不高兴？有殉道者情结的母亲，她们的孩子往往有一种非常不健康的责任感。当他们独立后，如果离开了母亲，就失去了生活目标。这对孩子来说是难以承受的重担。

那么，如何才能在为孩子牺牲和保持自我独立之间实现平衡？首先，请密切关注我们的对孩子行为动机。

艾米是一位全职妈妈，她喜欢留在家中照顾儿子艾登。她开车带他参加实地考察、足球比赛，为他的球队做点心，还自告奋勇去他的学校办公室义务劳动。

艾登是她的第三个孩子，是一个"惊喜"。因为她另外两个孩子已经成年，而且她觉得在他们的成长过程中，自己有很多遗憾。"那时我还年轻，和抑郁症搏斗多年。我从来没为他们付出什么，我觉得非常内疚。"她告诉我，"我的抑郁症是导致他们没有完全发挥出他们的潜能的原因之一。他们都没有安定下来。我的大儿子已经 25 岁，没有固定职业，经常做些微不足道的工作。我不会让这事发生在艾登身上。"

为了弥补她的"失败"，艾米全身心地投入到抚育艾登的过程当中去。为了方便联系，她给他买了 iPhone。如果艾登周末没有比赛计划，她就

第10章
只有放手才能让他回来

问他是否愿意邀请朋友来家里，或者带他去吃饭、看电影。从表面上看，很多妈妈都很羡慕他们的亲密关系。有一天，我和艾登谈到他的父亲。我想知道他和父亲是否也很亲密，他们喜欢在一起做什么。他回答说："我没和父亲一起做太多事，他工作很忙。而且，我妈妈不太喜欢他的一些爱好。我爸爸喜欢猎鹿，我也想去，但我妈妈认为枪是危险的，所以她不会让我去。"

艾登13岁时，艾米把他带到我面前，说他"失控"了。

"他发脾气，"她告诉我，"有时候，他大声尖叫，我都怕邻居要报警了！他还破坏东西，前几天把地下室的门踢了一个洞。他把我吓坏了。"

在与艾登以及他的父亲谈过之后，我发现艾登只忤逆他的母亲。当然，青少年发脾气并不少见，但他的愤怒程度很罕见。为什么呢？因为母亲让他感到窒息。她虽然一心想让他过好生活，却越过了边界线。让他开心成了她的唯一目标，她忽略了他想和父亲在一起的真正需要，也忽略了他想和她分开的自然需要。虽然他不清楚是什么激怒了自己，但他知道，母亲向他要的东西是他根本无法给予的。

我给艾米详细分析了整个情况，让她意识到自己行为背后的动机。艾米认为她需要让艾登快乐，才能弥补她过去为人父母时的"错误"。她做全职母亲是为了减轻内疚，而不一定是要成为更好的母亲。她在学校做义工是因为害怕远离儿子。

艾米痛苦地回想了过去四五年自己为艾登做的事。她意识到，自己做这些事的动机确实是出于个人需要，而不是为了让儿子成为一个更好的年轻人。承认这一点虽然痛苦，但这是实现母子关系改变的唯一方法。于是，她决定做一些真正对艾登和她自己有利的事情。她在另一个学校找了个工作，这样就能从感情上与儿子剥离。然后，她同意让艾登与他的父亲打猎。通过这两个很简单的步骤，她与艾登的关系就取得了巨大的进步。艾登的脾气也逐渐变好了。

向自己提一些尖锐的问题通常是改善生活的关键。为了弄清楚你对儿

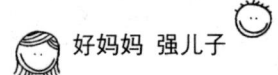

子所做事情的真实动机，不妨回答以下几个问题：

◎ 为什么我会为他做这些事？比如送他去某个学校，每个学期让他参加三项课外活动，给他买昂贵的衣服，总是跟着他和他的朋友们一起出游……

◎ 我为他做事，是为了填补自己内心的空虚吗？

◎ 我与他一起做事，是为了他好还是为了避免与他分离？

有时候，我们很容易倒推出以下问题：

◎ 做_____可以帮助他变得更独立吗？

◎ 做_____可以鼓励他成为一个更好的年轻人吗？

◎ 允许他_____能否提升他的性格？

如果我们足够强大，能够诚实面对自己，那么我们也能成为伟大的父母。如果你难以判断自己的真实动机，可以请朋友或配偶帮忙。如果他们真的爱你，就会帮你诚实面对你自己。也许有一天，你可以回报他们，帮助他们诚实面对他们自己。

离别是为了更好的重逢

除非给儿子自由，否则没有母亲能够真正接近她的儿子。这是母子关系中独有的痛楚。父亲就不必对儿子放手。在心理上，男孩不觉得有必要和爸爸分开，因为他们都是男性。儿子长大些之后，他们和父亲的关系会有所变化。同样，母亲不必像对儿子放手那样与女儿分开，因为女儿觉得没有必要与我们分离到那种程度。当然，女儿需要找到自己的身份，成为独立的人。但是，她们不必要求我们完全放手就可以了解自己的性身份。

第 10 章
只有放手才能让他回来

而儿子为了了解自己是什么样的男人,弄清他的男性自我和性身份,就需要疏远母亲,以避免觉得过于混乱和复杂。当一个男人结了婚,他需要断绝与母亲的一些联系,否则他就无法拥有健康的婚姻。女儿则可以继续在感情上贴近她的母亲,同时拥有牢固的婚姻,但这对儿子来讲要困难得多。假如你和那些丈夫没有完全与母亲分开的女人谈谈,她们十有八九会告诉你自己是个不快乐的妻子。

随着儿子的长大,我们会经历许多个放手的阶段。它们都是最后告别的彩排,而在他成为一个完全成熟的男人的那一刻,最后的告别就发生了。也许发生在他加入军队的时候,也许是在他结婚的时候。"最后告别"的情况虽然会因人而异,但母亲都会意识到那一刻的到来。那时,我们完全认识到自己的任务结束了。我们流过汗,流过泪,争吵过,努力过,祈祷过。但有一件事是肯定的,当需要完全放手的时刻到来,没有人会完全做好准备,它始终是痛苦的。

看着儿子站在教堂前,等待着他一生的挚爱穿着白色礼服出现,或者看到他全身军装登上飞机,做母亲的总会觉得猝不及防。我们的小男孩不再需要我们了。这让我们感到令人窒息的空虚。在这些时刻,我们想起自己给他的吻,想起和他不该有的争吵,却无法言传。我们听到他高亢的笑声,会想起他眼睛里充溢着泪水的样子。我们明白自己与儿子的共同生活结束了,到了真正让他走的时候——让他走向另一个女人、他的工作以及他自己选择的生活。我们必须让他离开,不管要付出多少代价,因为我们已经认识到,他从现在开始要完全对自己的生活负责,我们需要退出了。

虽然痛苦,这却是一个极其重要的仪式。尽管我们拼命想要挽留时间的脚步,恳求生活恢复原样,但那是不可能的。时间不能后退,我们需要与时俱进。我们要为他着想,而不是为了自己。我们要记住约翰·里卡多神父的话。他告诉我,他的母亲把他交给上帝的时刻,他感觉自己和母亲的关系出现了深刻而奇妙的变化。他说,从那时开始,他们就享受到了一种前所未有的亲密关系。他知道,如果母亲没有对他说"再见",他永远

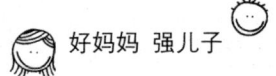 好妈妈 强儿子

不会体验到这种亲密。

母子关系的极大奥秘在于：对儿子放手，实际上是迎接他回到我们身边。他回来的时候是一个成熟的男人，对我们不再有依赖，对自己充满自信。我们养育了他们，此后，一段新的生活开始了。现在，他们已经成为了我们眼中的理想男人。他们会在我们需要的时候帮助我们，远远地关注我们，确保我们很好，让我们感觉到爱。

看着自己的儿子长成一个了不起的人，我觉得自己似乎从他的母亲变成了他的朋友。他的青春期和大多数男孩类似。那时候，他从不愿意让我当众触碰他，甚至以令我难过的方式疏远我。但是，当他变成了一个成熟的男人，他愿意让我随时拥抱他，这无时无刻不令我激动。

时间的伟大之处在于，它改变了我们的儿子和我们自己，即使我们不希望改变。他们长大，我们变老。20多岁的年轻人已经不觉得示爱很奇怪，因为他们拥有了男人的眼光。这意味着，他们对我们的看法也会不同。我们比他们矮小、瘦弱，体力差异明显。有时候，当他们注意到我们这些弱点，就会保护我们。每当我的儿子取笑我的胳膊腿没劲的时候，我能看出他意识到我的衰老。

我的儿子亲眼见过我和丈夫在我父母生命中最后几年照顾他们的情景。我父亲有严重的老年痴呆症，在他生命的最后五年里，他住得和我们很近，以便我们能照顾他。我儿子经常陪着我父亲，而我会为我母亲跑腿。我的父亲去世时，我儿子19岁，他沉浸在悲痛之中。几个月后，我从一个码头上摔下来，被固定在湖底的一根金属棒刺伤了。当从湖里爬出来后，我立刻昏了过去。几分钟后，我儿子架着我去了医院。在漫长的恢复期里，我不得不在床上躺了好几周。那段时间，我的儿子正在放暑假，他很好地照顾了我。当我需要移动时，他会把我从沙发上搬起来。他还给我做了一个"铃铛"——在罐头瓶里绑了一块石头。他告诉我，当我需要什么的时候，就摇摇它。我尽量不去多摇它，省得给他添麻烦。

半年后，我的母亲去世了，我的儿子同样很悲痛。但在随后的几个月

第10章
只有放手才能让他回来

里,我发现他身上出现了一些令我陌生的变化。他频繁地从大学里给我打电话,我觉得他来电话似乎有特殊目的,特别是在我父母去世后。他经常会问:"那么,你今天过得怎么样,妈妈?"我起初感觉别扭,因为我总是那个担心他的人。可突然之间,他开始问我是否开心。过了一段时间,我开始习惯了,我会认真地告诉他我过得怎么样。我不担心他的反应,因为我知道他能面对我的悲伤。当然,当他还小的时候,我曾隐藏自己的恐惧和悲伤,因为我不想让他担心。现在,情况改变了,作为一个男人,是他开启了变化。

我父母去世和那个事故已经过去了很多年,我的儿子已经20多岁了。他仍然会问候我,也会告诉我他的生活。他到阿根廷学习了三个月,虽然我很想他,但我也觉得十分平安和自豪,因为他的生活是他想要的。我可以诚实地说,今天我们享受着比以往任何时候都更密切的关系。

当母亲对儿子放手时,会发生一些非常奇妙的情况,她会得到一个男人——一个分享她的价值观、知道她的缺陷、接受她的弱点,以及能够以别的男人做不到的方式关心她的人。这个人就是她的儿子,她是他的妈妈。

大概这就是生活的尽善尽美之处。

致 谢

许多杰出的人都对《好妈妈 强儿子》这本书有过贡献，我衷心感谢每一个人。首先，我要感谢我出色的文学经纪人丹·科纳韦，谢谢你的鼓励和挑战，让我能够坚持完成任务。感谢我的好朋友和助理安妮·曼，你用无所畏惧和一丝不苟的精神陪伴我通过许多试炼，我会永远爱你。感谢我的编辑苏珊娜·波特，我想让你知道我是多么欣赏你作为编辑的智慧。马乔里·布拉曼，你可能是世界上最有技巧的编辑之一，感谢你的辛勤工作。我还要感谢 A 组的香农和玛丽·伯纳德，你们总是及时给我专业的建议，你们是我的好朋友。

致那些在我前进的道路上鼓励我和支持我的人，我永远无法充分地表达自己的谢意：我的妹妹贝丝，我的好朋友戴夫·拉姆齐、吉姆·多布森和丽莎·兰普科。洛里、珍、劳拉和吉尔，如果没有你们为我虔诚地祷告，我什么都做不成，你们四个是最伟大的。

当然，我还要感谢那些让我看到他们真心的人。圣母高中的约翰神父，你前所未有地启发了我。感谢那些和我谈论自己母亲的人，为了保护你们的隐私，我不会说出你们真正的名字，但你们知道我说的是你们。希望你们的故事给所有阅读这本书的人带来裨益。

最后，感谢我美好的家庭：沃尔特，我发自心底感谢你的爱和理解；感谢玛丽和奥尔登、夏洛特和布兰登、劳拉和沃尔特，如果没有你们，生活会变成什么样啊？

引 文

前言

1. 詹姆斯·多布森，《养育男孩》，罗斯奇姆，伊利诺伊州：丁道尔之家，2001年，34页。
2. 同上。
3. 杰伊·P. 格林和马库斯·A. 温特斯，《男孩落后了：公立高中毕业率》，曼哈顿学院《国民报告》第48号，2006年4月，http://www.manhattan-institute.org/html/cr_48.htm。
4. 威廉·波拉克，《真正的男孩：把我们的儿子从男性气概的神话中解救出来》，纽约：亨利－霍尔特公司，1998年，233-238页。
5. 同上。
6. 同上。
7. 美国劳工部劳工统计数据，《美国人时间使用情况调查》，2013年6月20日。
8. 温蒂·王、金·帕克和保罗·泰勒，《养家糊口的妈妈：四成有孩子的家庭中，是由母亲养家的；公众关于增长趋势的矛盾》，《社会与人口趋势皮尤研究》，http://www.pewsocialtrends.org/2013/05/29/breadwinner-moms/。
9. 《美国儿童：2013年福利国家重点指标》，家庭结构与儿童生活安排，http://www.childstats.gov/americaschildren/famsoc1.asp。

第1章

1. 菲奥娜·麦克雷，《抱歉，亲爱的，打断一下，女人确实比男人话多（确切地说，每天多说13000个词）》，《邮报在线》，2013年2月20日，http://www.dailymail.co.uk/sciencetech/article-2281891/Women-really-talk-men-13-000-words-day-precise.html。

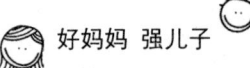

2. 莫蒂默·J.阿德勒，《伟大的想法：西方世界名著概要》，卷一，纽约：大英百科全书公司，1971年，690页。

3. 同上，962页。

第2章

1. 泰恩·蔡和宝拉·思科穆格娜，《美国拥有世界上最高的监禁率》，人口资料局，http://www.prb.org/Publications/Articles/2012/us-incarceration.aspx。

2. 威廉·波拉克，《真正的男孩：把我们的儿子从男性气概的神话中解救出来》，纽约：亨利－霍尔特公司，1998年，20-51页。

3. J.谢德勒，《美国心理学家》，2010年2-3月，卷65：98-109页。

4. http://www.fatherhood.org/media/consequences-of-father-absence-statistics.

5. N.温菲尔德、J.奥加瓦和L.A.斯洛夫，《通往青春期同侪竞争的早期依恋》，《青春期杂志》，1997年7月，241-265页。

6. 《皮亚杰对青春期自我中心的定义》，教育门户网站，http://education-portal.com/academy/lesson/piagets-definition-of-egocentrism-in-adolescence-examples-quiz.html。

7. 菲奥娜·麦克雷，《抱歉，亲爱的，打断一下，女人确实比男人话多（确切地说，每天多说13000个词）》，《邮报在线》，2013年2月20日，http://www.dailymail.co.uk/sciencetech/article-2281891/Women-really-talk-men-13-000-words-day-precise.html。

8. 帕特里夏·M.格林菲尔德，《互联网上的无意识色情暴露：网络共享对儿童发展和家庭的影响》，《应用发展心理学》，2004年第25期，741-750页。

9. 罗布·杰克逊，《当孩子们观看色情内容时》，《家庭聚焦》，2004年，http://www.focusonthefamily.com/parenting/sexuality/when_children_use_pornography.aspx。

第4章

1. 雪儿·盖伊·施托尔贝格，《研究人员发现，幼儿行为问题与幼儿照料时间之间存在联系》，《纽约时报》，2001年4月19日，A版22。

2. 彼得·欧内斯特·海曼博士，《童年沟通形式与青少年行为》，http://www.peterhaiman.com/articles/effects_of_type_of_attachment.html。

3. J.特温吉等，《1938～2007年，美国年轻人在精神病理学方面出生队列的增加：

一项跨时空的明尼苏达多项人格测验分析》,《临床心理学评论》,2010 年 30 期, 145–154 页。

第 6 章

1. 克雷格·A. 安德森和布拉德·J. 布什曼《暴力电子游戏对攻击性行为、攻击性认知、攻击性情绪、生理唤醒和亲社会行为的影响：基于科学文献的元数据分析》,《心理科学》, 第 12 期第 5 号, 2001 年 9 月, 352–359 页。
2. 同上
3. 《重要的卫生统计学系列 10, 254 号, 美国卫生和人类服务部, 疾病控制和预防中心, 国家健康统计中心, 2011 年美国儿童卫生通知摘要：国民健康访问调查》, 2012 年 12 月, 11 页。

第 8 章

1. 《ISU 的外聘作者研究发现, 近十分之一的青少年玩家沉迷于视频游戏》, 洛瓦州立大学新闻发布会, http://www.public.iastate.edu/~nscentral/news/2009/apr/vgaddiction.shtml。
2. 《美国性传播疾病趋势》, 疾病控制中心与预防中心, http://www.cdc.gov/std/stats11/trends-2011。
3. 同上
4. "据报道, 衣原体和淋病感染多发于 15~24 岁人群",《美国性传播疾病趋势》,《2011 年衣原体、梅毒和淋病数据》, 疾病控制中心与预防中心, 2013 年 3 月, http://www.cdc.gov/std/stats11/trends-2011. p. 2。
5. 《2006 年性传播疾病调查》, 疾病控制中心与预防中心, http://www.cdc.gov/std/stats06/syphilis.htm。
6. "据报道, 衣原体和淋病感染多发于 15~24 岁人群",《美国性传播疾病趋势》,《2011 年衣原体、梅毒和淋病数据》, 疾病控制中心与预防中心, 2013 年 3 月, http://www.cdc.gov/std/stats11/trends-2011. p. 2。
7. D.T. 弗莱明等,《1976 年至 1994 年美国的 II 型疱疹病毒》,《新英格兰医学期刊》, 1997 年, 1105–1160 页。
8. http://justherpes.com/facts/genital-herpes-statistics-us-hsv2/。
9. 丹尼斯·D. 哈尔福斯,《性、毒品与抑郁：青春期谁为先？》,《美国预防医学杂志》, 2005 年第 3 期, 163 页。

10. 《国家纵向调查：青春期健康，第二波》，1996年，分析性数据见赫里蒂奇基金会报告《性活跃的青年人更倾向于抑郁和自杀》，数据分析中心，2003年6月3日，3-4页。

11. 谢丽尔·B.埃斯皮、萨拉·K.维斯利等，《家长的沟通和青年的性行为》，《青少年杂志》，第30卷第3期，2007年6月，449-466页。

12. 雷斯尼克医学博士等，《保护青少年免受危害》，《青少年健康国家纵向调查结果》，第10期，1997年9月10日，823-832页。

13. 罗伯特·莱克特、科克·A.约翰逊博士、沙南·马丁和劳伦·R.诺伊斯，《早期性行为和妇女拥有多个性伴侣的害处：图表集》，网络备忘录303号《性教育与节制》，赫里蒂奇基金会，2003年6月26日，http://www.heritage.org/research/reports/2003/06/harmful-effects-of-early-sexual-activity-and-multiple-sexual-partners-among-women-a-book-of-charts。

14. 雷斯尼克医学博士等，《保护青少年免受危害》。

15. L.顾、F.L.索恩斯坦和J.H.普莱克，《年轻人的安全套使用动态与交叉关系》，《计划生育展望》，1994年第26期，246-251页。

第10章

1. http://www.childrenshospital.org/dream/summer08/the_teenage_brain.html.

2. 威廉·波拉克，《真正的男孩：把我们的儿子从男性气概的神话中解救出来》，纽约：亨利-霍尔特公司，1998年，82页。

3. 《人际关系和友谊中的性别差异》，《婚姻时刻》，http://www.marriagemoment.org/2011/01/gender-differences-in-bonding-and.html。

4. 波拉克，《真正的男孩》，86页。

5. 同上。

6. 肯尼斯·亚当和亚历山大·P.摩根，《当他与母亲结婚：如何帮助依赖母亲的男性向真正的爱情和承诺敞开心扉》，纽约：西蒙和舒斯特出版社，2007年。

7. 玛格丽特·保罗，《如何强大到足以去爱》，独立数字出版社，2011年。

图书在版编目（CIP）数据

好妈妈 强儿子：培养杰出男人母亲必须上的 10 堂课 /
（美）米克著；孙璐译 . -- 北京：中央编译出版社，2015.6
书名原文：Strong Mothers, Strong Sons: Lessons Mothers Need to Raise Extraordinary Men
ISBN 978-7-5117-2647-6

Ⅰ. ①好… Ⅱ. ①米… ②孙… Ⅲ. ①男性－家庭教育 Ⅳ. ① G78

中国版本图书馆 CIP 数据核字（2015）第 095011 号

Strong Mothers, Strong Sons: Lessons Mothers Need to Raise Extraordinary Men
Copyright © 2014 by Meg Meeker, M.D.
This translation published by arrangement with Ballantine Books, an imprint of Random House, a division of Random House LLC.
Through Big Apple Agency, Inc.
Simplified Chinese edition copyright: 2015 Beijing Green Beans Book Co., Ltd.
All rights reserved.

好妈妈 强儿子

出 版 人：	刘明清
出版统筹：	贾宇琰
责任编辑：	廖晓莹
特约编辑：	信宁宁
出版发行：	中央编译出版社
地　　址：	北京西城区车公庄大街乙 5 号鸿儒大厦 B 座（100044）
电　　话：	（010）52612345（总编室）（010）52612341（编辑室）
	（010）52612316（发行部）（010）52612317（网络销售）
	（010）52612346（馆配部）（010）55626985（读者服务部）
传　　真：	（010）66515838
经　　销：	全国新华书店
印　　刷：	三河市祥达印刷包装有限公司
开　　本：	710 毫米 ×1000 毫米　1/16
字　　数：	260 千字
印　　张：	19
版　　次：	2015 年 8 月第 1 版第 2 次印刷
定　　价：	38.80 元
网　　址：	www.cctphome.com　邮　箱：cctp@cctphome.com
新浪微博：	@ 中央编译出版社　微　信：中央编译出版社（ID:cctphome）
淘宝店铺：	中央编译出版社直销店（http://shop108367160.taobao.com）（010）52612349

凡有印装质量问题，本社负责调换。电话：（010）55626985